믿음,

디딤돌인가 걸림돌인가

믿음,
디딤돌인가 걸림돌인가

박찬욱·윤희조 기획, 한자경 편집 | 오강남·월암·권명수·석길암·정준영 집필

운주사

기획자 서문

다양함 속에서 바른 길을 선택하기를 기원하며

최근 한 종교의 창시자를 폄하하는 영화 한 편이 세상을 반목, 증오, 폭력으로 얼룩지게 하고 있습니다. 인류사회에서 대규모의 사람들이 신행하고 있는 모든 고등종교는 구원, 자유, 깨달음, 평화, 사랑의 메시지를 표방하고 있는데, 왜 이런 현상이 일어날까요? 안타깝기 짝이 없습니다. 인류가 경험하는 두려움과 무지를 극복하는 과정에서 발생하여 인류의 삶을 평안케 한 종교는 때때로 인류의 야만성을 드러내는 출구로 전락하기도 합니다.

인류의 삶은 다양한 층위의 믿음과 직간접적으로 관련이 있습니다. 인간관계 차원에서의 믿음, 사회제도에 대한 믿음, 신념·사상 차원에서의 믿음, 종교 차원에서의 믿음 등등, 믿음은 다양한 스펙트럼을 가지고 있습니다. 어떤 믿음은 의지적 선택의 결과이기도 하지만 어떤 믿음은 환경의 영향으로 부지불식간에 형성되기도 합니다. 어떤 과정을 거쳐 형성되었건 간에 각자의 믿음체계는 개인뿐만 아니라 사회에 중차대한 영향력을 발휘하고 있습니다.

사람들은 자신의 삶과 삶의 터전인 세상에 대하여 알고 싶어 하지만, 직접적인 체험을 통한 앎의 획득은 다반사로 일어나지 않기 때문에, 성현들의 가르침에 귀를 기울이게 됩니다. 그런데 세상은 넓고 가르침은 많습니다. 과연 무엇을 어떻게 믿고 따라야 보다 행복한 삶을 살 수 있을까요? 제11회 학술연찬회는 '믿음'에 대한 초기불교, 대승불교, 선불교, 종교심리학, 비교종교학의 관점을 살펴봄으로써, 우리가 보다 성숙하고 윤택하게 살 수 있는 바른 길을 선택하는 데 도움을 드리고자 기획되었습니다.

이번 학술연찬회부터 밝은사람들연구소와 서울불교대학원대학교 불교와심리연구원이 공동으로 주최하기로 하였습니다. 주제 선정 과정부터 적극 동참해 주신 김명권 총장님, 성승연 교수님, 박성현 교수님, 정준영 교수님, 한자경 교수님, 김시열 사장님께 이 자리를 빌려 감사의 마음을 전합니다.

또한 주제 발표자로 확정된 이후 1박 2일의 워크숍을 비롯한 여러 차례의 준비 과정에 진지한 태도로 참여하시고, 각자 전문분야의 관점과 연구성과를 일목요연하게 정리하신 정준영 교수님, 석길암 교수님, 월암 스님, 권명수 교수님, 오강남 교수님과, 다섯 분 주제 발표자의 원고를 조율하시고 학술연찬회 좌장 역할을 하시는 한자경 교수님께 진심으로 감사를 드립니다. 아울러 옥고를 정리하여 단행본으로 출간해 주신 운주사 김시열 사장님의 노고에도 감사드립니다.

특히 2006년초 밝은사람들연구소 발족 이래 지금까지 불교와 사회의 상생적 발전을 촉진하는 연구소 사업을 물심양면으로 적극 지원해 주고 계신 수불 스님과 안국선원에 깊이 감사드립니다.

2012년 10월

박찬욱朴贊郁, 윤희조尹希朝

편집자 서문

믿음에 대하여

한자경(이화여자대학교 철학과)

1. 왜 믿음을 논하는가?

믿음은 일단 앎의 반대개념이다. 이미 알고 있는 사실에 관해서는 나는 그저 알고 있을 뿐, 그것을 믿는다고 말하지 않는다. 창 밖에 비가 내리는 것을 보면, 나는 비가 온다는 것을 '안다'고 말하지 '믿는다'고 말하지 않는다. 믿는다는 말은 알지 못한다는 것을 함축한다. 내 앎이 확실하지 않을 때, 내 앎이 틀릴 수도 있다는 의심이 들 때, 예를 들어 창 밖을 직접 확인해 보지 않고 방에 앉아 물 떨어지는 소리만 듣는다든가, 아니면 창 밖을 봐도 비가 오는 것이 아니라 위층에서 물을 뿌리는 것일 수도 있다는 의심이 들 때, 나는 '안다'고 말하지 않고 '믿는다'고 말한다. 모르기 때문에 의심 가능성이 있지만, 그럼에도 불구하고 그렇다고 생각할 때 '믿는다'고 말한다. 그러니까 앎의 반대는 정확히 말해 모름이며, 모르면 의심 가능성이 있고, 이때 우리는 의심하거나 믿거나 둘 중 하나를 택하게 된다.

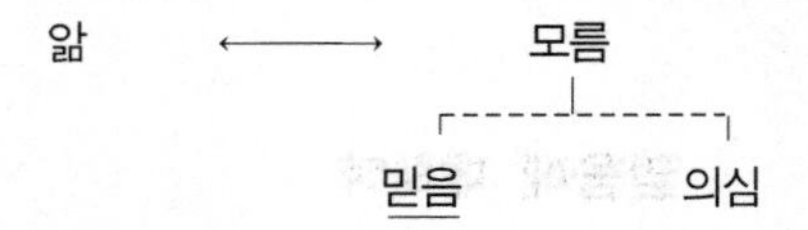

믿음이 우리 삶의 중요한 문제로 대두되는 것은 우리의 앎이 우리의 삶 전체를 떠받칠 만큼 그렇게 완전하지도 포괄적이지도 않으며, 우리 삶의 많은 부분은 앎의 한계 바깥 무지의 영역으로 뻗어나가 있기 때문이다. 많은 순간, 아니 거의 모든 순간 우리는 알지 못하면서도 삶을 영위하기 위해 선택적 행동을 해야만 하며, 그만큼 우리의 삶은 앎보다는 믿음에 근거하고 있다. 예를 들어 나는 지금 비가 오지 않는다는 것을 알아도 한 시간 후에 비가 올지 안 올지는 모른다. 일기예보를 들어도 아는 것이 아니라 단지 믿을 뿐이다. 이때 우산을 들고 가느냐 마느냐의 행동은 전적으로 나의 믿음에 달려 있다. 비가 온다고 믿으면 우산을 들고 가고, 믿지 않으면 우산을 챙겨가지 않는다. 우리의 행동이 미래로 향해 있고 미래에 대한 우리의 앎은 엄밀히 말해 앎이 아니라 믿음이라는 것을 감안하면, 우리의 삶 자체가 사실은 믿음에 근거한 것이라고 할 수 있다.

나아가 우리의 삶을 지탱하는 믿음은 비가 올까 안 올까 하는 식의 의심 내지 사려분별 작용을 거친 의식적인 명제적 믿음만이 아니라 의식 차원에서 명제화해서 떠올려 의심해본 적이 없는 믿음, 본능적이고 자연적인 믿음까지 뒤섞여 있다. 우산을 들고 버스정류장으로 가는 것은 내가 아는 버스노선이 변경되지 않았으리라는 자연적 믿음이 있기 때문이고, 커피숍으로 가는 것은 친구도 시간 맞춰 약속장소로 나오리라는 자연적 믿음이 있기 때문이다. 이런 믿음은 일단 의심해 보고 나서 합리적으로 선택한 믿음이 아니라 오히려 의심의 여지없이 그냥 믿고 있는 것들이다. 위험한 태풍이 몰아치지 않고 오늘도 어제처럼 하루가 지나가며 지구는 계속 돌아가고 나는 살아남으리라는 그런 본능적이고 자연적인 믿음 덕분에 나는 오늘도 태평하게 하루를 살 수 있는 것이다.

믿음	의식적 믿음	↔	의식적 의심	이성적, 합리적 믿음
	무의식적 믿음			자연적, 본능적 믿음

이처럼 믿음은 앎과 연관되되 앎의 한계 바깥으로까지 뻗어나가 우리의 삶을 지탱시켜 주는 기반이 된다. 의식적으로 명료하게 아는 앎은 그러한 전체 믿음의 기반에 비하면 마치 빙산의 일각이나 해면 위로 드러난 섬처럼 전체 지형의 일부분에 지나지 않는다. 의식적 앎과 무의식적 믿음 사이에 소위 의식적 믿음, 즉 의식적 사려분별을 통해 선택한 믿음이 있다. 의식적 사려분별 작용을 통해 의심보다는 믿음을 택할 때는 믿을만한 합리적 근거가 있어 그 근거에 따라 믿는 것이므로 이를 합리적 믿음, 이성적 믿음이라고 부를 수 있다. 그러나 우리의 믿음에는 그러한 합리적 사려분별 작용이나 결단을 거치지 않고 그냥 자연스럽게 일어나는 믿음, 의식의 수면 위로 떠오르지 않은 채 우리의 삶을 지탱시키는 무의식적 믿음이 있다. 그러한 자연적·무의식적 믿음이 의식적·합리적 믿음보다 더 크고 넓은 기반으로 삶을 떠받친다고 볼 수 있다.

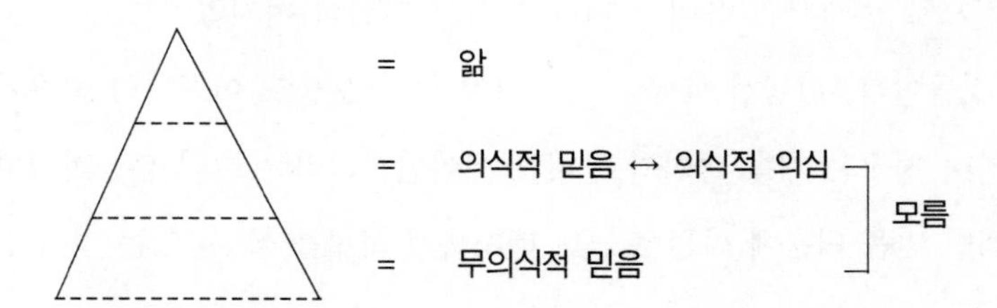

우리의 삶을 떠받치는 이 무의식적 믿음의 영역에는 나와 타인을 포괄하는 인간 본성에 대한 믿음, 우주 자연 전체에 대한 믿음 등 존재의 궁극에 대한 믿음이 포함된다. 본서가 다루고자 하는 믿음은 바로 이러한 존재의 궁극에 대한 믿음, 한마디로 '종교적 믿음'이다. 우리의 삶을 지탱시켜 주되 우리의 일상의식에는 가려져 있어 우리가 밝게 알지 못하는 종교적 믿음의 대상, 우리의 삶의 궁극기반을 우리는 과연 어떻게 이해할 것인가? 존재의 궁극기반은 우리에게 끝까지 인식 불가능한 미지의 것으로 남아 오직 믿음의 대상에 그치고 말 것인가, 아니면 철저한 수행으로 심안心眼이 열리면 깨달음의 빛이 그 어둠을 밝혀 우리는 궁극을 증득하여 알 수 있는 것인가? 우리의 심층에 놓여 있는 무지와 무명은 결국 믿음으로 대치될 것인가, 아니면 지혜로 대치될 것인가? 우리에게 믿음은 인식의 한계로 인해 우리가 도달하게 되는 마지막 종착점인가, 아니면 우리의 일상의식의 한계 너머 궁극의 깨달음을 향해 정진하게 하는 새로운 출발점인가? 믿음은 우리의 삶에 있어 정신적 성장을 가로막는 걸림돌인가, 아니면 새로운 성장을 기약하는 희망의 디딤돌인가?

2. 믿음을 이해하는 다양한 관점들

유교에서 믿음은 인간이나 자연이 가지는 기본 덕목인 인의예지신 중의 하나이다. 인仁은 만물을 생하게 하는 덕으로 공간상 동쪽의 덕이고 시간상 봄의 덕이다. 예禮는 만물이 번창하는 덕으로 남쪽과 여름에 해당하고, 의義는 만물이 자기 몫을 거두는 덕으로 서쪽과 가을에 해당하며, 지智는 만물이 자신을 아는 덕으로 북쪽과 겨울에 해당한다. 그렇게 인예의지는 공간상 동남서북, 시간상 춘하추동에 해당한다. 그리고 믿음인 신信은 이 네 가지가 어긋남이 없이 운행하게 되는 중심의 역할을 한다. 공간과 시간, 우주가 운행하는 중심에 믿음이 있는 것이다. 오행으로 보면 동남서북이 각각 목화금수에 해당하고 그 중심이 토에 해당하므로 믿음은 토의 덕목이 된다.

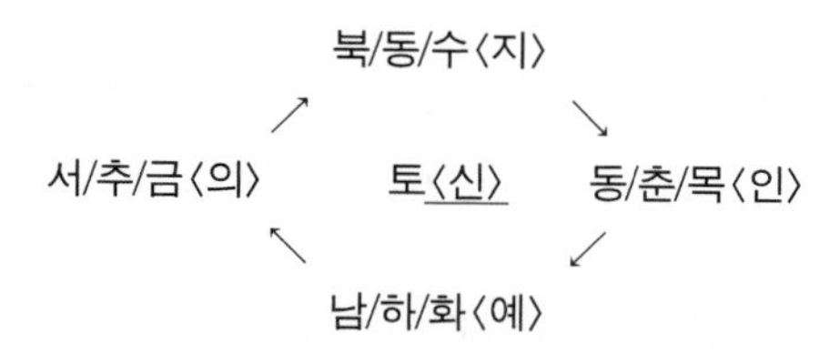

믿음이 춘하추동, 동서남북이 실현하는 인의예지 사덕의 중심에 놓여 있다는 것, 믿음이 토, 흙, 대지의 덕목이라는 것은 무엇을 의미하는가? 춘하추동과 동서남북은 우주 삼라만상이 생주이멸하는 시간과 공간의 질서, 현상세계 전체의 질서를 뜻한다. 인의예지는 드러난 현상세계의 덕목이다. 반면 믿음은 현상세계의 덕목이 아니라 현상적으로 드러나지 않은 기반에 속하는 덕목이다. 상相 아닌 성性, 용用 아닌 체體의 덕목이라고 할 수 있다. 현상보다 더 깊은 심층 근거에서 자연이 실현하고, 의식보다 더 깊은 심층 마음에서 인간이 실현하는 덕목이 바로 믿음인 것이다. 심층에 대한 안목이 있는 자만이 이러한 심층의 믿음을 의식하게 된다.

서양 철학자 플라톤은 인간의 기본 덕목을 머리·가슴·배의 덕목으로서 각각 지혜·용기·절제라고 하고 이 셋이 각각 자기 역할을 다하는 것을 정의라고 하여 총 네가지 덕을 주장하였다. 그는 이러한 덕목을 자연의 원리나 질서 안에서 찾기보다는 인간 공동체의 원리로 생각하였다. 지혜를 정치가 등 통치자의 덕, 용기를 군인 등 수호자의 덕, 절제를 농민 등 생산자의 덕으로 간주하고, 그 각각의 계층이 자기 할 일을 해내는 것을 정의라고 한 것이다. 겨울 대지의 견고함을 뚫고 봄 생명의 싹을 틔우는 인仁의 정신이 용기에 해당하고, 드러내야 할 것과 드러내지 말아야 할 것을 스스로 아는 예禮의 정신이 절제에 해당한다고 보면, 플라톤의 덕목은 동양의 신信을 제외한 네 가지 덕목에 해당한다고 볼 수 있다.

머리 — 통치자 — 〈지혜〉 — 지
가슴 — 수호자 — 〈용기〉 — 인
배 — 생산자 — 〈절제〉 — 예
— 〈정의〉 — 의

이처럼 플라톤이 인간 개인이나 사회 전체의 덕으로 여긴 네 가지 덕목에 믿음은 포함되지 않는다. 그는 믿음을 감각적 경험에 기반한 의견(doxa)의 영역에 속하는 것으로 여겼으며, 이를 이성적 추론이나 통찰 등 인식(episteme)보다 하위의 정신활동으로 간주하였다. 이성적

인식을 최고의 가치로 보며 믿음을 인식보다 하위의 정신활동으로 간주하였기에, 믿음을 인간이 실현시켜야 할 중요 덕목으로 여기지 않은 것이다.

인식(에피스테메): 지적 직관 — 이성적 인식
지적 추론

의견(독사) : 감각적 경험 — 믿음
소문/상상

서양에서 믿음을 인간이 갖추어야 할 중요한 덕목으로 간주하게 된 데에는 기독교의 영향이 지대하다. 표층의식보다 더 깊은 인간의 심층을 감지한 것이라고 볼 수 있다. 다만 정통 기독교는 그 심층을 인간의 이성 내지 지혜가 미칠 수 없는 영역, 신神만이 아는 영역으로 여기는데, 이는 기독교가 인간 및 우주 만물을 신에 의해 만들어진 산물로 간주하면서 신과 인간, 창조자와 피조물을 질적으로 서로 다른 존재로 간주하기 때문이다. 내가 인형을 만들면 내가 인형을 알지 인형이 인형 자신을 알지 못하듯이, 인간과 자연을 아는 자는 인간과 자연을 만든 전지전능한 신이지 신에 의해 만들어진 유한한 인간이나 자연이 아니라고 보는 것이다. 그래서 인간의 지혜가 신의 무지에도 미치지 못한다고 말한다. 이처럼 인간 이성 내지 인식의 한계를 강조함으로써 그 인식의 한계 너머의 것에 대한 믿음을 강조하게 된다. 궁극에 대해서는 인간 이성의 힘으로 다 인식할 수 없다. 이성적으로 생각하면 오히려 더 의심스러워 참이 아닌 것처럼 여겨질 수 있지만, 그럼에도 불구하고 그것이 그러하다고 생각하는 것을 '믿음'이라고 강조한다. 이렇게 해서 기독교에서는

'불합리하기 때문에 믿는다'(테르튤리아누스)는 말이 나올 정도로 이성적 인식과 초이성적 믿음이 대립을 이루게 된다. 이러한 대립이 결국 이성과 신앙의 대립, 철학과 종교의 대립을 이끌어왔다.

그러나 이성적 사유가 아니라면, 무엇을 통해 믿음의 내용을 알아낼 수 있는가? 믿음의 근거는 무엇인가? 이에 대해 기독교는 성경과 예수를 통한 '계시'를 주장한다. 성경을 인간의 이성적 사유의 결과가 아닌 신의 말씀이라고 주장하며, 우주의 기원과 인간의 타락, 예수의 출생과 기적 및 부활에 대해 인간 이성의 방식으로 이해되지 않아도 그것을 신의 계시로 받아들여 조건 없이 믿어야 한다고 말한다.

계시: 신의 논리 — 초이성적 믿음
이성: 인간의 논리 — 이성적 인식

불교는 삶의 고통의 근본 원인을 갈애와 무명으로 보며, 그러한 고통으로부터 벗어나기 위해 닦아야 할 것으로 계戒·정定·혜慧 3학을 말한다. 계율을 지키고 지(止, 사마타)와 관(觀, 위빠사나)의 수행을 통해 탐심과 진심을 극복하고 지혜를 얻고자 하는 것이다. 이처럼 불교는 계를 지키면서 수행을 통해 지혜 내지 깨달음을 얻고자 하기에 일견 믿음과는 상관이 없는 종교, 즉 믿음의 종교가 아닌 지혜의 종교처럼 보인다.

그러나 불교에서도 믿음은 빼놓을 수 없는 중요 덕목이다. 불자佛子가 되는 기본조건, 불자의 첫출발이 믿음이다. 불교에서 믿음은 우선 불佛·법法·승僧 3보를 믿고 거기 귀의하는 것을 뜻한다. 불, 부처, 붓다는 깨달은 자라는 말이다. 불보에의 귀의는 깨달은 자로서의 붓다를 믿는다는 것이며, 이는 곧 붓다의 깨달음의 말씀을 믿는다는 것이다. 법보에의 귀의는 붓다가 전하는 말씀의 내용, 즉 붓다의 깨달음의 내용인 법을 진리로 믿는다는 것이다. 그리고 승보에의 귀의는 각 시대마다 붓다의 법대로 살면서 일반 대중에게 그 법을 전해주는 스님을 믿고 의지한다는 것이다. 이처럼 불법승 삼보에의 귀의는 곧 불법승 삼보를 믿고 의지함을 뜻한다. 불법승을 믿음의 대상으로 삼는 것이다.

〈삼보에의 귀의〉	=	**〈삼보의 믿음〉**
불보에의 귀의	=	불을 믿음: 깨달은 자로서의 불을 믿음
법보에의 귀의	=	법을 믿음: 깨달음의 내용을 믿음
승보에의 귀의	=	승을 믿음: 깨달음의 계승자를 믿음

그런데 불교적 믿음의 특징을 정확히 드러내기 위해서는 불법승 삼보의 믿음에다 불교의 근본정신을 표현하는 석가의 마지막 한마디가 더해져야 한다. 궁극적으로 무엇에 의지해야하는가를 묻는 제자들을 향해 석가는 "자등명自燈明, 법등명法燈明"을 말하였다. 즉 자신에게 의지하고 법에 의지하라는 말이다. 여기서 법등명이 불법승 삼보에의 의지를 총괄적으로 말한 것이라면, 자등명은 그러한 대상적 믿음에 앞서 자기 자신을 의지처로 삼으라는 뜻이다. 중요한 것은 특정 대상에 대한 믿음이 아니라, 그런 대상을 믿는 자기 자신에 대한 믿음인 것이다. 자기 자신에의 믿음은 대상적 믿음과 어떻게 다른가?

3. 종교적 믿음의 두 종류

조금 있다 비가 올 것이라든가 친구가 약속장소에 나올 것이라는 등의 일상적 믿음과 구분해서 우리의 일상적인 표층의식의 방식으로는 알 수 없는 심층에 대한 믿음이 '종교적 믿음'이다. 심층에 관한 종교적 믿음을 우리는 크게 '대상적 믿음'과 '주체적 믿음' 둘로 구분해 볼 수 있다.

대상적 믿음은 믿는 주체와 믿어지는 대상을 분리하여 질적으로 서로 다른 것으로 간주함으로써 성립하는 믿음이다. 인간과 신이 전적으로 다른 존재라면, 인간은 신을 알 수 없고 인간의 이성은 신의 지혜에 미치지 못한다. 심층은 인간 영혼이 접근할 수 없는 그야말로 어두운 심연일 뿐이며, 믿음은 내 바깥의 대상에 대한 믿음, 인간 너머의 신을 믿는 것이 된다. 신이 인간 이성을 넘어서는 특별한 방식으로 자신을 계시하면, 인간은 자신의 이성으로 판단하지 말고 그냥 믿어야 할 뿐이다. 인간 이성의 힘으로 믿음의 내용을 확인할 길은 없으며, 따라서 알 수 없는 것에 대한 믿음을 강조하게 된다.

반면 주체적 믿음은 믿는 주체와 믿어지는 대상의 이원적 분리를 넘어서서 믿는 자가 믿음의 내용을 직접 확인할 수 있다고 믿는 믿음이다. 표층에서는 나와 너, 인간과 신이 서로 구분되어도 심층에서는 그 둘이 하나라는 것, 따라서 인간의 이성이 신적 지혜, 궁극의 깨달음에 이를 수 있다는 것을 믿는 것이다. 믿음이 단순히 특정 대상을 향한 숭배나 찬양에 그치지 않고, 수행 정진하여 궁극의 경지에 이르면 나도 근원적 깨달음을 성취하리라는 것을 믿는다는 점에서 주체적 믿음이라고 할 수 있다. 이 믿음은 인간은 자신이 뿌리내린 자신의 근거를 스스로 밝혀 알 수 있다는 신념을 담고 있다.

궁극에 대한 종교적 믿음

- 대상적 믿음: 궁극을 말하는 특정 대상을 믿음
- 주체적 믿음: 궁극을 스스로 깨달아 알 수 있다고 믿음

불교의 믿음이 깨달은 자인 불을 믿고 그 깨달음의 내용인 법을 믿고 그 깨달음의 내용을 전해주는 승을 믿는 것으로 그친다면, 불교는 대상적 믿음의 종교로 그치고 말 것이다. 그런데 불교는 불법승을 대상적으로 믿는 것에 그치는 것이 아니라, 내가 그 불법승의 경지로 나아가 불법승과 하나가 될 수 있다는 것을 믿는 것이다. 내가 법을 깨달아 불이 되고, 내가 깨달음의 내용인 법이 되며, 내가 깨달음을 전파하는 승이 될 수 있다는 것을 믿고 그 경지로 나아가기 위해 수행 정진하는 것이므로 그 믿음이 대상적 믿음이 아닌 주체적 믿음이 된다. 믿음이 단지 대상적 믿음에 그치지 않고 주체적 믿음으로 발전하면 믿음은 단지 알지 못하기에 믿는 것이 아니라 알기 위해 믿는 것이 된다.

기독교에도 인간과 신을 절대적 대립으로 놓지 않고 그 둘이 심층에서 결국 하나라는 것을 주장하는 신비주의 전통이 있으며, 그 전통에서는 인간이 신과 소통하는 신비체험을 통해 궁극의 깨달음에 이를 수 있다고 본다. '믿기 위해서 이해하고, 이해하기 위해서 믿는다'는 아우구스티누스의 말은 믿음이 궁극의 깨달음을 향한 디딤돌이 될 수 있음을 시사한다.

이와 같이 어떤 종교이든 믿음을 주장하되 그 믿음이 궁극의 깨달음을

얻기 위한 과정과 방편으로 인정되고 있다면, 그 믿음은 단지 대상적 믿음이 아니라 주체적 믿음이라고 볼 수 있다. 믿음이 주체적 믿음으로 작용하여 궁극의 깨달음을 얻기 위한 원동력이 된다면 인간 정신의 성장을 위한 디딤돌이 되지만, 믿음이 단지 대상적 믿음으로만 작용하여 궁극의 깨달음을 포기하게 만든다면 이는 오히려 인간 정신의 성장을 해하는 걸림돌이라고 할 수 있을 것이다.

4. 불교에서 믿음과 깨달음의 관계

불교의 믿음이 대상적 믿음이 아니라 주체적 믿음인 것은, 불교에서는 믿음이 최종 지향점이 아니라 믿음에 기반을 둔 이해와 수행과 깨달음으로 나아가는 출발점에 해당하기 때문이다. 믿음은 인간의 일상적인 인식의 한계를 뛰어넘어 깨달음에 이르고자 하는 수행의 원동력이 되는 것이다.

믿음이 깨달은 부처의 길로 나아가는 첫 출발점이 되는 것은 대승 수행 52위에서 그 첫 단계가 10신위信位라는 데에서도 잘 보여진다. 10신위를 거쳐 불법 내지 연기법에 대한 바른 믿음을 확립하는 것을 '믿음을 성취하는 발심'인 '신성취발심信成就發心'이라고 한다. 10신위에서 믿음이 성취되면 바른 불자의 길인 3현위賢位로 나아가는데, 3현위는 10주·10행·10회향의 30지위이며 이를 믿음에 상응하는 지위라는 의미에서 '신상응지信相應地'라고도 한다.

신상응지에서 그 다음 보살10지로 나아가는 사이에 4선근善根을 두기도 하는데, 이 단계에서 불법에 대한 바른 견해를 얻게 된다. 4선근의 수행을 통해 바른 견해를 얻어 견혹見惑을 멸하는 것을 '견도見道'라고 하고, 견도 이후 수행을 통해 수혹修惑을 멸하는 것을 '수도修道'라고 한다. 보살10지는 수행의 길인 수도에 해당한다. 신상응지와 4선근의 수행을 통해 얻는 견도의 깨달음이 '상사각相似覺'이고, 보살10지의 수행을 통해 얻는 수도의 깨달음이 제7지의 '수분각隨分覺'과 제10지의 '구경각究竟覺'이다. 견도의 깨달음을 이성적 앎인 '지해知解'라고 하고, 수도의 궁극 깨달음을 몸소 증득하는 앎인 '증오證悟'라고 한다.

	〈유부〉	〈유식5위〉	〈화엄/기신론〉		
			10신		— 불각
현위	1. 3현위	1. 자량위	10주+10행+10회향		
	2. 4선근	2. 가행위			
성위	1. 견도	3. 통달위			— 상사각
	2. 수도	4. 수습위	10지	1지-7지	— 수분각
				8지-10지	— 구경각
	3. 무학도	5. 구경위	등각		
			묘각		

수행의 지위가 복잡하고 그 이후의 깨달음에도 여러 단계가 있지만, 인식과 수행과 궁극 깨달음으로 나아가기까지의 발판은 결국 믿음이다. 믿음은 어떤 견해를 머리로 이해하게 하고 그 이해에 따라 수행하게 하며 결국 수행을 통해 그 견해가 진리라는 것을 몸소 체득하고 증득하게 한다. 그래서 신해행증信解行證을 말하게 된다. 그러나 믿음은 맨 처음 단계에서만 필요한 것이 아니라, 한 단계를 완성하고 그 다음 단계로 나아가는 매 단계마다 그 나아감의 근거로서 필요한 것이다. 마지막

증득인 구경에 이르기까지, 해탈과 열반에 이르기까지 일체 정신활동의 기반에는 믿음이 함께 해야 하는 것이다.

이상은 믿음에 대한 편집자의 생각을 정리해 본 것이다. 초기불교와 대승불교, 선불교와 기독교, 나아가 종교심리학이나 비교종교학 등 각 분야마다 믿음에 대한 상세한 이론 전개가 있을 것이다. 믿음에 대한 각 분야의 입장을 알아보기 위해 그 각 분야 전문가들의 연구성과를 한데 모아 한 권의 책으로 엮어보았다. 자세한 내용은 각각의 글에서 밝혀질 것이므로 여기에서는 각 글에서 논의되는 내용을 편집자의 관점에서 간단히 요약 정리하면서 편집자서문을 마치도록 한다.

5. 각 분야에서의 믿음의 이해

1) 초기불교의 믿음: 감성을 넘어 이성으로

알지 못하기에 믿는다고 생각하면 믿음은 이성적 앎으로부터 벗어난 감성적 차원의 정신활동처럼 여겨지기 쉽다. 그러나 초기불교의 믿음은 그러한 감성적 믿음이 아니라 이성적 믿음이라는 것을 강조하는 것이 초기불교 연구자 정준영의 글이다. 정준영은 초기불교경전인 팔리-니카야에서 '믿음'이란 용어가 어떻게 사용되고 있는가를 살펴봄으로써 초기불교에서의 믿음의 종류와 믿음의 의미, 믿음과 깨달음의 관계, 믿음과 성인聖人 성취 및 열반과의 관계를 밝히고 있다.

그는 초기경전에서 믿음을 나타내는 단어로 '삿다(saddha, 믿음)', '빠사다(pasāda, 맑음)', '밧띠(bhatti, 헌신)', '뻬마(pema, 애정)' 등을 들고 있는데, 이중 삿다는 믿음의 내용을 합리적으로 확인해가는 '이성적 믿음'으로 주로 활용되고, 나머지 용어들은 기뻐하거나 헌신하는 '감성적 믿음'으로 자주 사용된다고 설명한다. 그리고 석가가 강조한 믿음은 그를 무비판적인 애정과 헌신의 대상으로 삼는 감성적 믿음이 아니라 오히려 그의 언행을 관찰하고 비교 검증하여 확신을 키워나가는 이성적 믿음이라고 주장한다.

이성적 믿음이란 붓다의 가르침에 대한 무비판적 맹신이 아니라 합리적 근거에 기반한 확신을 뜻한다. 즉 "붓다의 가르침에 대한 지적인 평가와 조사가 선행된 바탕 위에서 만들어지는" 믿음이다. 정준영은 이러한 이성적 믿음은 붓다의 언행을 주목하여 그 언행에 번뇌가 없음을 확인함으로써 시작된다고 말한다. 붓다의 가르침이 번뇌를 멸하고 열반에 이르는 길에 대한 가르침인데 그의 언행에 번뇌가 없다면 그의 가르침이 깨달음에 입각한 바른 가르침이라는 것을 확인할 수 있기 때문이다. 나아가 수행자가 붓다의 가르침대로 실천해 보았을 때 자신에게서 번뇌가 멸해가는 것을 경험할 수 있다면 그때의 믿음이 곧 "수행을 통해 체험되는 사실에 대한 확신"으로서 이성적 믿음이 된다고 말한다.

정준영에 따르면 불교적 실천의 궁극목표는 열반이고 초기불교에서 열반이란 탐진치 삼독심이 제거된 상태이며, 삼독심이 제거된 결과로서 지혜를 얻게 된다. 그런데 탐진치를 멸해 열반을 증득하고 지혜를 얻는 그 전체 수행과정을 완수하게끔 하는 원동력이 바로 이성적 믿음이다. 수행을 통해 도달하는 성인의 첫 단계인 예류과에서부터 마지막 단계인 아라한과에 이르기까지 믿음은 일체 수행과 깨달음의 바탕이 되는 것이다. 여기서 정준영은 아라한과에서 얻게 되는 완전한 지혜 내지 최상의 깨달음에 있어서도 믿음은 사라지는 것이 아니라 오히려 완성된 확신으로 발전하여 믿음으로 남는다고 말한다. 이와 같이 초기불교에서 믿음은 실천의 처음부터 끝까지 함께 하는 것이되, 이때의 믿음은 맹목적 숭배를 낳는 감성적 믿음이 아니라 이성적 판단과 깨달음을 낳는 이성적 믿음이라는 것을 강조한다.

2) 대승불교의 믿음: 출발점인가, 도달점인가

불교의 믿음이 이성적 믿음임을 강조하다 보면 마치 우리가 붓다의 가르침을 듣고 이성적으로 이해함으로써 비로소 불법에 대한 믿음을 갖게 되는 것처럼 보인다. 그러나 믿음이 과연 그렇게 이해에 기반해서만 얻어지는 것인가? 오히려 믿음에 기반해서 비로소 바른 이해로 나아가는 것은 아닐까? 석길암은 동아시아 불교 전통에서 핵심적 역할을 해온 『대승기신론』과 『화엄경』을 바탕으로 믿음과 이해와 실천과 깨달음의 관계, 한마디로 신해행증信解行證의 상호관계를 분석한다.

석길암은 믿음과 앎 내지 이성의 관계를 논할 때에는 우선 그 앎이나 이성이 과연 누구의 것인지를 분명히 해야 한다고 논한다. 깨달은 부처의 경지에서 보면 일체가 이성적으로 인식가능한 것이지만, 아직 그러한 깨달음의 경지에 이르지 못한 중생의 관점에서 보면 많은 것들이 "불가해의 영역, 미지의 영역"이고 "의심과 두려움의 대상"이며, 따라서 '믿음'이 요구되기 때문이다. 『화엄경』은 전편 첫째 장면에서 "부처의 자내증의 경계"를 설하고, 둘째 장면에서 "중생이 그러한 자내증의 경계에 대하여 어떻게 믿음을 일으킬 것인가"를 논하고 있다. 중생의 믿음은 부처의 깨달음에 근거해서 일어나되 그 믿음이 중생으로 하여금 불법을 듣고 이해하고 수행하게 하여 결국 궁극의 깨달음에 이르게 하니, 믿음과 이해, 믿음과 수행은 서로 상호관계에 있다고 볼 수 있다. 그러므로 석길암은 '이해하고 믿는' 이성적 방식과 '믿고 이해하는' 감성적 방식이 둘 다 인정되어야 한다고 주장한다.

『대승기신론』 또한 제목 자체가 말해주듯이 대승에서의 믿음의 중요성이 강조되고 있는 논서이다. 석길암에 따르면 유식사상에서는 "승해가 믿음의 원인"(해 → 신)이 되지만, 여래장사상에서는 "신하고서야 해한다"(신 → 해)는 것이 강조되며, 여기서 신은 "일체 중생은 여래와 조금도 다름이 없다"는 부처의 안목을 믿는 것이다. 이러한 여래장사상의 대표적 논서인 『기신론』은 부처 쪽에서 제시하는 믿음의 내용과 중생 쪽에서 좇아 들어가야 할 이해와 수행의 길을 함께 논하고 있다. 중생이 곧 부처임을 믿고 수행을 통해 믿음이 완성되면, 그 믿음을 실천하는 길은 동체대비에 입각해서 인간 내지 모든 생명체와 함께 공명하고 공감하는 것이다. 이러한 공감과 공명에 부처의 가피가 더해져서 각자의 원력이 성취되는 것이니, 이러한 동체의 관점을 획득하는 것이 곧 신심의 완성이라고 주장한다.

이와 같이 『화엄경』이나 『대승기신론』에 보여지듯 동아시아 대승불교에서 믿음은 불법에 대한 이해와 그에 근거한 수행, 그리고 수행에 입각해서 얻어지는 깨달음을 이루기 위한 출발점이 된다. 그러면서 또 동시에 우리 일반 중생의 믿음은 수행과 깨달음을 통해 비로소 완성된다는 의미에서 우리가 지향하는 목적점이기도 한 것이다.

3) 선불교의 믿음: 신심信心과 깨달음

믿음을 모든 실천 수증의 토대로 삼는 화엄적 '신해행증'의 기반 위에 대승의 선종이 전개되는데, 선에서의 믿음은 한마디로 "마음이 부처요, 사람이 부처"라는 것을 믿는 것이다. 월암은 "마음이 부처이며 견성이 성불이라는 믿음"에 내포된 내용을 심성론과 수증론의 입장에서 천착穿鑿해 들어간다.

월암은 심성론의 주된 논점을 '인간의 본성은 본래 선하고 청정한 것인가, 아니면 탐진치 삼독으로 오염된 것인가'의 문제로 정리하며, 전자를 '심본청정설心本清淨說', 후자를 '심본부정설心本不淨說'이라고 부른다. 전자에 속하는 대중부는 심성은 본래 청정한데 객진 번뇌로 오염되어 있을 뿐이라고 주장하는데 반해, 후자에 속하는 상좌부 계통 유부는 중생의 마음은 본래 탐진치의 마음이며 불법을 통해 삼독심을 대치하고 오염심을 제거해야 비로소 청정심이 얻어진다고 주장한다. 전자는 일체 중생에게 불성이 본래 구비되어 있다는 '불성본유佛性本有'를 주장하고, 후자는 불성이 수행을 통해 비로소 있기 시작한다는 '불성시유佛性始有'를 주장한다. 월암에 따르면 선종의 심성론은 당연히 심본청정설 내지 불성본유설에 속한다.

그런데 심본청정의 관점에서 "심성본정, 객진소염客塵所染"을 주장하되 청정한 심성과 객진 번뇌를 이원화한다면, 결국 객체적 번뇌를 점진적으로 제거해야 주체적인 심성의 청정성을 회복할 수 있다는 주장으로 나아가게 된다. 반면 혜능 남종선은 "심성과 번뇌의 일원성"을 주장하며 본래 심성과 객진 번뇌를 이원화하지 않는다고 월암은 논한다. 그러므로 남종선의 불성 내지 여래장은 "마음의 실체로서의 불성이 아니라 불이중도로서의 실상"이며, 따라서 선종의 진여자성이나 본래면목 또는 진아나 주인공의 주장은 초기불교의 연기와 무아와 중도실상의 사상과 어긋나지 않는다고 논한다. 월암은 이와 같은 혜능 남종선의 불이중도의 사상이 종밀의 "공적영지空寂靈知", 마조의 "즉심시불卽心是佛", 황벽의 "즉성즉심卽性卽心"으로 이어지며, 그것이 곧 "즉심즉불卽心卽佛, 즉인즉불卽人卽佛"로 귀결됨을 강조한다. "마음이 곧 부처고, 사람이 곧 부처"라는 말이다.

선종의 수증론은 '견성성불見性成佛'의 과정에 대한 논의라고 할 수 있는데, 월암은 여기서 견성을 어느 단계의 수행으로 보는가에 따라 돈오점수인지, 돈오돈수인지가 갈릴 수 있다고 본다. 성철처럼 구경불지佛地의 깨달음만을 견성이라고 간주하면, 견성이 그대로 성불이며 그 사이의 점진적 수행이 불필요하여 '돈오돈수'를 주장하게 된다. 하지만 청화처럼 견도의 초견성도 견성으로 간주하면, 초견성은 상사각일 뿐이고 그 이후 보살10지의 수행을 통해 수분각과 구경각으로 나아가게 되므로 '돈오점수'를 주장하게 된다. 이와 같이 월암은 돈점 논의를 견성 내지 깨달음을 무엇으로 간주하는가에 따라 나타나는 입장 차이로 정리하며, 어떤 입장이든 선종의 견성은 결국 일체의 분별을 멈추고 자신의 본성을 자각하고 내면을 직관하여 알아차리는 "회광반조"임을 강조한다.

이어 월암은 남종선 중에서도 화두를 통해 견성으로 나아가는 간화선에 있어서는 선지식에 대한 믿음이 절대적이라는 것을 강조한다. 선지식은 수행자에게 화두를 결택해주고 입실문신하고 책발策發하며, 수행자의 수행상태를 점검하고 거량하여 결국 수행자를 인가하는 스승이기 때문이다. 내면의 불성이 아무리 빛나도 선지식을 만나지 못하면 그 빛을 밝혀 깨닫기가 쉽지 않으므로, 견성과 성불을 이루기 위해서는 반드시 선지식을 만나 그를 믿고 의지하는 것이 불가결한 것이다. 그러므로 선종에서는 자신의 불성에 대한 믿음뿐 아니라 선지식에 대한 믿음을 함께 강조한다.

4) 종교심리학의 믿음: 연속적 발전인가, 질적 변형인가

믿음은 불교뿐 아니라 일체 종교에 속하는 '종교의 본질'이라고 볼 수 있다. 그렇지만 종교적 믿음이 표출되는 양상은 각 문화마다 또는 각 시기마다 상이할 것이며, 한 문화 한 시기에 있어서도 인간의 성장단계에 따라 다양한 양태를 보일 수 있을 것이다. 인류 역사가 끊임없이 발전해 나간다는 문화-진화론적 생각은 인간 개인의 정신 또한 보다 나은 방향으로 발전해 나간다는 개인정신-발달론적 사고와 이어져 있다. 문제는 그 발달단계가 연속적이고 점진적으로 이어지는가 아니면 불연속적인 질적 변형으로 진행되는가 하는 것이다.

권명수는 믿음이라는 심리현상이 가지는 특징들을 개인 정신의 발달단계로 설명한 서양의 두 종교심리학자의 이론을 소개하고 그 두 이론의 차이를 비교분석하면서 그 둘 간의 통합 가능성을 모색하고 있다. 제임스 파울러가 『신앙의 발달단계』(1981)에서 전개한 '믿음발달론'과 제임스 로더가 『삶이 변형되는 순간』(1981)에서 전개한 '믿음변형론'이 그것이다. 전자는 믿음의 발달과정을 연속적인 점진적 발전으로 간주하고, 후자는 믿음의 발달과정을 삶의 결정적 순간에 발생하는 질적 변형으로 간주한다. 파울러는 인간의 성장과정에 따라 믿음의 발달과정을 여섯 단계로 구분하는데, 그 첫 단계에 들어가기 전 준비단계로서 15개월 이전까지의 미분화된 믿음을 논한다. 그 이후 여섯 단계에 대한 상세한 설명은 본문 중에 나오므로 여기서는 간략히 그 명칭만을 들어본다.

〈파울러가 제시하는 믿음의 여섯 발단단계〉

① 직관적 투사적 믿음
② 신화적 문자적 믿음
③ 종합적 인습적 믿음
④ 개별적 성찰적 믿음
⑤ 통합적 믿음
⑥ 보편적 믿음

믿음을 연속적으로 발전해 가는 나선형 모델로 설명하는 파울러의 믿음관이 상당히 합리적 차원에 치우친 것이라면, 로더는 합리성을 넘어선 상상과 신비체험 또는 은총과 계시 등을 통해 질적으로 변형되는 믿음을 논한다는 점에서 둘은 서로 대비된다. 로더는 종교적 체험을 이루는 확신적 인식의 '인식사건'에 '변형논리'가 존재한다고 보며, 이 변형논리에 따라 믿음의 변형단계를 다섯 단계로 구분하여 논한다.

〈로더가 제시하는 믿음의 변형과정〉

① 갈등의 단계
② 탐색의 단계
③ 상상의 단계

④ 개방의 단계

⑤ 해석의 단계

파울러의 '변화'와 로더의 '변형'을 각각 설명한 후 권명수는 그 두 관점이 보여주는 합리와 초합리, 이성과 계시, 실존과 초월의 구분이 그럼에도 불구하고 단지 이원적 대립과 분리에 그치지 않고 서로 통합될 수 있는 가능성을 모색하고 있다.

5) 비교종교학의 믿음: 표층 믿음에서 심층 믿음으로

이 세계에는 수없이 많은 종교가 있으며 각 종교마다 나름의 신관과 우주관, 인간관과 윤리관을 갖고 있다. 대표적으로 불교와 기독교를 교리 상으로 또는 문자적으로만 보면, 그 둘은 서로 다른 차이를 드러낼 것이다. 그렇다면 그렇게 서로 다른 종교 내지 신앙은 내용적으로 서로 어떤 관계에 있는가? 오강남은 여러 종교를 비교 고찰하는 비교종교학의 관점에서 볼 때 중요한 것은 '표층 신앙과 심층 신앙의 구분'이라고 논하면서, 표층 신앙과 구분되는 심층 신앙의 특징을 다음과 같이 정리한다.

〈표층 신앙과 구분되는 심층 신앙의 특징〉

① 지금의 나를 부정하고 새로운 나, 참나, 큰 나를 추구한다.

② 무조건적 믿음 대신 깨달음을 중시한다.

③ 신과 인간 간의 단절 대신 신의 내재성을 강조한다.

④ 신과 나와 이웃을 '하나'라고 생각하여 사랑과 자비를 중시한다.

⑤ 깨달음의 체험 등 새로운 경험을 통해 문자의 한계를 자각한다.

각 종교의 믿음을 단순히 문자적 차원에서 표층적으로만 생각하지 않고 그보다 더 깊이 감추어져 있는 심층의 의미를 따라 생각하면, 여러 종교에서의 표층적 차이들은 사라지고 심층에서 서로 상통하는 바가 있다는 것을 알게 된다. 오강남에 따르면 기독교 복음서 중 예수의 삶과 기적, 부활과 심판 등을 객관화해서 서술하는 『공관복음』은 주로 기독교의 표층 신앙을 드러내는데 반해, 하느님의 내재성 및 그런 내적 신성의 깨달음을 강조하는 『도마복음』은 기독교의 심층 신앙을 잘 보여주고 있다. 이러한 심층 신앙에서 보면 기독교와 불교가 그다지 멀리 있지 않다.

그러므로 종교의 본질, 믿음의 참 의미를 바르게 밝히기 위해서는 교리적 문자에 매인 표층 신앙에서부터 벗어나 그보다 더 깊은 영적 차원 내지 신비적 차원의 심층신앙으로 나아가야 한다. 오강남이 논문 말미에서 마커스 보그를 따라 네 가지로 구분하는 믿음의 4종류는 표층 신앙에서 심층 신앙으로 나아가는 단계라고 볼 수도 있을 것 같다.

〈보그의 믿음의 4종류〉

① 승인(assenus)으로서의 믿음: 믿음 내용을 사실로 승인함

② 신뢰(trust)로서의 믿음: 자신을 맡기고 신뢰함

③ 성실성(faithfulness)으로서의 믿음: 충성을 바침

④ 봄(visio)으로서의 믿음: 확신 내지 깨달음

믿음의 완성이라고 할 수 있는 네 번째의 '봄으로서의 믿음'은 사물의 본성 내지 실재를 직관하는 통찰 또는 깨달음을 뜻한다. 문자적 믿음이나

승인으로서의 믿음에 그치지 않고 신뢰하고 충성하며 깨달음으로 나아가는 것은 곧 인격의 성장이며 신앙의 성장이라고 말할 수 있다.

{초기불교의 믿음}

감성을 벗어나 이성으로

정준영(서울불교대학원대학교 불교학과)

1. 믿음을 바라보며

믿음(saddhā)은 불교의 다양한 교리적 개념들 가운데 가장 정의하기 어려운 용어 중의 하나이다. 따라서 본고는 믿음을 무엇이라 정의내리기 보다는 초기경전 안에서 믿음이라는 용어가 어떻게 사용되었는지, 그리고 기존의 연구자들에 의해 어떻게 해석되어 왔는지를 살피는 것을 목적으로 한다. 초기경전에 대한 이해는 학자들 사이에 다소 이견이 있다. 붓다의 설법이 경장(Sutta-Piṭaka)이라는 이름으로 전해지고 있지만, 수세기에 걸쳐 복합적으로 전승되어 왔기에 현존하는 경전이 정확한 붓다의 설법이라고 하기에는 무리가 따를 수도 있다. 그럼에도 불구하고 경장은 현존하는 최고最古의 설법에 해당하기에, 본고에서는 경전의 성립 시기 여부에 대한 논의는 뒤로 미루고, 빠알리 니까야Pāli-Nikāya를 중심으로 믿음에 대한 연구를 진행하고자 한다.

초기불교의 믿음에 대해서는 많은 연구가 진행되어 왔다. 후지타 코우타쯔(藤田 宏達)는 「원시불교에 있어서 믿음」을 통하여 빠사다 pasāda와 신해信解 등을 심도 깊게 다루고 있다.[1] 또한 아상가 띠라까라트나Asanga Tilakaratne는 「믿음, 종교적 실천의 선행조건」이라는 논문을 통해, 믿음의 여러 종류와 다양한 학자들 간의 이견을 비교하고 있다.[2] 본고는 이러한 선행 연구를 바탕으로 초기불교에서 나타나는 믿음에 대하여 소개하고자 한다.

초기불교의 믿음은 크게 두 가지로 설명될 수 있다. 하나는 감성적인 역할의 믿음이고, 다른 하나는 이성적인〔합리적인〕 역할의 믿음이다. 이 두 가지 믿음은 서로 유기적인 관계를 유지하지만 감성적인 믿음은 일부 제자들의 믿음으로 언급되고 있을 뿐, 초기불교에서 추구하는 믿음이라고 보기는 어렵다. 반면에 '이성적인 믿음(ākāravati saddhā)'은 붓다의 가르침에 대한 실천 과정에서 분명하게 나타난다.[3] 초기경전 안에서 붓다는 제자들에게 '이성적인 믿음'을 보다 강조한다. 다시 말해, 붓다는 무엇보다도 제자들의 실천적인 삶을 강조하고 있다. 결과적으로 초기불교 안에서 이성적인 믿음이 없는 실천은 불가능하며, 실천 없는 지혜 역시 성취하기 어렵다.

이처럼 본고는 초기경전에 나타나는 믿음의 역할에 대해 살펴보고자 한다. 그리고 먼저 믿음의 종류와 그 의미를 살피고, 붓다가 제자들에게 제시한 믿음의 의미와 그 진행 과정에 대해서 알아보고자 한다. 또한 믿음을 키우는 데 필요한 요소들을 살피고, 믿음의 성장이 성인聖人의 성취 과정에 어떠한 영향을 미치는지에 대해, 그리고 불교의 궁극적인 목표인 열반과 믿음의 관계 역시 밝히고자 한다. 과연 열반을 향한 믿음은 이성적인 것인지? 열반을 성취한 후에도 믿음은 필요한 것인지? 등의 의문을 풀어가는 계기를 마련하고자 한다.

초기경전(Pāli-Nikāya) 안에서 믿음(信)을 의미하는 빠알리 용어로는 '삿다saddhā'를 가장 많이 사용하며,[4] 믿음과 유사한 의미로 빠사다(pasāda, 맑음, 기쁨, 미덕, 믿음),[5] 밧띠(bhatti, 헌신, 집착),[6] 뻬마(pema, 애정, 사랑),[7] 빠산나(pasanna, 믿음),[8] 딧띠(diṭṭhi, 견해, 믿음, 이론),[9] 랏디(laddhi, 종교적 믿음, 견해, 이론),[10] 위싸사(vissāsa, 믿음, 확신)[11] 등의 용어들이 언급된다. 이 용어들의 대부분은 설명이 따로 필요 없을 정도로 우리가 알고 있는 믿음(faith, belief, trust)을 의미한다. 하지만 이들 중의 몇몇 용어들은 용어 자체가 가지는 사전적 의미보다 깊은 뜻으로 활용되었다. 따라서 본고에서는 초기경전에서 활용되는 믿음의 다양한 종류와 믿음의 과정을 중심으로 살펴보고자 한다. 그리고 더 나아가 초기불교에서 추구하는 믿음은 '감성적인 믿음'이 아닌 '이성적인 믿음'이라는 사실을 밝히고 이성적인 믿음을 발전시키는 방법에 대해 논의하고자 한다.

2. 믿음(saddhā)의 의미

믿음은 '그렇게 여겨 의심하지 않는다'는 의미로 '믿는 마음'이나 '신앙'의 뜻을 지니고 있다.[12] 초기경전에서 믿음의 의미로 가장 많이 등장하는 용어는 '삿다(saddhā. sk. śraddhā)'이다. '삿다'는 믿는다는 의미를 지닌 'śrát'에서 파생된 여성명사로 '믿음', '신앙', '헌신' 등의 의미를 가지고 있다.[13] 산스크리트어로 믿음인 '슈랏다śraddhā'는 제사를 지내는 제사장 바라문에 대한 신뢰를 의미하는 것에서부터 시작되었다.[14] 초기불교에서 믿음의 의미로 가장 많이 사용하는 '삿다'의 활용사례를 살펴보면 다음과 같다.[15]

먼저 『맛지마니까야』의 「세카숫따Sakha sutta」는 고귀한 제자(ariyasavāka)가 갖추어야 하는 일곱 가지 성품에 대하여 설명한다.

> "마하나마여, 어떻게 고귀한 제자가 일곱 가지 올바른 성품을 지닙니까? 마하나마여, 세상에서 고귀한 제자는 믿음(saddhā)을 갖춥니다. 여래의 깨달음에 대하여 '세존께서는,[16] 아라한이시고, 완전한 깨달음을 얻은 분이시며, 지와 행을 갖춘 분이시며,[17] 잘 도달하신 분이시며, 세간을 아는 분이시며, 위없는 분이시며, 사람을 훈련하는 지도자이시며,[18] 신과 인간의 스승이시며, 붓다(깨달은 분)이시며, 존귀한 분이시다.'라고 믿음을 갖춥니다."[19]

초기불교 안에서 고귀한 제자(聖人)가 되기 위해 갖추어야 할 자질 중의 하나가 여래(붓다)의 깨달음(Tathāgatassa bodhi)에 대한 믿음(saddhā)이라는 설명이다. 붓다라는 개인의 특정한 믿음이라기보다는 붓다가 깨달음을 획득하고 이른바 여래의 십호를 갖추었다는 것에 대한 믿음을 의미한다. 달리 말해 붓다 그 개인에 대한 단순한 귀의의 감정이 아니라, 붓다가 깨달음에 도달했고 그러한 깨달음이 있음을 확신하는 믿음이다. 여기에서 믿음은 단순한 삼보에 귀의가 아니라 그것보다도 훨씬 견고하고 체험적인 믿음을 의미한다. 이와 같은 깨달음이 있다는 사실에 대한 믿음 없이는 붓다의 제자가 될 수도, 성인(聖人, ariya)의 흐름에 들어갈 수도 없다. 〔이와 관련해서는 본 논문 3.과 5.에서 구체적으로 살펴볼 예정이다.〕 그리고 이와 같은 믿음을 위해서는 무엇보다 먼저 붓다의 가르침을 듣고, 그 가르침을 실천하고 확인하는 과정이 필요하다. 붓다는 성도 후 범천의 요청에 의해 설법을 결심하고 다음과 같은 시구를 설한다.

"그대들에게 불사(不死, 涅槃)의 문은 열렸다. 귀를 가진 자 믿음(saddhā)을 내어라. 범천이여, 이 미묘하고 숭고한 법이 인간들 사이에서 해악을 초래할지 모른다는 인식 때문에 나는 설하지 않으려고 하였다."[20]

붓다는 깨달음 이후에 설법을 결심하고, 무엇보다 먼저 그의 가르침을 듣고 실천하고자 하는 믿음을 키울 것을 설한다. 그리고 이와 같은 과정을 통해 확인된 믿음은 수행자가 장애를 극복하고 정진해 나아가는 데 도움이 된다. 『숫따니빠따Sutta Nipāta』의 「아라와까숫따Āḷavaka sutta」는 믿음이 중요한 재산이며 거센 물결과 같은 장애를 극복하고 괴로움을 벗어나 청정해지는 데 필요한 요소임을 설명한다.

"이 세상에서 사람의 으뜸가는 재산은 무엇입니까? 무엇을 잘 추구하면 안락을 가져옵니까? … 이 세상에서 믿음(saddhā)이 사람에게 으뜸가는 재산이고, 가르침을 잘 추구하면 안락을 가져옵니다." "사람은 어떻게 거센 물결을 건넙니까? 어떻게 커다란 바다를 건넙니까? 어떻게 괴로움을 뛰어넘습니까? 그리고 어떻게 완전히 청정해질 수 있습니까? 사람은 믿음(saddhā)으로써 거센 물결을 건너고, 방일하지 않음으로 커다란 바다를 건넙니다. 정진으로 괴로움을 뛰어넘고, 지혜로 완전히 청정해집니다."[21]

붓다는 믿음이 불교수행을 위한 중요한 재산이며, 믿음으로 방일하지 않고 노력하는 길이 괴로움으로부터 벗어나 청정해지는 길이라고 설명하고 있다. 다시 말해, 믿음은 불교수행의 시작에 있어 거센 물결〔장애〕을 극복하는 중요한 요소이다. 예를 들면 큰비가 내려 강물이 범람할 정도로 흐르고 있다고 하자. 대부분의 사람들은 강의 넓이와 깊이를 모르고 두려움에 떨며 강변에 서 있다. 그때 어떤 사람이 와서 자신의 체력과 역량을 잘 알아 단단히 끈을 묶고 강에 뛰어들어(躍入, pakkhandana), 강 저편으로 건넌다고 할 때, 그가 건넌 것을 보고 많은 사람들 또한 건널 수 있게 된다. 이처럼 수행자는 다른 사람의 마음이 해탈하는 것을 보고, 수행의 길로 약입하여 아직 도달하지 못한 곳에 도달하고, 아직 획득하지 않은 것을 획득하고, 아직 체험하지 못한 것을 체험한다. 이처럼 믿음은 약입의 속성을 지닌다.[22] 하지만 이와 같은 믿음이 초기불교에서 궁극적으로 추구하는 믿음은 아니다. 오히려 강의 넓이와 깊이를 모르고 뛰어드는 것은 맹목적인 행위에 가깝다. 이러한 믿음은 동기를 부여하는 역할 정도로 볼 수 있다. 초기불교는 이렇게 시작한 믿음이 체험과 실천을 통해 확인되는 것을 강조한다. 수행자는 수행의 길로 약입하여 체험과 지혜를 통해 믿음을 키워나가게 된다.

『앙굿따라니까야Aṅguttara Nikāya』의 「니와라나왁가(Nīvaraṇavagga, 장애의 품)」는 수행자에게 필요한 다섯 가지 노력(精勤)의 고리(Padhāniyaṅga, 五精勤支)에 대해서 설명한다. 이들은 ①여래의 깨달음을 믿는 것, ②소화와 체온을 적절히 유지하여 건강을 지키는 것, ③스승과 주변인에게 성실하고 솔직한 것, ④착하고 선한 것을 위해 어려움을 견뎌내는 것, ⑤생멸에 대한 지혜를 갖추어 괴로움을 제거하는 것이다.[23] 이처럼 수행자가 노력을 키워나가기 위해서는 무엇보다 먼저 붓다의 깨달음이 있으며 그것이 사실이라는 맹목적인 믿음이 아니라 매번 실천하고 확인해 가면서 확신하는 믿음이 필요하다. 『담마빠다(Dhammapada, 法句經)』 역시 믿음과 노력의 중요성을 강조한다.

> "채찍을 본 준마처럼, 열심히 노력하고 용맹을 일으키라. 믿음(saddhā), 계행, 정진과 집중, 법에 대한 고찰과 명지와 덕행을 갖추고, 주시(sati)를 확립함으로서 그대는 커다란 괴로움을 극복하리라."[24]

수행자는 믿음뿐만 아니라 노력, 계행, 집중, 고찰, 덕행, 주시 등과 함께 괴로움으로부터 벗어나는 길을 찾게 된다. 이처럼 믿음은 수행과 함께하여 괴로움을 극복하도록 도와준다. 『숫따니빠따Sutta Nipāta』의 「까시바라드와자 숫따Kasībhāradvāja sutta」는 부처님이 탁발하시는 모습과 함께 재미있는 일화를 담고 있다. 경전의 내용을 보면 바라문 바라드와자는 붓다의 탁발 모습을 보고 붓다에게, 자신은 밭을 갈고 씨를 뿌리고 먹는데 붓다는 왜 일을 하지 않고 구걸하여 먹느냐고 묻는다. 붓다는 자신도 밭을 갈고 씨를 뿌리고 먹는다고 말하자, 바라드와자는 자신이 본 적이 없기에 믿을 수 없다고 한다. 이에 붓다도 바라드와자에게 밭을 갈고 씨를 뿌리는 모습을 보지 못한 것은 서로 마찬가지라고 설명한다. 그리고 자신이 밭을 갈고 씨를 뿌린다는 것이 무엇을 의미하는지에 대해 다음과 같이 말한다.

> "바라문이여, 나도 밭을 갈고 씨를 뿌립니다. 밭을 갈고 씨를 뿌린 뒤에 먹습니다. … 믿음(saddhā)이 씨앗이고, 감관의 수호(tapo, 고행)가 비며, 지혜(paññā)가 나의 멍에와 쟁기입니다. 부끄러움(hirī)이 자루이고 정신(mano, 마음)이 끈입니다. 그리고 주시(sati)가 나의 쟁깃날과 몰이막대입니다."[25]

붓다는 자신의 수행이, 밭을 갈고 씨를 뿌리는 것과 같다고 설하며, 그 수행의 씨앗이 믿음에 있으며 지혜, 정신, 주시 등의 수행요소들과 함께한다고 말한다. 따라서 초기불교 안에서의 믿음(saddhā)은 불교수행의 과정에 있어 중요한 요소임을 알 수 있다. 하지만 이때의 믿음이 맹목적이 되어서는 안 된다. 수행자가 주시, 지혜 등과 함께 체험을 통해 확인되는 사실에 대한 분명한 믿음이어야 한다.

초기불교의 믿음(saddhā)은 다양한 법수의 용어로도 등장한다. 이들은 삼십칠조도품(Bodhipakkhiya dhamma)에 해당하는 '오근(pañca indriyāni, 五根)' 중의 하나이며,[26] 오력(pañca balāni, 五力),[27] 칠력(七力, satta bālāni), 오유학력(五有學力, pañca sekhabalāni), 그리고 칠정법(七正法, satta saddhammā)의 하나로 깨달음으로 이끌어 주는 데 필수적인 역할을 하고 있다.[28] 더 나아가 앞서 설명한 오정근지(五精勤支, pañca padhāniyaṅgāni)의 시작점 역시 믿음이며, 일곱 가지 고귀한 보물(sattavidha ariya dhana) 중의 하나이기도 하다. 『디가니가야Dīgha-Nikāya』의 「락카나 숫따Lakkhaṇa sutta」는 고귀한 일곱 가지 보물에 대해 다음과 같이 설명한다.

> "그는 깨달은 자가 되어 무엇을 얻는가? 그는 부유한 자가 되어 큰 보물을 얻고 큰 재산을 얻는데, 예를 들어, 믿음(saddhā)의 보물, 계행의 보물, 부끄러움을 아는 보물, 창피함을 아는 보물, 배움의 보물, 버림의 보물, 지혜의 보물을 얻는다. 그는 깨달은 자로서 이것을 얻는다."[29]

이처럼 믿음은 성인(聖人, ariya)의 성취와 깨달음을 위한 기능(根)으로, 힘(力)으로, 정법正法으로, 노력(精勤)의 시작으로, 그리고 깨달음을 통한 보물寶物로 표현된다. 특히, 다른 요소들과의 관계에 있어 가장 앞서 등장한다는 점에 있어 『숫따니빠따』의 설명처럼 믿음이 시작의 역할을 한다는 것을 알 수 있다. 또한 믿음은 독립적으로 기능하기보다 수행의 과정에서 다른 요소들과 함께 조화를 이루고 있다. 이를 통해 믿음이 수행의 진행 과정에서 함께하고 있음을 알 수 있다. 믿음을 시작으로 불교의 궁극적인 목표인 열반을 성취하게 된다는 설명은 『상윳따니까야』의 「우빠니사숫따Upanisasutta」를 통해 재확인된다.

"그는 태어남을 연유로 괴로움이 이루어지고, 괴로움을 연유로 믿음(saddhā)이 이루어지며, 믿음을 연유로 만족이 이루어지고, 만족을 연유로 희열이 이루어지며, 희열을 연유로 청정함이 이루어지고, 청정함을 연유로 지복이 이루어지고, 지복을 연유로 집중이 이루어지고, 집중을 연유로 있는 그대로 앎과 봄이 이루어지고, 있는 그대로의 앎과 봄을 연유로 싫어하여 떠남이 이루어지고, 싫어하여 떠남을 연유로 갈애를 떠남이 이루어지며, 갈애를 떠남을 연유로 해탈이 이루어지고, 해탈을 연유로 소멸에 대한 지혜가 이루어진다."[30]

경전은 연기의 과정을 설명함과 동시에 믿음으로 인한 해탈과 갈애의 제거 과정을 설명하고 있다. 따라서 괴로움으로부터 벗어나기 위해서는 믿음이 필요하며 이러한 믿음은 만족과 희열을 거쳐 여실지견을 위한 수행의 길로 이끌어준다. 이러한 과정에서의 믿음은 단순히 붓다나 스승에 대한 맹목적이 아닌 이해와 실천을 통한 '이성적인 확신'을 필요로 한다. 수행자는 믿음을 바탕으로 하며 실천과 동시에 믿음을 더욱 키워나가게 된다.[31] 초기불교의 믿음은 현상이나 가르침에 대한 의문과 질문을 통해 성장한다. 붓다는 수행자들이 붓다를 믿기보다, 붓다와 가르침에 대해 의심하고 확인할 것을 장려한다.

3. 이성적인 믿음

1) 이성적인 믿음(ākāravati saddhā)의 시작

스리랑카의 불교학자인 K.N. 자야띨레케Jayatilleke의 설명에 따르면 초기경전에서 나타나는 믿음(saddhā)은 크게 세 가지 형태로 나타난다. 이들은 믿음의 ① 이성적(인지적), ② 감성적, ③ 능동적인 특징을 말한다. 그리고 이들 중 적어도 두 형태 이상이 겹쳐져 믿음이 설명되고 있다.[32] 믿는 자가 능동적으로 참여하는 경우, 스승에 대한 감사함이나 사랑에 의해 감성적인 상태로 언급되는 등 다양한 경우가 나타난다. 초기경전에서 나타나는 믿음이 이러한 세 가지 특징을 지니지만, 초기불교는 무엇보다도 첫 번째 특징인 이성적인 믿음을 추구한다. 이와 관련하여 먼저 「까라마숫따Kālāma sutta」를 살펴보면 믿음은 매우 이성적인 형태와 조화를 이루고 있다. 경전의 설명에 따르면 까라마인들은 께싸뿟따Kesaputta를 방문한 붓다를 찾아가 수행자들과 성직자들 가운데 누가 진실을 말하고 누가 거짓을 말하는지 의심되고 믿기 어렵다고 말한다. 이에 대한 답변으로 붓다는 다음과 같이 설한다.

"까라마인들이여, 그대들은 소문으로 들었다고 해서, 대대로 전승되어 온다고 해서, '그렇다 하더라'고 해서, 성전에 써 있다고 해서, 추측이 그렇다고 해서, 논리적이라고 해서, 추론에 의해서, 이유가 적절하다고 해서, 우리가 사색하여 얻은 견해와 일치한다고 해서, 유력한 사람이 한 말이라고 해서, 혹은 '이 사문은 우리의 스승이시다'라는 생각 때문에 진실이라고 받아들이지 말라. 까라마인들이여,

그대는 참으로 스스로가 '이러한 법들은 유익한 것이고, 이러한 법들은 비난받지 않을 것이며, 이러한 법들은 지자들의 비난을 받지 않을 것이고, 이러한 법들을 전적으로 받들어 행하면 이익과 행복이 있게 된다'고 알게 되면, 까라마인들이여, 그때에 그것들을 받아들이십시오."[33]

붓다는 어떠한 자의 가르침이든지 소문이나 주변의 평판 등을 받아들이지 말고 이성적으로 판단하여 받아들일 것을 권유한다. 따라서 스승이나 가르침에 대한 제자로서의 의혹 제기나 확인 과정은 칭찬 받아야 할 일이지 비난 받을 일이 아니라는 것이다. 또한 이러한 과정을 거치는 것이 유익하고 행복해지는 길이라고 설명한다. 다시 말해, 가르침에 대한 믿음은 맹목적이 아닌 이성적이 되어야 하며 확인 절차가 필요하다는 설명이다. 이를 통해 초기불교의 믿음은 이성적인 접근을 추구한다는 사실을 알 수 있다.

우리는 종교적 실천에 있어 믿음이 가장 근원적인 마음가짐이라고 알고 있다.[34] 그리고 이것이 믿음의 실제 역할이기도 하다. 기원전 5, 6세기 붓다의 시절에는 매우 다양한 종교와 지도자들이 함께 살고 있었다. 그들은 고통의 소멸에 이르는 길에 대하여 자신들만이 알고 있으며 다른 사람들은 모른다고 주장했다. 만약 우리가 그 시대로 돌아간다면, 북인도 지역의 평범한 거주자들 사이에는 자신의 가르침만이 옳고 다른 가르침은 허무하다 주장하는 걸식유행자들이 가득했을 것이다.[35] 하지만 붓다는 자신의 가르침만이 진실이라고 주장하지 않았다. 붓다는 단지 가르침을 설하고, 가르침을 이해한 자들이 실천하기를 바랐다.

붓다의 핵심적인 가르침은 사성제(四聖諦, ariya sacca, 고귀한 진리)에 있다. 붓다는 첫 번째와 두 번째 진리를 통해 인간이 처한 곤경에 대해 분석하고 설명한다. 그리고 세 번째와 네 번째의 진리를 통해 괴로움의 해결과 그것의 성취에 대해서 설명한다. 붓다가 분석한 인간은 '목마름(taṇhā, 갈애)' 때문에 괴롭고, 그 괴로움에 의해 지속적으로 윤회하는 특성을 가지고 있었다. 이러한 가르침에 대해 현명한 사람(viññū purisā)들이 이해하기 시작했고, 그들은 붓다의 가르침을 비판단적으로 믿은 것이 아니라, 실천하고 경험하여 지혜를 통해 확인하였다. 따라서 초기불교의 믿음은 이성적 판단을 중요시한다. 이렇게 체험이나 경험을 통해 합리적으로 확인된 지혜는 마치 산을 오르는 자가 한 발 한 발 오름을 통하면 정상에 이른다는 것을 알듯이 불교의 궁극적인 목표인 열반(nibbāna, 涅槃)이 있다는 것을 분명히 안다. 또한 수행자는 붓다가 제시한 도성제(道聖諦, magga)가 열반으로 이끌어준다는 것에 대해 한 발 한 발 경험하면서 확신한다.

초기불교에서 붓다는 고대의 도시로 가는 길을 발견한 개척자로 소개되기도 한다.[36] 그는 고대도시를 경험하고 돌아와 다른 사람들에게 고대도시로 가는 길을 설명해 주었다. 결국 붓다로부터 주어진 길(dhamma, 法)을 따라 갔을 때 다른 사람들 역시 같은 방향으로 나아갈 수 있는 것이다. 이와 같은 방식으로, 붓다는 열반이라는 도시를 만들어낸 것이 아니라 찾아낸 것이다. 열반은 붓다의 존재 여부에 상관없이 늘 있는 것이다. 따라서 붓다를 믿는 것이 아니라 붓다의 가르침을 판단하는 것이다. 이것이 이성적인 믿음의 시작이다. 붓다는 열반으로 가는 길을 발견했고, 그 길은 팔정도(八正道, 道聖諦)이다. 결국 우리가 고대의 도시를 찾아가든, 열반을 향해 수행하든 양쪽의 경우 모두, 그가 말한 것을 실천해야 한다는 전제조건이 따른다. 그렇다면 붓다와 그의 가르침을 향한 '이성적 믿음'은 어떻게 시작되는가? 그것은 붓다가 말하는 것과 행동하는 것을 주목하여 살폈을 때부터 시작하게 된다. 만약 붓다가 가본 도시가 번뇌가 없는(āsavakkhaya) 곳이라면, 붓다는 그의 말과 행동에서 번뇌를 보여서는 안 된다. 붓다가 설한 것과 그의 행위에서 불일치가 나타난다면 믿음은 형성되기 어렵다. 붓다는 그의 언행을 통해 제자들이 그에 대한 이성적인 판단을 확립할 수 있도록 하였으며, 그의 깨달음이 실생활에서도 일치한다는 사실을 보여주었다.[37] 이와 관련하여 '이성적인 믿음'의 확립과 실천 과정을 좀 더 구체적으로 살펴보면 다음과 같다.

2) 이성적인 믿음의 실천

『맛지마니까야Majjhima-Nikāya』의 「위망사까 숫따Vīmaṃsaka sutta」는 수행자가 어떻게 믿음을 확립할 것인지에 대해 설명하고 있다. 붓다는 타심통이 없는 자들은 여래를 두 가지 면에서 조사해야 한다고 설한다.

> "비구들이여…, 여래가 올바로 완전히 깨달았는지 아닌지를 식별하기 위해 여래를 관찰해야 한다. … 여래에 대하여 두 가지 관점에서, 즉 눈과 귀를 통해 인식 가능하다는 관점에서 '눈이나 귀를 통해 인식할 수 있는 오염된 상태들이 여래에게 존재하는지 아닌지'를

관찰해야 한다."[38]

붓다는 제자들에게 자신을 믿으라고 설명하는 것이 아니라, 자신이 믿을 만한지 관찰하라고 설한다. 경전에 따르면 비구는 눈을 통해 여래의 육체적인 행위가 올바른지 확인하고, 귀를 통해 여래의 언어적인 행위와 생각이 올바른지 확인한다. 이처럼 초기불교의 붓다는 스승에 대한 믿음을 스승의 언행과 생각을 통해 확인할 것을 요구한다. 그리고 이러한 과정과 체험을 통해 얻어진 믿음을 확고하고 견고한 '이성적인 믿음'이라고 부른다. 경전은 이에 대해 보다 구체적으로 설명한다.

"비구들이여, 어떠한 자에게라도 이러한 이유, 이러한 용어, 이러한 어구를 통해서 믿음이 여래에 대하여 심어지고, 뿌리내리고, 정립된다. 비구들이여, 이것은 이유를 갖추고 뿌리를 보여주는 견고한 이성적인 믿음(ākāravati saddhā)이라고 불리는데, 수행자(samana)나 바라문(brāhmana)이나 신(deva)이나 악마(mara)나 범천(Brahma)이나 세상의 어떠한 자도 이겨낼 수 없는 것이다. 비구들이여, 이것이 여래가 가르침에 일치하도록 관찰한 것이고 여래가 가르침에 일치하도록 관찰된 것이다."[39]

여기서 '이성적인 믿음(ākāravati saddhā)'이란 초기불교의 믿음을 의미하며 더 나아가 성인의 흐름에 든 예류자의 믿음을 말하는 것이기도 하다. 이러한 믿음은 불법승 삼보에 대하여 흔들리지 않는 믿음이 성립되었을 때 가능하다. 〔성인과 믿음의 관계는 본 논문 5.에서 구체적으로 다루고 있다.〕『맛지마니까야』의 「브라흐마유 숫따Brahmāyu sutta」에 따르면 바라문교도가 붓다를 몰래 시험한 사례가 나온다. 고령의 바라문 브라흐마유Brahmāyu는 위데하국Videha에 방문한 명성 높은 붓다가 깨달은 자인지 아닌지를 확인하기 위해 그의 어린 제자 웃따라Uttara를 붓다에게 몰래 보낸다. 그것은 붓다로부터 두 가지를 파악하는 것이 목적이었는데, 하나는 〔오래된 전통으로〕 붓다가 서른두 가지 위대한 사람(Mahā-purisa, 大人)의 표시가 있는지를 확인하는 것이고,[40] 다른 하나는 마치 그림자처럼 붓다를 따라다니며 오랜 시간 동안 그의 언행을 확인하는 것이었다. 결과적으로 웃따라는 7개월 간 붓다를 따라다니고 그 결과를 브라흐마유에게 보고한다. 먼저 서른두 가지 대인상 중에서 확인하지 못했던 성기와 긴 혓바닥은 붓다의 신통을 통해 확인한다. 그리고 두 번째로 7개월 간 붓다의 일상에 대해서는 다음과 같이 말한다.

"… 우리는 고따마 존자가 걷는 것을 보았고, 서 있는 것을 보았고, 집안에서 침묵하고 앉아 있는 것을 보았고, 집안에서 식사하는 것을 보았고, 집안에서 식사를 마치고 침묵하여 앉아 있는 것을 보았고, 식사를 마치고 감사를 표하는 것을 보았고, 승원으로 들어가는 것을 보았고, 승원으로 들어가 침묵하고 앉아 있는 것을 보았고, 승원으로 들어가 대중에게 가르침을 설하는 것을 보았습니다. 존자 고따마는 참으로 이와 같았지만 이보다 훨씬 훌륭합니다."[41]

경전은 웃따라를 통해 붓다가 어떻게 걷고, 바라보고, 앉고, 말하고, 손을 씻고, 먹고, 발우를 관리하고, 가사를 입고, 법문을 설하는지,

목소리까지 매우 상세하게 설명한다. 그리고 웃따라는 바라문 브라흐마유에게 자신이 오랜 시간 지켜보고 언어로 설명한 붓다의 모습보다, 실제의 모습이 훨씬 훌륭하다고 보고한다. 다시 말해, 붓다의 잘못을 찾기 위해 더욱 유심히 살펴봤음에도 불구하고 그의 언행은 익히 들은 바대로요, 실제의 모습은 들은 것보다도 더욱 훌륭했다는 설명이다. 이를 통해 브라흐마유는 붓다를 믿고 귀의하게 된다. 이러한 과정은 붓다의 가르침에 대한 믿음을 강화시킨다. 하지만 그럼에도 불구하고, 초기불교의 믿음은 단순히 언행의 확인을 통해 얻어지는 것이 아니다. 붓다의 모습을 통해 시작된 믿음은 수행자 본인의 경험을 통해 확인되어야만 한다.

붓다는 「출라핫티빠도빠마숫따Cūḷahatthipadopama sutta」를 통해 일반인들이 가지고 있는 믿음에 대한 문제를 설명한다. 바라문 자눗쏘니Jāṇussoṇi는 붓다에게 현명한 코끼리 사냥꾼이 숲에서 커다란 코끼리 발자국을 발견하고 커다란 코끼리가 있을 것이라고 믿는 것처럼, 많은 사람들이 붓다의 네 가지 발자취를 보고 붓다가 진정한 스승이며 깨달은 자라고 믿는다고 말한다. 여기서 네 가지 발자취란, 학식 있는 왕족들, 학식 있는 바라문들, 학식 있는 장자들, 학식 있는 수행자들을 표현하는 것으로, 이들은 모두 일정한 지식과 견해를 가지고 분석하고 논의하는 것을 좋아하는 엘리트들을 말한다. 즉, 이러한 네 부류의 사람들조차도 붓다를 만나 가르침을 듣고, 질문이나 반박조차하지 못하고 제자가 되는데 어찌 붓다를 의심할 수 있겠냐는 내용이다. 하지만 이러한 설명을 들은 붓다는 바라문 자눗쏘니에게 그와 같은 판단은 현명하지 못하다며 코끼리에 대한 비유를 든다.

"예를 들어, 현명한 코끼리 사냥꾼이 코끼리 숲에 들어가 코끼리 숲에서 커다란, 길이가 길고 폭이 넓은 코끼리 발자취를 발견했다고 합시다. 그가 진짜 훌륭한 사냥꾼이라면, '참으로 큰 코끼리다'라고 결론을 내리지 않을 것입니다. 그것은 무슨 까닭입니까? 코끼리 숲에는 난쟁이 코끼리라고 불리는, 큰 발을 지닌 암코끼리가 있는데 이 발자취들은 그들의 발자취 가운데 하나일지도 모르기 때문입니다. … '커다란, 길이가 길고 폭이 넓은 코끼리 발자취와 위쪽으로 긁힌 흔적 … 큰상아 코끼리 …', … '커다란, 길이가 길고 폭이 넓은 코끼리 발자취와 위쪽으로 긁히고 상아로 높이 절개된 코끼리 표시 … 큰 코 코끼리 …', 그가 더욱 추적해 들어가면서, 코끼리 숲에서 커다란, 길이가 길고 폭이 넓은 코끼리 발자취와 위쪽으로 긁히고 상아로 높이 절개되고, 나뭇가지가 꺾어진 코끼리 표시를 보고서 나무 아래 있거나, 노지에 있거나, 거닐거나, 서 있거나, 앉아 있거나, 누워 있는 그 코끼리를 보았다고 합시다. 그때서야 그는 '참으로 큰 꼬끼리다'라고 결론을 내릴 것입니다."[42]

붓다는 주변에서 훌륭하다고 평가하는 특정인이 믿는다고 해서 무작정 믿어서는 안 되며, 주변의 흔적을 보고 성급하게 판단해서도 안 된다고 설명한다. 왜냐하면 겉과 속이 다를 수 있기 때문이다. 붓다는 지혜로운 수행자는 붓다에 대해 출생을 알고, 가르침을 배우며, 실제로 수행을 경험한 후에 비로소 붓다의 가르침에 대한 믿음을 키울 수 있다고 설명한다. 또한 이러한 믿음이 생긴 후에 출가하여 수행자로 살아가거나, 열반을 향해 나아갈 수 있으며, 궁극적으로 갈애의 완전한 제거인 열반을 성취할 수 있다고 한다. 이처럼 초기경전은 가르침(法)에 대한 올바른 믿음뿐만 아니라, 수행자가 수행을 통해 실천해 나갈 때 '이성적인 믿음'이 더욱 강화됨을 설명한다. 나아가 좀 더 성숙된 믿음은 수행자 스스로가 해탈을 이룬 뒤에 얻을 수 있다고 한다. 즉, 붓다와 가르침에 대한 진정하고 확고한 믿음은 수행자가 해탈을 얻은 뒤에 완전해진다고 볼 수 있다.

> "해탈하면 그에게 '나는 해탈했다'는 지혜가 생겨납니다. 그는 '태어남은 부서지고 청정한 삶은 이루어졌다. 해야 할 일은 다 마치고 더 이상 윤회하는 일은 없다'라고 분명히 압니다. 바라문이여, 이것을 여래의 자취(Tathāgatapadaṃ)라고 하고 여래의 흔적(Tathāgatanisevitaṃ)이라 하고 여래의 표시(Tathāgatārañjitaṃ)라고 합니다. 고귀한 제자는 이렇게 '세존께서는 올바로 원만히 깨달은 자이고, 가르침은 세존에 의해서 잘 설해졌고, 승가는 잘 실천하고 있다'라는 결론에 도달합니다."[43]

이처럼 「출라핫티빠도빠마숫따」의 설명을 통해 믿음은 단순히 한 가지가 아니라, 보고 듣고 확인하는 것에서 시작하여, 그 안에 스스로 참여하고 경험을 통해 점차 성장해 나아가는 것임을 알 수 있다. 정리하자면, 초기불교에서의 수행자는 계율戒律을 지키고, 육근六根을 보호하며, 오장애五障碍를 극복하고, 선정禪定을 성취하고, 삼명三明이 열리는 과정을 거쳐 존재와 무명에 의한 번뇌로부터 벗어난다[解脫]. 그리고 이 과정을 통해 확고한 믿음이 형성되는 것이다.

초기경전의 믿음(saddhā)은 이성적인 판단에 의해 점차 확고해진다. 경전은 "그는 그 가르침(dhamma)을 듣고 여래에 대한 믿음(saddhā)을 얻습니다. 여래에 대한 믿음을 얻게 된 그는 … 집에서 집 없는 곳으로 출가하여 수행자가 됩니다."라고 설명한다.[44] 붓다의 제자들은 먼저 진리(sacca)에 대한 믿음을 갖기 위해 법(dhamma)을 들어야 한다. 이 단계에서의 믿음은 크게 강하지 않다. 주변으로부터 들은 붓다에 대한 명성, 호기심, 가르침의 훌륭함, 그리고 붓다를 찾아가는 데 필요한 정도의 관심이 필요할 뿐이다.

하지만 법을 들은 이후에 생겨나는 믿음은 첫 번째 믿음보다 강하고 깊어진다. 많은 제자들이 붓다의 법을 들은 이후, 많은 생각과 고민 후에 가정을 떠나 출가를 선택했다. 이러한 믿음은 자신의 삶의 양식과 태도를 바꿔 전념하겠다는 의미로 믿음이 더 깊게 변한 것으로 볼 수 있다. 이때 믿음이 맹목적이 되어서는 안 된다. 그리고 더 나아가 수행자는 수행을 통하여 그 가르침을 실천하고 체험한다.

또한 믿음을 얻기 위해 바라문 브라흐마유와 같은 방법을 사용하는 경우도 있다. 이는 법문에 대하여 묻고 답변을 들을 뿐만 아니라, 붓다의 특징과 삶, 그리고 가르침 역시 진리와 가까운지 시험해 보는 것이다. 물론 수행자 모두가 스승이 될 만한 사람을 이러한 형태로 비밀리에 조사해야 하는 것은 아니지만, 전향적인 수행의 삶을 선택할 사람들에게는 필요한 자세라고 볼 수 있다. 이러한 과정들을 통해 견고하고 '이성적인 믿음(ākāravati saddhā)'이 갖춰질 수 있다. 그리고 더 나아가 이러한 믿음(saddhā)은 진리에 대한 확신과 더불어 열반의 지혜라는 궁극적 결과를 맺게 한다.

『맛지마니까야』의 「짱끼숫따Caṅkī sutta」는 '이성적인 믿음'의 반대인 '맹목적인 믿음(amūlikā saddhā, blind faith)'에 대하여 설명한다.[45] 경전은 '근거 없는(amūlakā)' 혹은 '쓸모 없는(amūlikā)' 믿음에 대해 장님에 비유하며 '어리석은 믿음'이라 설명한다.

> "바라드와자여, 마치 장님들이 줄을 섰는데, 앞에 선 자도 보지 못하고 가운데 선 자도 보지 못하고 뒤에 선 자도 보지 못하는 것과 같이, 이와 같이 바라드와자여, 그 바라문들이 설한 것은 장님들이 줄을 선 것과 같이 앞에 선 자도 보지 못하고 가운데 선 자도 보지 못하고 뒤에 선 자도 보지 못하는 것과 같다고 나는 생각합니다. 바라드와자여, 어떻게 생각합니까? 그렇다면 그 바라문들은 맹목적인 믿음(amūlikā saddhā)이 아닙니까?"[46]

붓다는 이유나 근거 없는 믿음은 마치 장님의 믿음처럼 보지 못하고 알지 못한 채, 맹목적으로 믿는 것과 같다고 설명한다.

믿음은 크게 두 가지로 구분될 수 있다. 하나는 '이성적인 믿음'이고 다른 하나는 '맹목적인 믿음'이다. 이 두 가지 믿음은 '원숭이의 믿음'과 '고양이의 믿음'으로 비유될 수 있는데, '원숭이의 믿음'은 '이성적인 믿음'과 유사하고, '고양이의 믿음'은 '맹목적인 믿음'과 유사하다. 예를 들어, 고양이의 경우 어미가 새끼를 안전한 곳으로 이동시키고자 할 때, 주로 목 뒤를 물어들고 새끼를 옮긴다. 이때 고양이 새끼가 가질 수 있는 믿음이 '맹목적인 믿음'이다. 고양이 새끼가 할 수 있는 일은 어미에 의존해 가는 수밖에 없다. 선택이나 결정의 여지가 없는 것이다. 단지 '나는 당신을 믿으니 나를 안전한 곳으로 옮겨주시오'라고 바랄 수밖에 없다. 이러한 믿음에서 이성이나 논리를 찾아보기는 어렵다. 이것이 붓다가 예를 들은 장님의 믿음, 곧 '맹목적인 믿음'이다. 반면에 원숭이의 경우를 생각해보자. 원숭이 어미는 새끼를 안전한 곳으로 옮기고자 할 때, 새끼의 허리나 손을 잡고 옮긴다. 이때 새끼는 어미가 자신을 이끌고 가는 길에 대해 선택의 여지가 있다. 만약 가는 길에 흥미로운 물건이나 음식이 있으면 새끼는 어미에게 걸쳤던 손을 뿌리치고 흥미로운 대상으로 다가갈 수 있다. 다시 말해, 새끼는 자신의 선택에 의해 어미로부터 벗어날 수 있다. 그리고 어미가 필요하다면 다시 어미에게 매달려 어미가 원하던 방향으로 함께 갈 수 있다. 이러한 믿음을 '이성적인 믿음'이라고 부른다. 그리고 초기불교는 '이성적인 믿음'을 추구한다.

다시 경전으로 돌아가, 붓다는 「짱끼숫따」를 통해 "이것만이 진리이고 다른 것은 쓸모없다"라는 결론에 도달할 수 있는 세 가지 단계에 대해서 설명한다. 먼저 첫 번째 단계는 '진리의 보호(saccānurakkanā)'이다. 이 단계에서 진리를 주장하기 위해서는 다섯 가지 원리가 필요하다. 이들은 ① 믿음(saddhā), ② 취향(ruci, 경향, 기호), ③ 전통(anussava), ④ 상태(조건)에 대한 분석(생각)(ākāra parivitakka), 그리고 ⑤ 견해에 대한 이해(diṭṭhi nijjhānakha)이다.[47] 이러한 다섯 가지 원리는 둘 중의 하나의 결과로 이끄는데, 그것은 사실이냐 거짓이냐이다. 「짱끼숫따」의 설명에 따르면 첫 번째 원리는 "믿음이 잘 가더라도 그것이 공허한 것, 거짓된 것, 허망한 것이 되기도 하고, 믿음이 잘 가지 않더라도 그것이 실재하는 것, 사실인 것, 진실된 것"이 되기도 한다는 것이다. 이것은 나머지 네 가지 원리에도 공통적으로 적용된다. 진리는 변하지 않는다. 그것은 누가 가르치고 누가 따르느냐의 문제가 아니다. 붓다가 설했다고 할지라도 그것이 진리가 아니라면 그 가르침은 쓸모없게 된다. 따라서 누군가에 대한 믿음을 보존하고 싶다면, 단지 믿고 있을 뿐이지 '이것만이 진정한 믿음이고 나머지 것들은 거짓이다'라고 말하지 않는 것이 진리를 수호하는 첫 번째 단계에서의 방법이다.

두 번째 단계는 '진리의 깨달음(saccānubodha)'이다. 이 단계는 스승에 대한 철저한 조사에서 시작된다. 혹시 스승이 탐진치의 삼독심에 의해 올바른 태도를 저버리지는 일이 생기지 않았는지 등을 이성적으로 확인하는 것이다. 스승은 믿음의 대상이 아니라 확인의 대상이다. 경전은 이 과정에 대해 다음과 같이 설한다.

"그는 그를 조사해서 어리석음의 상태에서 벗어나 청정한 것을 알았으므로, 그에게 ①믿음이 확립되고, 믿음이 확립되면 ②섬기게 되고, 섬기면 ③존중하게 되고, 존중하면 ④경청하게 되고, 경청하게 되면 ⑤청문하게 되고, 청문하게 되면 ⑥가르침에 대한 소지가 생겨나고, 소지가 생겨나면 ⑦가르침에 대한 의미를 고찰하게 되고, 의미를 고찰하게 되면 ⑧가르침에 대한 성찰을 수용하게 되고, 가르침에 대한 성찰을 수용하게 되면 ⑨의욕이 생겨나게 되고, 의욕이 생겨나면 ⑩노력하게 되고, 노력하면 ⑪깊이 관찰하게 되고, 깊이 관찰하면 ⑫정근하게 되고, 정근하면 몸으로 ⑬최상의 진리를 깨닫게 되며, 마침내 지혜로써 꿰뚫어 보게 됩니다. 바라드와자여, 이렇게 해서 진리의 깨달음이 있게 되고, 이렇게 진리를 깨닫습니다. 이렇게 진리를 깨닫는다고 나는 말합니다. 그러나 이것만으로는 진리를 궁극적으로 성취한 것이 아닙니다.[48] 〔번호는 논자첨가〕

믿음(saddhā)에 대한 두 번째 단계는 질문과 조사 과정, 그리고 결과를 의미한다. 수행자는 스승을 조사하고 그 과정에서 믿음을 확립한다. 그리고 이 믿음은 점차 발전하여 지혜로 이끌어준다. 여기서 두 번째 단계인 조사의 결과로서 나타나는 믿음은 첫 번째의 믿음과 차이를 지닌다. 첫 번째 믿음의 경우는 단순히 개인의 관심을 의미한다. 하지만 두 번째 단계의 믿음은 확인 과정을 통해 개인의 판단이 있는 '이성적인 믿음'의 시작을 의미한다. 그러나 붓다는 두 번째 경우의 믿음 역시, 진리를 궁극적으로 성취한 것이 아니기에 '이것만이 진리이고 나머지 것들은 거짓이다'라고 말해서는 안 된다고 설한다.

마지막으로 세 번째 단계는 '진리의 성취(saccānupatti)'이다. 이 단계는 두 번째 단계에서 시작된 법의 실천을 통한 결과라고 볼 수 있다. 붓다는 진리의 궁극적인 성취로 이끄는 13단계에 대해서 설하는데, 이들은 이성적인 믿음(saddhā)으로부터 시작된다. 흥미로운 점은 두 번째 단계에서 설명되었던 내용들을 거꾸로 하나씩 확인한다는 것이다.

"바라드와자여, 진리의 궁극적인 성취를 위하여 정근이 도움이 됩니다. 만약 정근하지 않으면, 진리를 성취할 수가 없습니다. 정근하는 까닭에 진리를 성취합니다. 그러므로 진리의 성취를 위하여 정근이 도움이 됩니다. … 바라드와자여, 정근을 위하여 깊이 관찰하는 것이 도움이 됩니다. … 노력 … 의욕 … 가르침에 대한 성찰의 수용 … 의미의 고찰 … 가르침에 대한 주시 … 가르침에 대한 배움 … 청문 … 존중 … 섬김 … 믿음 …"[49]

그리고 결과적으로 이러한 과정을 거친 '진리의 성취'만이 성공적인 완성으로, "이것만이 진리이고 다른 것은 쓸모없다"라고 주장할 수 있는 단계이다. 이와 같은 세 가지 단계는 불교에서 지향하고 있는 종합적인 지혜의 습득 과정이라고 볼 수 있다.

물론 이 단계에서 붓다는 '이성적인 믿음(ākāravati saddhā)'이라는 용어를 직접적으로 사용하지 않았다. 그럼에도 불구하고 여기서 믿음(saddhā)은 '사만네사나samannesanā'의 결과로써 설명되기에 '이성적인 믿음'과 같다고 볼 수 있다. '사만네사나'는 '삼sam' + '아누anu' + '에사나esana'로 구성되어 있다. 이러한 설명은 어원상 믿음이 철저하고 점진적인 조사 이후에 얻어지는 것을 의미한다. 따라서 여기서의 믿음 역시 앞서 「위망사까 숫따」의 설명처럼 '이성적인 믿음'을 의미한다. 이러한 경전들의 설명을 통해 '이성적인 믿음'이 초기불교가 추구하는 믿음이라는 사실이 분명해진다.

『맛지마니까야』의 「끼따기리숫따Kitagiri sutta」 역시 믿음이 생긴 이후, 의미를 규명하고 가르침을 성찰하고 실천하는 과정에 대해 강조한다.

"비구들이여, 여기 어떤 자가 스승에 대한 믿음이 생기면(saddhājāto), 그는 스승에게 가까이 간다. 가까이 가서 스승을 공경한다. 스승을 공경할 때에 스승에게 귀를 기울인다. 귀를 기울일 때에 그에게 가르침을 듣는다. 가르침을 들을 때에 그것을 기억한다. 기억할 때에 가르침의 의미를 규명한다. 의미를 규명할 때에 가르침을 성찰하여 수용한다. 가르침을 성찰하여 이해할 때에 주시와 의욕이 일어난다. 의욕이 생겨날 때에 의지를 굳힌다. 의지를 굳힐 때에 그것을 깊이 주시한다. 깊이 주시할 때에 노력한다. 노력할 때에 몸으로 최상의 진리(parama sacca)를 성취하고 지혜(paññā)로써 꿰뚫어 본다.[50]

초기불교 안에서 붓다에 대한 믿음이 붓다의 가르침에 대한 믿음의 원인으로 보는 것은 쉽지 않다.[51] 왜냐하면 붓다 자체에 대한 믿음만으로는 '이성적인 믿음'이 형성되기 어렵기 때문이다. 이성적인 믿음은 붓다의 가르침에 대한 지적인 평가와 조사가 선행된 바탕 위에서 만들어진다. '이성적인 믿음'은 단순히 존경심에서 비롯되는 것이 아니다. 믿음은 붓다의 언행과 성격, 그리고 태도 등을 유심히 살펴보았을 때, 가르침을 성찰하여 이해하고 경험했을 때, 그 결과로 확립되는 것이다. 사실 붓다의 삶을 통한 행위와 그의 가르침이 분리될 수 있는 것은 아니다. 붓다의 삶이 그 가르침의 체현이다. 만약 그렇지 않다면 가르침은 잘못된 것이다. 붓다는 『상윳따니까야Saṃyutta Nikāya』를 통해서 다음과 같이 설한다. "법을 보는 자는 나를 보는 것이오, 나를 보는 자는 법을 보는 자이다."[52] 즉, 붓다와 법은 같다고 보아도 과언이 아닌 것이다. 이때 붓다를 믿는 것이 가르침을 믿는 것이라 오해해서는 안 된다. 붓다도 진리를 이해하기 위한 방편이다. 따라서 붓다에 대한 믿음을 키우는 것이 가르침에 대한 믿음의 원인이라는 생각은 믿음의 기원과 붓다의 가르침과의 관계를 분명하게 이해하지 못하는 데서 비롯되는 것이다.

물론 지금까지 설명한 '이성적인 믿음'의 도식이 모든 경우에 적용되는 것이라고 보기는 어렵다. 어떤 사람은 붓다의 설법을 믿는 데 있어 이성적인 믿음의 방식으로 접근할 것이고, 어떤 사람은 적절한지의 여부를 고려하지 않고, 붓다의 말씀이니 이의 없이 믿을 수도 있다. 따라서 붓다의 의도와 다르게 그가 설한 믿음(saddhā)의 이상적인 형태에 대해 모든 제자들이 지지한 것은 아니라고 가정할 수 있다. 붓다가 입멸한 지금, 다양한 불교가 만연하는 현시점에서 어떠한 것이 적당한 믿음이라고 정의내리는 것 역시 쉽지 않다. 그럼에도 불구하고 붓다의 믿음에 대한 설명은 분명하다. 『법구경(Dhammapada)』의 160번째 게송을 통하여 붓다는 아라한이 되려는 사람은 결코 남을 의지해서는 안 되며, 자신을 위한 일은 오직 자신만이 할 수 있으니, 자기 스스로 열성적이고 진지하게 정진해 나가야 한다고 설명한다.

> "실로, 자신이(attā) 자신의 의지처(attano nātho)이다. 어떻게 다른 사람을 의지처로 삼을 수 있겠는가."[53]

또한 붓다는 『마하빠리닙바나숫따(Mahāparinibbāna sutta, 大般涅槃經)』를 통하여 '자등명自燈明 법등명法燈明'을 설한다. 붓다는 입멸하기 직전에 제자들에게 다른 사람이 아닌 자기 자신을 의지처로 삼고, 법을 의지처로 삼아 정진할 것을 권유하고 있다.

"그러므로 아난다여! 너희 비구들도 자기의 섬에 머물고 자기에게 귀의〔自歸依〕하라(atta-dīpa atta-saranā). 다른 것에 귀의하지 말라(anañña-saranā). 법의 섬에 머물고 법에 귀의〔法歸依〕하라(dhamma-dīpa dhamma-saranā). 다른 것(añña)에 귀의하지 말라."[54]

4. 감성적인 믿음

초기경전에는 '삿다saddhā'뿐만 아니라 믿음을 의미하는 용어들이 등장한다. 빠사다(pasāda, 澄淨, 淨信, 맑은 믿음), 밧띠(bhatti, 헌신, 信愛),[55] 뻬마(pema, 애정, 사랑)[56] 등이 믿음을 의미하는 빠알리Pāli어이다. 특히 이들은 믿음을 감성적으로 사용하는 경우에 자주 언급된다.『앙굿따라 니까야』의「띠깐다끼왁가Tikaṇḍakīvagga」는 쉽사리 동요하는 어리석은 사람에 대하여 다음의 네 가지가 없는 사람이라고 설명한다.

"비구들이여, 그러면 어떻게 사람이 흔들리는가? 비구들이여, 여기 어떤 사람은〔작은〕믿음(saddho)도 없고, 헌신(bhatti, 信愛)도 없고, 사랑(pema)도 없고, 맑은 믿음(pasāda, 澄淨, 淨信)도 없다. 비구들이여, 이와 같이 사람이 흔들린다."[57]

경전에서 언급한 네 가지는 초기경전 안에서 믿음의 의미를 지니고 있는 용어들이다. 다만, 이들 용어가 가지는 특징은 기존에 언급한

'삿다'가 이성적인 이해와 실천을 추구하는 쪽으로 강조되었다면, 이들 '밧띠', '빼마', '빠사다'는 보다 감성적으로 나타나는 믿음의 형태라고 볼 수 있다. '밧띠'는 산스크리트어 '박티bhakti'에 해당하는 단어로 헌신적이고 정열적인 '신애信愛', '성신誠信'을 나타낸다. 따라서 이성적이기보다 희생적이며 열성적인 마음을 통해 얻는 믿음이라는 의미를 지닌다. 단지 초기경전에서 감성적인 의미로 '밧띠'를 사용하는 경우는 극히 드물기에 널리 사용되었다고 보기는 어렵다.[58] 믿음의 의미를 지니고 있는 또 다른 감성적인 용어는 '빼마'이다. 이 용어는 사랑을 통해 얻는 믿음의 의미로 초기경전 안에서 믿음과 동의어로 사용되고 있다. 그리고 대상에 대한 애정과 애착의 의미로, 믿음의 정의情意적 측면을 나타낸다고 할 수 있다.[59] 이러한 감성적인 믿음들은 자칫 맹목적인 믿음으로 변형되기 십상이다. 따라서 붓다는 감성적인 믿음을 가지고 불교에 귀의하는 제자들을 정당하고 합리적인 믿음의 체제로 변경하기 위해 노력했다. 하지만 초기경전의 모든 제자들이 이성적으로 붓다를 판단하여 제자가 된 것만은 아니다. 일례로 왁깔리Vakkali라는 제자는 붓다의 체형에 매혹되어 언제나 붓다의 몸만 바라보고 있었다. 그는 붓다의 몸매에 반하여 붓다를 사랑하고 출가하게 된 것이다. 붓다는 그에게 나의 불결한 몸은 그만 보고 가르침(dhamma)을 보라고 충고한다.[60]

초기경전 안에서 '삿다' 이후에 가장 많이 사용되는 믿음은 '빠사다'이다. '빠사다'에 대한 번역은 쉽지 않은데 Pāli English Dictionary는 'clearness', 'purity', 'satisfaction', 'happy mind', 'virtue', 'faith', 'serenity' 등으로 번역하고,[61] 『パーリ語佛教辭典』은 '淨', '鮮明', '喜悅', '信心',

'心喜', '淨信' 등으로 번역하며,[62] 우리말 『빠알리어사전』은 '감성感性', '청정', '정명', '만족', '신락信樂', '행복한 믿음의 상태' 등으로 번역한다.[63] 또한 '감사', '인정', '평가' 등의 의미로 사용되기도 한다. 그리고 이 부분에 대해 집중적으로 연구한 후지타 코우타쯔(藤田 宏達)는 '빠사다'의 번역에 대해 다음과 같이 설명한다.

"prasāda/pasāda에 대해 한역에서는 '징정', '청정', '환희', '정신', '신심', '믿음' 등 여러 번역을 하고 있다. 어떤 것도 적절하지만 특히 '징정澄淨'이 가장 이 단어의 어의를 잘 나타내고 있다고 해도 좋다. 믿음의 심소를 이처럼 '징정'이라고 해석한 것은 불교에 있어서 믿음이 본래 정적과 침잠의 성격을 가지고 있어서 열광적, 광신적인 것은 아니다라고 하는 견해를 확실히 표명하고 있다고 생각된다."[64]

'빠사다'는 맑고 고요한 상태로 붓다의 가르침이나 경험에 대한 기쁨과 감사함에서 나타내는 믿음의 한 형태라고 볼 수 있다. 따라서 '빠사다'라는 믿음은 특정 대상 혹은 가르침을 향하여 광신적 혹은 열광적으로 진행되는 마음상태가 아니라, 고요하고 차분한 상태의 '맑은 믿음'을 의미한다.[65] 또한 대상에 대한 기쁨이나 희열, 혹은 감사함에서 생겨나는 마음을 의미하기도 한다. 결국 '빠사다'는 감성적인 특성을 지닌다. 하지만 '빠사다'는 감성의 차원에서 그치지 않는다. '빠사다'는 다른 용어와의 합성을 통해 그 의미를 확대한다. 『디가니까야』의 「마하빠리닙바나숫따」는 '이해하다', '움직이지 않는다' 등의 의미를 지닌 '아웨짜 avecca'와[66] '빠사다'를 합성하여 불법승佛法僧 삼보三寶와 계율戒律에 대한 '흔들리지 않는 맑은 믿음', 즉 '사불괴정四不壞靜'을 설명한다.

"부처님에 관하여 이와 같이, 그 세존은, 아라한이시고, 완전한 깨달음을 얻은 분이시며, 지와 행을 갖춘 분이시며, 잘 도달하신 분이시며, 세간을 아는 분이시며, 위없는 분이시며, 사람을 훈련하는 지도자이시며, 신과 인간의 스승이시며, 붓다(깨달은 분)이시며, 존귀한 분이시다.'라고 흔들이지 않는 맑은 믿음(avecca-ppasāda)을 갖춘다. … 가르침 … 승가 …라고 흔들리지 않는 맑은 믿음(avecca-ppasāda)을 갖춘다. … 계율 …"[67]

경전은 '흔들리지 않는 믿음(不壞靜)'의 의미로 '맑은 믿음(pasāda)'을 활용하고 있다. '빠사다'는 감성적인 믿음이라는 의미에서 다른 용어와의 합성을 통해 높은 수준에서 얻어지는 확고한 믿음이라는 의미로 확장되었다. 이는 실천을 통한 이성적인 접근을 통해 가능하다. 또한 '흔들이지 않는 맑은 믿음'은 집중과도 밀접한 관계를 유지한다. 『맛지마 니까야』의 「왓투빠마숫따Vatthūpamasutta」는 불법승 삼보에 대한 '흔들이지 않는 맑은 믿음(avecca-ppasāda)'을 얻은 후에 마음이 집중된다는 설명을 하고 있다.

"그는 비로소 '나는 부처님에 대해 경험에 근거를 둔 흔들이지 않는 맑은 믿음(avecca-ppasāda)을 성취했다'라는 것의 의미를 깨우치고, 가르침을 깨우치고, 가르침과 관련된 환희(pāmujja)를 얻는데, 환희하는 자에게 희열(pīti)이 생겨나고, 희열이 있는 자에게 몸의 상쾌함

(passadhi)이 있고, 몸이 상쾌한 자는 행복(sukha)을 느끼고, 행복한 자는 마음이 집중(samādhi)된다."[68]

이처럼 '흔들리지 않는 맑은 믿음'은 집중과 밀접한 관계가 있다. 또한 '빠사다'와 유사한 의미로 사용되는 '위빠산나(vippasanna, 정화된, 맑은, 청정한, 순수한)'는 초기경전을 통해 선정(禪定, jhāna)의 성취와 비교된다.[69] 이러한 내용은 '빠사다'라는 믿음이 지극히 실천적이라는 의미를 내포한다. 또한 '빠사다'는 '삼sam'과 합성하여 '삼빠사다 sampasāda'가 되어 '맑은 믿음'의 의미를 더욱 강조하고 있다.[70] 초기경전 안에서 '빠사다'와 '삼빠사다'는 거의 같은 의미로 사용되고 있다. 초기경전 안에서 믿음의 의미로 사용되는 용어는 매우 다양하며 대부분 감성적인 접근보다 이성적인 의미로 사용되었음을 알 수 있다.

5. 감성을 벗어나 이성으로

1) 이성적 믿음과 감성적 믿음

이와 같이 헌신, 감사, 사랑 등의 정서적인 요소들이 믿음(saddhā)과 함께 사용되다보니 초기불교의 믿음을 감성적인 것으로 오해하기도 한다. 하지만 이와 같은 이해는 재고의 여지가 있다. 왜냐하면 헌신이나 사랑은 믿음을 갖게 하는 배경이지 이들 자체를 믿음과 동일시하기는 어렵기 때문이다. 예를 들어, 어떤 사람은 감사함과 사랑으로 인해 다른 사람을 믿기도 한다. 누군가가 말한 것으로부터 진심을 알고 느끼게 된다면 환희, 기쁨, 사랑 등의 마음이 일어나고 그를 믿고 신뢰하는 행위로 자연스럽게 이어질 것이다.[71] 또는 앞서 설명한 와깔리의 예처럼 우리는 누군가 매력적인 성향을 가지고 있는 경우에도 관심을 가지고 그에 대해 호의적인 믿음을 가지려고 한다. 하지만 이러한 경우의 믿음을 이성적이라고 부르지는 않는다. 일반적으로 종교는 강한 감성적인 요소를 담고 있다. 왜냐하면 우리가 가지고 있는 애원이나 기원이 종교를 통해 발산되기 때문이다. 따라서 종교 안에서 감성적인 부분을 배제하기는 어렵다. 오늘날 불교는 대중적인 종교의 하나로 넓은 포용력을 지니고 있다. 또한 다양한 가능성에 대해서도 쉽게 배제하는 종교가 아니다. 그럼에도 불구하고, 불교를 실천하는 자의 궁극적인 목표가 열반涅槃이라면, 불교는 감성을 대신하여 그 자리에 지혜를 요구하고 있다. 감성이 믿음의 시발점은 될 수 있으나, 종착점까지 끌고 가기에는 한계가 있다는 것이다. 이러한 이유를 알기 위해서는 열반에 대한 이해가 필요하다.

초기불교에서 열반이란 오염이 제거된 것을 말한다. 이른바 탐욕(貪), 성냄(瞋), 어리석음(癡)의 삼독심이 제거된 것이다.[72] 이때 삼독심의 중지는 항상 지혜(paññā, ñāṇa)의 성취에 의해 가능한 것으로 설명된다. 또한 삼독심이 제거된 결과로써 얻어지는 궁극적인 지혜를 '빠린냐 pariñña'라고 부른다. 수행자를 청정으로 이끄는 데는 일반적으로 세 가지 지혜(三明, tevijjā)를 필요로 한다. 이들은 '전생에 대해 아는 지혜(pubbenivāsānussatiñāṇa)', '존재의 생멸에 대해서 아는 지혜(cutūpapātañāṇa)', 그리고 '갈애를 제거하는 지혜(āsavakkhayañāṇa)'이다. 이들은 고타마가 깨달음을 얻어 붓다가 될 때에 얻은 지혜로[73] 수행자가 아라한과를 성취할 때 얻는 세 가지 지혜와 흡사하다.[74] 붓다는 그의 최초설법인

「담마짝까빠왓따나 숫따(Dhammacakkappavattana sutta, 초전법륜)」를 통하여 자신의 깨달음에 대하여 다음과 같이 설명한다.

"이전에 들어보지 못한 현상에서, 눈(cakkhu)이 일어나고, 혜(ñāṇa)가 일어나고, 지혜(paññā)가 일어나고, 앎(vijjā)이 일어나고, 빛(āloka)이 일어나네."[75]

이러한 설명을 통해 초기경전에서 나타나는 불교의 궁극적인 목적지는 매우 인지적이라는 것을 알 수 있다. 이것은 현상에 대한 여실지견과 새로운 통찰을 의미한다. 초기불교의 종교적 경험은 지혜〔gnanic〕를 추구하는 것이지, 헌신〔bhaktic〕을 추구하는 것이 아니다. 이것은 있는 그대로의 실제를 지혜로써 이해하고 깨닫는 것이다. 따라서 열반을 성취하기 위해서는 감성이 아닌 이성과 지혜가 필요하다. 붓다의 최초설법을 통해 설명된 중도의 팔정도八正道와 팔정도를 포함하는 열 가지 요소(dasāṅga)를 살펴보면 정견(sammā diṭṭhi)으로부터 시작하여 정지(sammā ñāṇa, 正智)와 정해탈(sammā vimutti, 正解脫)로 마무리된다.[76] 이러한 상황에서 누군가 감정만을 발전시켜 불교수행의 길을 간다는 것은 쉽지 않을 것이다. 물론 감성이 불교적인 삶을 살아가는 데 있어 많은 이익을 줄 것이라는 것에 대해서는 부정하지 않는다. 하지만 'bhatti', 'pema', 〔감성적인〕 'pasāda' 등을 통해 'pariñña'를 얻을 수 있느냐의 문제는 별개이다. 따라서 불교수행의 실천과 목표에 있어 믿음에 대한 이해는 매우 중요한 자리를 차지한다.

또한 붓다는 몇몇 사람들이 믿음의 실체는 붓다의 초월이나 전지全知함에 있다고 말하는 것에 대해서도 부정한다. 전지(omniscient)란 모든 것을 아는 것으로 과거, 현재, 그리고 미래까지도 포함된다. 붓다는 전지한 스승과 전지하지 못한 제자와의 관계에 있어, '만약 스승이 전지의 능력이 있다고 믿는다면, 제자들은 어떠한 의심도 없이 그를 믿어야 할 것이다'라고 설명한다.[77] 사실 전지는 과거로부터 현재까지 많은 종교들의 지도자, 혹은 유일신의 기본적인 삼대 능력〔全知, 全能, 全駐〕 중의 하나이다. 하지만 「산다까 숫따Sandaka sutta」의 설명에 따르면 붓다는 전지의 개념을 기본으로 하는 종교는 불가능한 현상을 기대하므로 불만족이 지속된다고 설한다.

"산다까여, 세상에 어떤 스승이 있는데 그는 모든 것을 아는(sabbaññu) 자이고 모든 것을 보는 자(sabbadassāvī)이고 완전한 앎과 봄을 선언하여, '나에게는 가거나 서 있거나 자거나 깨어 있거나 항상 앎과 봄이 현존한다'라고 말합니다. 그가 빈집에 들어가 음식을 … 이러한 삶 속에서는 현명한 자라도 노력하여 청정한 삶을 이룰 수 없고, 혹은 이루더라도 착하고 건전한 올바른 진리를 성취할 수가 없습니다."[78]

또한 붓다는 「떼위짜 왓차곳따숫따Tevijjavacchagotta sutta」를 통해 항상 활동하는 전지(omniscience)의 가능성을 부정하고, 스스로를 표현하는 데 있어서 자신은 세 가지 현명한 앎(vidvā, vijja)을 가지고 있다고 말하는 것이 적절하다고 설한다.

"밧차고따여, '수행자 고따마는 모든 것을 아는 자, 모든 것을 보는 자이며, 안전한 앎과 봄을 지닌 자로서 걸을 때나 서 있을 때나 잠잘 때나 깨어 있을 때나 나에게는 앎과 봄이 항상 끊임없이 현존한다 라고 선언했다'라고 말하는 자는, 밧차곳따여, 세존에 관하여 사실을 말하는 것이 아니라, 세존에 관하여 사실이 아닌 허위로 비난하는 것입니다. … 밧차곳따여, 수행자 고따마는 세 가지 명지를 갖춘 자라고 설명하면, 나에 관하여 사실을 말하고 나에 관하여 사실이 아닌 허위로 비난하는 것이 아닙니다. 그리고 또한 사실에 관하여 가르침에 적합한 말을 하는 것이고, 어떠한 동료 수행자가 여러 가지 논쟁을 걸더라도 비난할 만한 근거를 제공하지 않는 것입니다."[79]

다시 말해 불교의 수행자는 타종교에서 주장하는 초월적인 힘을 바라지 말고, 이성적인 믿음을 통해 어두운 곳에서 벗어나 현명한 밝음(明)을 얻으라는 설명과 같다. 붓다는 스스로를 전지하다고 선언하지 않은 특별한 지도자이다. 또한 이와 같은 설명을 통해 붓다는 제자들이 지도자의 가르침을 수용함에 있어, 먼저 의문을 가지고 이해하며 발전시켜 나아갈 것을 장려했다고 볼 수 있다.

2) 믿음과 성인

열반의 지혜는 불교수행의 완성이다. 이 단계에 이르기까지 수행자는 다양한 단계에서 믿음을 필요로 하게 된다. 믿음의 정도 또한 수행의 발전과 더불어 강화된다. 예를 들면, 수행자의 의심(vicikicchā)은 장애(nīvaraṇa)와 족쇄(saṃyojana)에 해당하며, 선정(jhāna)에 들었을 때

사라지거나, 첫 번째 성인인 예류과(sotāpatti phala)에 도달했을 때 제거된다. 여기서 예류의 의미는 열반을 향한 흐름에 들었다는 뜻이다. 한 번 이 흐름에 든 자는 다시 퇴보하지 않는다(anāvatti dhamma). 이처럼 첫 번째 성인의 과에 도달했을 때, 스승이나 가르침에 대한 의심이 사라진다. 하지만 그럼에도 불구하고 이 단계가 완전한 열반의 상태를 의미하는 것은 아니다. 완전한 지혜는 오직 아라한과에 도달해서만 얻어진다. 수행자는 예류과에서 열반을 보고 열반이라는 목적지에 대한 확신을 갖게 된다. 이것이 법에 대한 회의적 의심이 사라지는 단계이다. 예류과는 열반이 있을 것이라는 믿음에서 더 나아가 실제한다는 것에 대해 알게 된, 그리고 붓다가 설한 것이 사실이라는 것을 확인한 첫 번째 단계이다. 지금까지 옳다고 믿은 내용이 실제가 되는 시점이다. 이제부터 옳다고 생각한 믿음이 아니라 지혜를 통해 체험한 믿음이 확장된다.

초기불교 안에서 믿음과 성인聖人과의 관계를 좀 더 살펴보면, 앞서 설명한 '불괴정不壞靜'이 다시 등장한다. 『상윳다니까야』의 「웨루드와라왁가Veḷudvāravagga」는 예류자와 믿음의 관계에 대해 다음과 같이 설한다.

> "비구들이여, 이와 같은 네 가지 원리〔四不壞靜〕를 갖추면, 고귀한 제자는 예류자(sotāpanna)되어 더 이상 타락하지 않고, 삶의 길이 정초되어 올바른 깨달음으로 나아간다. … 믿음(saddhā)과 계행(sīla)을 갖추고 맑은 믿음(pasāda)으로 가르침을 통찰하니(dhammadassana) 때가 되면 청정한 삶에 뛰어드는 지복을 성취하리라."[80]

붓다는 불법승佛法僧 삼보와 계율에 대한 '흔들리지 않는 맑은 믿음', 즉 '사불괴정四不壞靜'을 갖춘 자가 예류자가 된다고 설명하고 있다. 또한 『앙굿따라니까야』의 「아웨짜빠산나숫따Aveccappasannasutta」 역시 믿음과 성인의 관계에 대해 설한다.

"비구들이여, 누구든지 나에게 흔들림 없는 믿음(aveccappasannā)[81]을 지닌 자는 모두 예류자(sotāpanna)이다. 그 예류자들 가운데 이와 같은 다섯은 이 세상에서 구경에 이르고, 이와 같은 다섯은 이 세상을 버린 뒤에 구경에 이른다."[82]

이를 통해 의심이라는 족쇄가 제거된 상태에서 생긴 '흔들리지 않는 믿음(aveccappasāda, aveccappasannā)'이 예류자의 성취와 매우 밀접한 관련이 있다는 사실을 알 수 있다.[83] 다시 말해 가르침을 통해 진리를 파악하고 계를 통해 실천을 이어가는 삶이 갖추어진 것이다. 성인은 불·법·승에 대한 절대적인 믿음과 계행을 구족한 사람이라고 할 수 있다. 불·법·승에 대한 흔들리지 않는 믿음은 법에 대한 이해와 체득에 의해 얻어진다.

"여래는 그것을 올바로 깨닫고 꿰뚫었으며 올바로 깨달아 꿰뚫고 나서 설명하고 교시하고 시설하고 확립하고 개현하고 분석하고 명확하게 밝힌다. 그러므로 '그대들도 보라(passathā)'고 말하는 것이다."[84]

초기불교의 믿음은 맹목적으로 얻는 것이 아니라 가르침을 듣고 이해하여 생기는 확신을 말한다. 따라서 흔들리지 않는다. 경전에서 붓다가 '와서 믿으라'라고 하지 않고 '와서 보라'고 말하는 것에서도 불교에서 말하는 믿음의 특성을 알 수 있다. 계정혜를 실천하여 법에 대해 체득함으로써 법을 스스로 와서 본 수행자는 불·법·승에 대해 흔들리지 않는 믿음을 가지는 것이다. 『앙굿따라니까야』의 「악가빠사다숫따Aggapasādasutta」는 법에 대한 믿음을 구체화하여 붓다, 팔정도, 소멸, 그리고 승가〔고귀한 성인〕에 대한 믿음을 가지는 것이 최상의 믿음(aggappasādā)이라고 언급하고 있다.[85] 앞서 설명한 『맛지마니까야』의 「위망사까 숫따」 역시 세상의 어떤 것으로도 이겨낼 수 없고, 흔들리지 않는 믿음은 '이성적인 믿음'이라는 설명과 함께 붓다와 그의 가르침에 대한 흔들리지 않는 신뢰를 설명한다. 이러한 봄(觀, 見)을 뿌리로 하는 이성적인 믿음(ākāravatī saddhā dassanamūlikā)이 수행자를 지혜와 함께 성인의 성취로 이끌어주고 있음을 알 수 있다. 이러한 믿음은 견해(diṭṭhi, dassana)와도 밀접한 관계가 있다. 『맛지마니까야』의 「삼마딧띠숫따(Sammādiṭṭhisutta, 正見經)」는 사리뿟다와 제자들의 대화를 통해 올바른 견해와 믿음의 관계에 대해 설명한다.

> "벗이여, 그런데 어떻게 하면 고귀한 제자가 올바른 견해(sammādiṭṭhi)를 가지고, 견해가 바르게 되어, 가르침(dhamma)에 흔들리지 않는 믿음(aveccappasādena)을 갖고, 올바른 가르침을 성취하는지에 대한 또 다른 법문을 없습니까?" "벗이여, 있습니다. 고귀한 제자가 괴로움을 분명히 알고(pajānāti), 괴로움의 발생을 분명히 알고, 괴로움의 소멸을 분명히 알고, 괴로움의 소멸에 이르는 길을 분명히

알면, 그만큼 올바른 견해를 가지고, 견해가 바르게 되어, 가르침에 흔들리지 않는 믿음을 갖고, 올바른 가르침을 성취합니다."[86]

「삼마딧띠숫따(正見經)」는 사성제를 지혜로 분명히 아는 것이 올바른 견해(正見)를 갖고, 가르침(法)에 흔들리지 않는 믿음이 생기고, 가르침을 성취하는 길이라고 설명한다. 결국 올바른 견해가 확신을 갖게 한다(正見卽信)는 설명이다. 올바른 견해는 불교수행의 시작이자 결과이다. 먼저 올바른 견해로 불교를 시작하게 된다. 그리고 다시 올바른 견해는 계정혜 삼학의 구조 안에서 지혜(慧)의 단계에 속해 있다. 다시 말해, 믿음을 씨앗으로 시작된 불교수행의 길은 지혜의 단계로 발전하여 흔들리지 않는 믿음과 함께 올바른 견해로 발전한다. 이처럼 초기불교수행에서 믿음은 지혜와 밀접한 관계로 유지되고 있다. 흔들리지 않는 믿음을 성취한 예류자는 더 나아가 일래자와 불환자를 거쳐 열반을 성취한 아라한으로 성장하게 된다.

3) 믿음과 깨달음(涅槃)

불교학자인 자야띨레케(K.N. Jayatilleke)의 설명에 따르면 아라한의 믿음은 그의 '빠린냐'에 의해 완전히 재정립된다.[87] 그의 해석에 따르면 우리가 무엇인가를 진실로 알고 있으면 더 이상 믿음이 필요하지 않다는 것이다. 반대로 거기에 조금이라도 믿음이 남아 있다면 그것을 완전한 앎이라고 부르기 어렵다는 설명과 같다. 예를 들어, 만일 내일 동쪽에서 해가 뜰 것이라고 완전히 알고 있다면 내일 동쪽에서 해가 뜬다고 믿을 필요가 없다. 이러한 그의 주장은 『담마빠다』의 가르침에 의지한다.

"믿음을 여의고(assaddho) 무위를 아는 님, 결박이 끊어진 님, 기회가 부수어진 님, 소망을 여읜 님, 그가 참으로 위없는 사람이다."[88]

『담마빠다』는 믿음을 여읜 상태가 진정한 위없는 아라한의 상태라고 설한다. 아라한과는 믿음을 떠나 완전하고 철저하게 검증된 단계이다. 『맛지마니까야』의 「마하삿짜까 숫따Mahāsaccaka sutta」는 "해탈을 이루었을 때 해탈자의 지혜가 일어난다."고 설명한다.[89] 『디가니까야』의 「사만냐팔라숫따Sāmaññaphalasutta」 역시 열반과 해탈의 완전함에 대해 설명한다.[90] 이들 경전이 설명하는 내용은 열반의 완전함과 확실성이다. 따라서 어디에도 의심의 여지가 남아 있지 않다. 이러한 초기불교의 종교적 지혜는 성인의 경지에서 아라한과를 통해 완전해진다.

자야띨레케는 그의 저서를 통해 바루아Barua가 말한 "믿음은 지혜와 함께 성장한다. 따라서 최상의 믿음이 있을 때 최상의 지혜에 도달할 수 있다."에 대해 논의를 이어간다.[91] 그의 설명에 따르면 바루아는 『상윳따니까야』를 인용하여 오력(五力, pañca bāla)을 설명한다. 즉, "이러한 오력이 가득하고 완전하게 이루어졌을 때 그 결과로써 아라한이 될 수 있다."는 내용이다. 오력은 앞서 살펴본 것과 같이 '믿음(saddhā)', '노력(viriya)', '주시(sati)', '집중(samādhi)', '지혜(paññā)'의 다섯 가지로 수행자에게 있어서 꼭 필요한 힘을 의미한다. 이들은 믿음으로 시작하여 지혜로써 마무리된다. 그리고 주시(sati, 念)는 항시 가운데에서 균형을 잡아주고 있다. 그리고 이들은 다시 일곱 가지 깨달음의 요소인 칠각지七覺支에 해당하기도 한다. 하지만 자야띨레케는 바루아의 설명에 대해 완전한 앎과 지혜가 이루어졌는데 과연 믿음이 필요한가의 문제를 제시하고 있다.

우리는 앞서 자야띨레케를 통해 조금이라도 믿음이 남아 있다면 그것을 완전한 앎이라고 부르기 어렵다는 설명을 들었다. 만약 아라한과에 믿음이 남아 있다면 앎과 지혜는 완전하지 못하다는 것이다. 과연 그럴까?

이러한 주장과 믿음의 관계는 재고의 여지를 남긴다. 믿음에 대한 지속적인 노력은 지혜를 찾기 위한 필수사항이다. 또한 앞서 「짱끼숫따」에서 살펴본 시작 차원에서의 믿음은 지혜의 성취에 따라 변한다. 예를 들어 열반을 성취하기 이전에는 열반이 있을 것이라고 믿는다. 그리고 열반을 성취한 이후에 열반이 있을 것이라는 믿음은 더 이상 필요하지 않다. 하지만 이때 믿음이 사라지는 것이라기보다 확신으로 변하는 것이다. 더 이상 불분명하지 않은, 있다는 것을 확실히 아는 상태가 되는 것이다. 이러한 확신은 더욱 강하고 분명해질 것이다.[92] 지혜가 성장하면 확신은 최정점에 이르게 된다. 이제 그는 붓다가 깨달은 자이며, 그의 가르침이 열반에 이르게 할 것이라는 사실을 분명히 알고 있다.[93] 앞서 설명한 것처럼 열반은 최상의 믿음(aggappasāda)에 포함된다.[94] 『맛지마니까야』의 「끼따기리숫따」에서는 누군가 스승의 가르침을 분명히 알고 열망하는 믿음 있는 제자라면 아라한이 되거나 불환자가 될 것이라고 설명한다.

"비구들이여, 스승의 가르침을 알고, 열망하는 믿음이 있는 제자라면, 그는 두 가지의 경지 중에 하나의 경지를 얻을 것이다. 즉, 현세에서 궁극적인 지혜의 경지를 얻거나, 만약 집착이 남아 있다면 돌아오지 않는 님(불환자)의 경지를 얻을 것이다."[95]

경전의 설명에 따르면 가르침을 파악하고 믿음이 있는 상태에서 아라한이나 불환자, 둘 중의 하나가 될 수 있으며, 아라한과 불환자의 상태에서 확고한 믿음이 형성되어 있다는 것을 알 수 있다. 호프만(Frank J. Hoffman) 역시 최상의 깨달음 이후에 믿음이 남아 있는 것에 대해서 강조한다.

"만약 경전에서 설명하는 '믿음의 기능'처럼 믿음의 두 번째 발생이 옳다면, 그러한 믿음은 여래 안에 있고 교리 안에 있다는 하나의 결론이 나온다. 이러한 방식으로 이해했을 때, 경구는 이전의 믿음이 다음 믿음의 원인이나 조건이 되어주는 것을 설명한다. 내가 이러한 설명을 하는 이유는 누군가가 앞서 설명한 믿음(saddhā)의 일반화와 논쟁하기 위해서가 아니라, 이성적인 믿음(ākāravati saddhā)에 주어진 불필요한 무게감을 상쇄하기 위해서이다.[96]

호프만은 초기불교에 있어서 강조되어야 하는 부분이 이성적인 믿음인데, 믿음의 다양한 해석에 의해 이성적인 믿음을 이해하는 데 있어 장애가 생길 것을 우려하여 이와 같이 밝힌다고 설명한다. 자야띨레케의 견해는 기본적으로 믿음에 대해 그 역할을 축소하려는 경향이 있다. 그의 설명에 따르면 믿음은 올바른 이해를 위해 첫 번째 과정에서 필요한 것으로 불교수행의 모든 과정에서 필요한 것은 아니라고 본다. 그리고 팔정도에서 믿음이 강조되지 않는 이유도 믿음은 정견을 얻기 위한 수준 정도로 이해하고 있기 때문이다. 결국 그의 설명에 따르면 믿음이 모든 불교수행자에게 필요한 것은 아니라는 해석이 될 수 있다. 물론 정견은 다른 사람의 가르침에 의해 시작된다. 하지만 정견에 대한 올바른 이해는 사성제에 대한 스스로의 깨달음이 있을 때 가능해진다. 다시 말해, 정견은 팔정도의 시작이자 삼학의 결과이다. 불교수행의 길은 멀고도 끈질긴 여정과 같다. 정견의 시작은 믿음을 원인으로 하여 가능할 것이다. 그리고 믿음은 수행자가 올바르게 실천할 수 있도록 이끌어 지혜를 통한 확신으로 발전할 것이다.

역사적으로 살펴보았을 때, 오력을 통한 믿음(saddhā)의 시작은 불교가 아니다. 붓다가 깨달음을 얻기 이전에 찾았던 두 스승인 알라라 까라마Alara Kalama와 웃다까 라마뿟따Uddaka Ramaputta 역시 오력을 가지고 있었다.[97] 이 오력 안에는 '믿음', '노력', '주시', '집중', '지혜'가 포함되어 있다. 불교수행의 핵심기능이 이미 불교 이전에 자리 잡고 있었던 것이다. 따라서 붓다가 깨달음을 얻기 이전의 오력이 깨달음을 얻은 이후의 오력과 같다고 이해해서는 안 된다. 결국, 믿음에 대해 단순히 불법승 삼보에 대한 믿음으로 이해하는 것은 믿음의 진정한 의미를 축소시키는 것이다. 믿음은 실천을 시작하는 데 필요한 확고한 마음을 이야기하는 것이다. 그리고 이 실천의 성공을 위해서는 '이성적인 믿음'이 필요하다.

『상윳따니까야』의 「뿝바꼿타까 숫따Pubbakoṭṭhaka sutta」는 붓다와 사리뿟따 간의 대화를 통해, 단지 붓다를 믿기 때문에 〔오근五根을 통하여〕

불사를 성취하는 것이 아니라 수행자 스스로가 오근을 닦아 나아가며 이해하고, 보고, 알고, 실현하고, 지혜로 얻어 불사를 성취하는 것이라고 설명한다.[98] 붓다는 여래를 믿기보다 스스로 믿음과 함께 실천하여 지혜를 얻는다는 사리뿟다의 답변에 "훌륭하다, 훌륭하다, 사리뿟다여! (Sādhu sādhu Sāriputta)" 하며 극찬한다.[99] 누군가 붓다에 대한 믿음을 가지고 있다면 그것은 지혜를 얻기 위한 선행 과정에 불과하다. 사성제라는 진리와 열반이라는 깨달음은 붓다가 창조한 세상이 아니라 붓다가 발견한 것이다. 우리는 붓다가 아닌 붓다의 가르침을 의지하고 실천하는 것이다. 따라서 여실지견을 통해 지혜를 실현한 사람에게 믿음은 그 의미가 다르다.

6. 이성적 믿음으로 실천하기

지금까지 초기경전에 나타나는 믿음에 대해 살펴보았다. 먼저 초기불교의 믿음은 '삿다', '빠사다', '밧띠', '빼마' 등으로 다양하게 나타났고, 이들은 이성적인 혹은 감성적인 의미로 사용되었다. 하지만 감성적인 믿음의 경우는 등장 빈도가 적으며, 그 내용 역시 일부 제자들의 경우에 발생한 것이지 붓다의 설법을 통해 설명되는 것이 아니었다. 수행자는 처음에 믿음을 씨앗으로 불교에 귀의하게 되고, 이러한 믿음은 붓다에 대한 확인 과정을 통해 점차 발전해 나아가게 된다. 물론 이 과정에서 붓다와 그의 가르침에 대한 감사, 헌신, 사랑 등의 감정이 일어나 믿음은 더욱 확고하게 성장해 나간다. 하지만 불교수행의 궁극적인 목표가 지혜의 성취에 있기에, 이렇게 발전한 믿음은 이성적인 판단과 실천으로 확장되어야만 한다. 따라서 붓다는 초기경전을 통해 제자들에게 이성적인 믿음을 갖출 것을 거듭 강조한다.

불교의 최종목표인 열반은 붓다에 대한 믿음이 충실한 추종자들을 위한 선물이 아니다. 초기불교 안에서 붓다가 차지하는 절대자의 역할은 없다. 초기불교에서 붓다는 믿음의 대상이 아니라 확인의 대상이다. 그는 단지 오랜 시간 동안 방치되었던 고대도시를 발견한 개척자일 뿐이다. 누군가 이 도시를 방문하고 싶다면 무엇보다 진리가 있다는 사실을 믿어야 할 것이다. 왜냐하면 이 도시에 대한 믿음이 없다면 도시를 찾기 위해 시도하기 어렵기 때문이다. 그리고 이렇게 시작된 믿음은 반드시 체험과 앎을 통해서 재확립되어야 한다. 도시를 향해 나아가지 않고 도시를 믿기만 한다면 그것은 맹목적인 믿음에 불과하다. 수행자는 도시를 향해 나아가야 한다. 결과적으로 믿음은 실천을 통해 지혜와 함께한다. 수행자는 능동적인 마음으로 이성적인 믿음을 키우고 지혜를 향해 나아가야 하는 것이다. 이것이 붓다의 가르침이다. 초기불교의 열반은 믿음의 종결을 의미하는 것이 아니다. 우리는 믿음을 통하여 열반을 성취하고 열반을 통하여 확신을 얻게 된다. 따라서 초기불교 수행에 있어서 이성적인 믿음은 필수적이다. 이제 우리는 붓다에 대한 감사함을 내려놓고, 그가 전해준 실천의 길로 나아가야 할 때이다.

{대승불교의 믿음}

출발점인가 도달점인가

석길암(금강대학교 불교문화연구소 인문한국(HK)연구센터 교수)

1. 불교는 믿음의 종교인가

불교는 믿음의 종교인가 아니면 지혜의 종교인가? 이것은 참 구태의연한 물음인 것처럼 보인다. 사실 이 질문에 대한 답은 우리에게 명료하게 주어져 있었던 것이 아닌가? 혹은 이 질문에 대해 전혀 다른 답이 가능할 수도 있겠다. 불교는 깨달음의 종교 혹은 깨침의 종교라고 하는, 곧 증득과 증득의 실천이라는 형태로도 불교를 설명할 수도 있다는 의미이다. 그러나 필자에게 주어진 주제는 '불교의 믿음', 더 좁혀서 '대승불교의 믿음'이라는 것이다. 곧 믿음을 중심으로 불교라는 것을 말해야 된다는 것인데, 사실 여기에 주제로서의 난점이 존재한다.

통상 '믿음'이라고 하는 말은, 적어도 근대 이후에는 이성적理性的, 합리적合理的, 과학적科學的이라고 하는 말들과 대립되어 이해된 것이 아닐까 하는 생각 때문이다. 이것은 가톨릭이 지배하던 서구사회의 역사에서 중세에 대한 근대의 반발이기도 하고, 또한 '믿음'이라는 가치에 일체의 모든 사회적 개념이 종속되었던 중세봉건사회로부터 탈출해 나온 서구근대사회가 이전의 역사〔믿음으로 대표되는〕와 이후의 역사〔이성으로 대표되는〕를 구분한 후에, 중세를 역사의 저편에 유리시키는 과정에서 등장하는 대립구도일 수도 있을 것이다. 어쨌든 '믿음'은 철학적으로 혹은 개념적으로는 논란의 여지가 있겠지만, 일반 대중이 인식하기에는 이성, 과학, 합리의 대척점에 있는 어떤 것으로 보인다.

오늘날 흔히 말해지는 믿음이란 이처럼 이성, 과학, 합리의 대척점에 있는 어떤 것으로 존재하고, 불교는 믿음의 종교가 아니라 이성과 과학, 그리고 합리성에 근거한 종교라는 주장 혹은 믿음 역시 이러한 근대화 과정의 산물이라 여겨진다. 곧 불교라는 신앙체계 혹은 종교체계에서 '믿음'을 배제해 나간 것은, 근대화 과정에서 문헌에 의거하여 불교를 연구했던 서구의 문헌학자들에게서 비롯되는 것이고, 또한 그러한 연구의 결론들이 자연스럽게 아시아의 각 불교전통에도 점진적으로 받아들여져 갔던 것으로 생각된다. 물론 이러한 근대화 과정에서 얻어진 불교연구의 산물들만이 불교라는 체계 내에서 '믿음'을 배제하게 된 전적인 원인이라고 말할 수는 없다. 불교 내부의 전통 역시 그러한 경향성을 일정 부분 가지고 있다는 것을 부정할 수 없기 때문이다.

일견, 초기불교의 역사가 그렇다. 단정적으로 표현하기에는 곤란한 점이 없지 않지만, 부처님은 경험되고 합리적으로 논증되지 않는 사실에 대하여 그 진실성을 주장하는 태도들에 대하여 대단히 비판적이다. 부처님의 가르침은 주체와 객관의 관계성에 대한 인식(지각) 과정을 중심으로 구성된 것이었고, 그의 가르침에는 어떤 인식되지 않는 세계에 대한 것들이 배제되어 있었다. 그의 가르침은 세계에 대한 그릇된 인식, 그 그릇된 인식의 오류를 수정하는 체계로 구성되어 있으며, 그릇된 인식의 원인과 오류를 수정하고, 수정된 '올바른' 인식에 의해 사유하고 행동함으로써 '평화'와 '행복'의 상태에 도달할 수 있다는 것을 핵심으로 한다. 따라서 이와 같은 가르침의 체계 속에 '이성, 과학, 합리'와 대척점에 있는 '믿음'이 설 자리는 없는 것처럼도 여겨진다.

그러나 이러한 생각들은 '믿음'을 어떻게 바라볼 것인가의 문제와도 연결되어 있다는 것을 고려하면 수정되어야 할 여지가 충분하다. '믿음'은, 통상적인 경우처럼, 증명불가능한, 아니면 경험불가능한 영역을 대상으로 하는 '무조건적'인 사태인가?

사실 우리가 생각하는 '믿음'이란 많은 부분 이 같은 개념에 의해 혼동되어 있다고 해야 할 것이다. 아니 '믿음'을 그러한 영역으로 몰아넣었을 때에도, 그렇다면 불교는 그러한 영역에서의 '믿음'을 지니고 있지 않는가 하고 물어보자. 기실 불교 역시 그러한 믿음의 영역을 포함하고 있다는 사실이 부정될 여지는 없다고 단언해야 할 것이다. 곧 불교 역시 미지未知의 영역—물론 이 미지의 영역은 기독교를 비롯한 창조신 체계에서 말하는 미지의 영역과는 질적으로 전혀 다른 형태의 것이기는 하지만—에 대한 '믿음'이 강조된다. 단 그 미지의 영역은 '부처'로서의 삶을 자각하는 순간, 곧 깨침의 순간에 해소되는 어떤 것이기 때문에 '온전한' 미지의 영역은 아니다. 그리고 그 '미지의 영역'이 사실은 누구에게나 가능성의 세계로서 열려 있다는 것—때로 그것은 대단히 선언적인 의미로만 다가오는 것이지만— 역시 불교의 특성이라고 할 수 있을 것이다.

그렇다면 불교는 믿음의 종교인가? 그렇지 않다. 불교의 체계는 현실에 대한 착각이 가진 문제 상황에 대한 직시, 그 문제 상황의 원인에 대한 고찰과 발견, 문제 상황의 원인이 해소되었을 때의 도달점, 문제원인의 해소방법론이라는 형태로 구성된다. 여기에 '믿음'이 개입할 여지는 전혀 없어 보인다. 하지만 이러한 사실이 온전히 그대로 받아들여질 수 있는 것은 '그'가 선행자(先行者; 진리체험자, 부처)일 경우에만 그렇다. 선행자의 뒤를 좇는 자들에게도 그런 것은 아니다. 선행자의 뒤를 좇는 자들에게 그러한 합리적인 과정은 여전히 불가해不可解의 영역이고, 미지의 영역일 뿐이다. 그들에게 있어서 선행자의 발자국은 좇아가야 하는 영역이지만 여전히 미지의 영역이다. 그들에게는 선행자가 도달한 목적지와 선행자가 보여준 흔적이 의심과 두려움의 대상이 된다. 불교의 '믿음'은 여기에서 비롯된다.

그렇다면 불교는 믿음의 종교인가? 그렇다. 불교는 선행자가 보여준 길을 좇는다. 좇는 자들은 끊임없이 의심을 일으킨다. '잘 알려진 길'이 아니라 '잘 알려지지 않은 길'을 좇아가고 있기 때문이다. '일반적인 경험에서 증명되는 길'이 아니라 '일반적인 경험에서 증명할 수 없는 길'을 좇아가고 있기 때문이다. 물론 그 길은 하나하나 체험되면서 의심들을 점진적으로 해소하기도 한다. 혹은 점진적이 아니라 단박에 해소된다고 말해지기도 한다. 그 길을 좇아가는 데 있어서 생겨나는 의심과 두려움은 결국은 해소되어질 것이지만, 여전히 두려움이 담긴 미지의 영역으로 남겨져 있다. 따라서 후행자(後行者, 수행자, 입문자)에게 그 길은 가야 할지 말아야 할지의 혼란을 야기하는 길이기도 하다. 따라서 그 길의 출발점에서는 불교 역시 '믿음'을 필요로 한다. 다만

'무엇'에 대한 믿음인가의 문제는 차이가 있지만.

어떤 종교, 어떤 신앙체계이든지 간에 믿음은 그 내적 측면에 있어서는 모든 것의 출발점이라고 할 수 있을 것이다. 하지만 각각의 종교체계에서 믿음이 어떠한 위치를 가지는지, 믿음의 대상은 무엇인지, 믿음을 어떻게 성취할 것인지, 믿음을 성취하는 구체적 실천 방법론은 어떤 것인지, 나아가 믿음과 실천은 어떠한 관계를 가지는지 등에 대한 관점을 살펴보면, 당연한 결론이겠지만, 때로는 유사하고 때로는 전혀 다른 시각을 보여준다.

이러한 현상은 불교 내부에 있어서도 마찬가지라고 할 수 있다. 초기불교와 부파불교 및 대승불교 사이에 서로 다르게 나타나고, 나아가서 대승불교 안에서도 각 사상 유형별로 '믿음'과 '실천'에 대한 시각은 일정한 차이를 보인다. 따라서 불교라는 하는 단일 종교체계에 있어서 '믿음'과 '실천'이라고 하는 경우에도, 그것을 일반화시켜서 말한다는 것은 거의 불가능하다고 해야 할 것이다. 범위를 더욱 좁혀서 대승불교에 한정한다고 해도 그것은 마찬가지인데, 대승불교 내부에도 역시 다양한 수행체계에 대한 다양한 관점들이 존재하기 때문이다. 더욱이 대승불교 안의 동일한 사상유형일 경우에도 지역과 시대에 따른 다양한 편차를 반영한 불교 전통이 형성되는 것이 일반적이다. 예를 들어 같은 대승불교 전통에 속한다고 하더라도 티베트 불교 전통과 동아시아 불교 전통은 다른 양상을 보인다. 그리고 많은 부분을 공유하는 동아시아 불교 전통이라고 하더라도 중국과 일본, 그리고 한국 불교 전통은 내부에서 보든 외부에서 보든 적지 않은 차이점을 지니고 있다. 때문에, '믿음'과 '실천'

혹은 '믿음' 하나에 한정한다고 하더라도 그러한 다양한 전통들을 단일한 시각에 의해 정리하는 것은 쉽지 않다.

따라서 이 글에서는 『대승기신론』과 『화엄경』이라고 하는 텍스트를 중심으로 논의의 범주를 일정 부분 제한하고자 한다. 잘 알려져 있는 것처럼, 이 두 텍스트는 동아시아 불교 전통의 형성에 있어서 아주 중요한 역할을 했던 것들이다. 이 두 텍스트가 인도불교의 전통을 충실히 계승하는가 하고 묻는다면, 그 답변은 어떤 측면에서는 그렇게 긍정적이지는 않다. 이 답변은 대승불교 전반에 있어서도 통용될 수 있을 것이라 생각한다. 적어도 이 두 텍스트를 포함하여 대승불교 전통은 이전의 부파불교 전통과는 확연히 다른 길을 보여준다. 그러나 다양하고 차별성을 갖는 대승불교의 여러 전통들이 저마다의 관점에서 초기불교 더 좁게는 부처님의 불교를 더 확연히, 그리고 충실하게 드러내려는 의식을 가지고 있었다는 측면에서 말한다면, 두 텍스트를 비롯한 대승불교 각각의 전통은 인도불교의 전통을 충실히 계승하는 것이기도 하다는 점은 부정될 수 없을 것이다.

논자가 이 두 텍스트를 중심으로 논의를 전개하는 것은 또한 이 두 텍스트의 성격과 관련이 있다. 이 두 텍스트는 다른 어떤 불전들보다도 '믿음'의 역할을 중시한다는 특징을 가지고 있다. 이 두 텍스트에서 '믿음'은 시종始終을 관통하는 중요성을 가진다. 그리고 이 두 텍스트에서 말하는 그러한 믿음의 역할이 사실은 동아시아 불교 전통을 관통하는 정신인 것이 아닐까 하는 생각을 논자는 가지고 있다. 또한 이 두 텍스트는 인도불교에서는 온전한 학파를 구성하지 못했던 여래장사상 계열의 전통과 강렬한 영향관계에 있다. 많은 부분에 있어서 이 두 텍스트와 여래장사상은 신앙과 실천의 체계라는 측면을 공유하고 있다. 그리고 이 두 텍스트가 동아시아 불교 전통에 강렬한 영향을 미치면서 여래장사상은 동아시아 불교 전통에 있어서 기본전제로 등장한다.

따라서 두 텍스트를 전제로 본 원고에서 논자가 말하는 믿음이란, 대승불교 전반을 아우르는 것이라기보다는 오히려 동아시아 불교 전통에 속하는 대승불교의 믿음이라고 해야 더 정확할 것이다. 물론 여기에 인도 불교 전통에서의 여래장사상을 감안하면 부분적으로는 인도 대승불교의 전통을 일부 포함하는 논의가 될 것이다. 또 이 두 텍스트에서 믿음은 실천〔行〕의 문제를 필연적으로 수반하는 것이기 때문에, 논의의 과정에서 믿음과 실천의 관계에 대한 논의를 함께 고려할 것이다. 이들 텍스트 외에도 신앙과 사상의 체계로서 동아시아 불교 전통 혹은 대승불교 전통을 이야기할 때 배제해서는 안 되는 텍스트가 이른바 정토삼부경과 『법화경』일 것이다. 이 중에서 정토삼부경의 경우에는 『대승기신론』과 『화엄경』에도 일정 부분 수용되어 있기 때문에 논의 과정에서 부분적으로 언급될 것이다. 그러나 『법화경』의 경우, 동아시아 불교 전통에서 그것이 가지는 강렬한 영향력에도 불구하고, 논자가 잘 알지 못하기 때문에 논의의 대상에서 제외하였다는 점을 밝혀 둔다.

2. 믿음과 실천〔信行〕, 그 구조에 대하여

1) 여시아문如是我聞과 신수봉행信受奉行

잘 알려져 있는 것처럼, 불교경전은 '이와 같이 나는 들었다〔如是我聞〕'는 구절로 시작된다. 『대지도론大智度論』에서는 "모든 불경에 어떤 근거로

첫머리에 '여시'라는 말을 사용했는가"라는 물음에 대하여 다음과 같이 답한다.

> 불법의 대해大海는 믿음으로 들어갈 수 있고, 지혜로 능히 제도濟度한다. '여시如是'라는 것의 의미는 곧 믿음이다. 만약 사람이 마음 가운데 신청정信清淨이 있다면, 이 사람은 능히 불법佛法에 들어간다. 만약 믿음이 없다면 이 사람은 불법佛法에 들어갈 수 없다. 믿지 않는 자는 '이 일은 이와 같지 않다'고 말하니, 이것은 믿지 않는 모습이다. 믿는 자는 '이 일은 이와 같다'고 말한다. 비유하면, 소의 가죽이 부드럽지 않다면 구부릴 수 없는 것과 같으니, 믿음이 없는 사람 또한 이와 같다. 비유하면 소의 가죽이 이미 부드러우면 용도를 따라서 만드는 것과 같으니, 믿음이 있는 사람은 역시 이와 같다.[1]

여기에서 믿음은 불법대해佛法大海에 들어가는 지렛대로서 언급된다. 이 '여시아문' 한 문장에 대해 『대지도론』은 방대한 해석을 가하고 있는데, 그 첫 번째 해석이 바로 '여시아문'을 '믿음'으로 해석하는 것이다. 그리고 '여시아문'의 문장이 경전의 첫머리에 놓여져 있다는 것은 그것에 이어지는 경문經文에 대한 신뢰를 의미한다. 경문은 부처님의 몸짓〔身〕과 부처님의 말짓〔口〕과 부처님의 마음짓〔意〕을 내용으로 하고, 그 첫머리에 놓여지는 '여시'는 부처님의 몸짓〔身〕과 말짓〔口〕과 마음짓〔意〕에 대한 믿음을 의미하는 것으로 『대지도론』은 해석하고 있는 것이다. 단 그것은 '내가 들었다〔我聞〕'는 것으로부터 출발하는 것이므로 문혜聞慧의 의미를 가진다고 볼 수 있겠다.

한편 경전의 첫머리에 '여시아문'이 공통적으로 놓여지는 것과 달리 경전의 끝머리에 놓이는 것이 '믿어서 받아지니고 받들어 행하였다(信受奉行)'는 구문이다. 경전에 따라 조금씩 구문의 차이가 있기는 하지만, 이 구절 역시 거의 공통적으로 배치되는 것이다. 보통 이 구절을 줄여서 신봉信奉 혹은 신행信行이라고 사용하는데, 여기에는 두 가지의 의미가 있다고 생각된다.

첫째는 '여시'로 표상되는 '믿음(信)'과 '봉행(行)'으로 표상된 실천이 경전 안에서 수미首尾를 구성하여 양자가 더불어서 성취되고 실천되는 것임을 의미한다는 점이다. 곧 불교에서 믿음—그것이 문혜聞慧에 해당하든 사혜思慧에 해당하든—은 반드시 실천(行)과 결부되어야만 의미를 가진다는 선언적 구성으로 이해할 수 있다. 둘째는 '신수봉행'이 경전의 말미에 놓인다는 점이다. 이로부터 이미 설해진 경전을 들은 자(聽者)가 그 들음(聽)에 의해서 믿음을 일으켜 받아들이고(信受), 그 믿음에 의해 수지한 바를 의거해서 실천을 행한다는 구조를 드러내 보인다. 단순히 표현한다면, 문혜와 사혜를 아우르고 '닦음과 실천(修)'에 나아가는 태도를 의미한다고 볼 수 있을 것이지만, 역시 사혜思慧보다는 문혜聞慧에 보다 가까운 입장이라고 생각된다.

이 같은 구조는 아함부의 경전에서도 나타나는 것이지만 대승경전에서 더 확연하게 나타나는 구조이다. 초기불교가 주로 법행法行, 곧 수행자 스스로 부처님이 깨달으신 바의 진리에 따라 실천하는 것에 초점이 있었다면, 대승경전의 이 같은 구조는 법행보다는 오히려 부처님의 가르침을 믿고 받아들여서 행하는 구조에 가까운 것이다. 이러한 의미에서 대승경전, 나아가 대승불교에서 출재가를 막론한 수행자들의 입장은 법행보다는 오히려 신행信行을 초점으로 하는 것이었다고 생각된다.

아래에서는 이 같은 점을 염두에 두고 『대승기신론』의 찬자와 『화엄경』 편집자들의 구상을 필요한 부분을 중심으로 간략하게 살펴보기로 한다.

2) 『화엄경』 편집자들의 구상

『화엄경』은 그 별행경들의 경우 빠른 것은 대승불교 초기에까지 거슬러 올라간다. 대경 자체는 불타발타라(佛馱跋陀羅, 359~429)의 번역이 기점이 되지만, 대경을 구성하는 각각의 별행경들의 경우는 이미 2세기 후반에 활약하였던 지루가참支婁迦讖에 의해 번역된 『도사경兜沙經』이나 축법호(竺法護, 231~308?)의 『점비일체지덕경漸備一切智德經』, 『불설여래흥현경佛說如來興顯經』 등 별행경의 번역과 「입법계품」과 「십지품」을 나가르쥬나가 알고 있었다는 점을 감안하면, 대경 편집 이전의 별행경들은 대부분 『반야경』보다는 늦지만 제1기의 대승경전군에 속하는 대승불교 초기의 경전으로 판단된다. 물론 대경의 편집은 이보다 한참 늦은 4세기 중반으로 추정하는 것이 일반적이다.[2]

『화엄경』은 크게 전편과 후편으로 나누어볼 수 있다. 곧 「세간정안품」으로부터 「이세간품」(60권본에서는 제34품, 80권본에서는 제38품)까지와 마지막의 「입법계품」, 이렇게 둘로 크게 나누어진다. 이 중 전편은 여래가 출현하는 인과因果의 연기를 밝히는 것이고, 후편은 이미 출현해 있는 여래에게 섭수된 사람이 여래가 되어서 출현하는 인과의 연기를 밝히는 것이다. 곧 전편은 여래가 초점에 있고, 후편은 여래에 포섭된 사람이 여래가 되어서 출현하는 과정에 초점이 있다. 하지만 이 전후의

2편은 서로 본말로 교철하는 것이어서 어느 것을 본으로 하고 어느 것을 말로 해야 할지는 단정하기 어렵다. 이 문제는 배제해두고 여기서는 편의상 전편의 구조를 중심으로 논의를 진행한다.

전편의 첫째 장면은 마가다국의 적멸도량 보리수 아래에서 부처님이 정각을 이루는 장면으로 부처의 자내증自內證의 경계가 설해진다. 두 번째 장면은 문수보살을 설주로 하여, 그렇다면 중생은 그러한 자내증의 경계에 대하여 어떻게 믿음을 일으킬 것인가를 주제로 한, 곧 믿음〔信〕을 주제로 한 법회가 진행된다. 세 번째부터 여섯 번째까지는 천상을 무대로 하여 보살도가 설해진다. 물론 보살도라고 하여도 천상법회의 첫 번째 장면에서 '처음 발심하는 때에 곧 아뇩다라삼먁삼보리를 얻는다'[3]고 하기 때문에, 이 천상을 무대로 하여 설해지는 보살행은 정각 후의 이타행이다. 때문에 천상을 무대로 설해지는 보살도는 이미 인행因行이 아니라 인과가 둘이 아닌 불국토장엄행으로서의 이타행이 된다. 천상의 법회가 끝난 후에는 다시 보광명전에서 보살도를 총괄하여 설한다. 이 일곱 번째(80화엄에서는 여덟 번째 법회까지 포함)의 지상법회에서는 등각과 묘각의 경계를 통해서 보살도를 다시 한 번 총괄하는 내용이 교설된다.

이 전편에서 이 글의 논의와 관련하여 관심을 두어야 할 부분은, 불자내증의 경계를 대상으로 하여 믿음〔信〕을 일으키고, 신만信滿을 지나 초발심주에 이르는 과정이다. 곧 두 번째 법회 전체가 믿음을 어떻게 일으킬 것인가의 문제에 집중되어 있고, 이후 보살도의 전개는 이 두 번째 법회의 주제가 된 신심信心을 전면적인 기초로 삼고 있기 때문이다. 「현수품」에서는 이것을 "신심은 도道의 근원이며 공덕의 어머니이다/ 모든 선한 법을 길러내며/ 의심의 그물을 끊고 애정을 벗어나서/ 열반의 위없는 도道를 열어보인다."[4]고 설한다. 부처의 경계를 드러내는 근원을 신심信心에 둔다는 선언인 것이다.

곧 『화엄경』의 구조를 신심을 중심으로 이해한다면, 두 번째 법회의 신심信心을 매개로 그 대상이 되는 불자내증경을 그 앞에 배치하고, 신심이 성취된 이후의 실천행을 그 뒤에 배치하는 구조가 되는 셈이다. 이러한 신심을 중심으로 한 『화엄경』 구조의 이해에 일단의 단서를 더해 주는 것이 바로 『화엄경』의 총정總定으로 간주되는 해인삼매를 둘러싼 교설이다.

「현수품」에는 신심이 원만성취하였을 때 그 신심의 공능功能으로 열 가지의 삼매를 얻는다고 말한다. 그 열 가지의 삼매를 대표하는 것이자, 화엄에서의 총정總定으로 간주되는 것이 곧 해인삼매海印三昧이다. 그 해인삼매에 들었을 때의 대용大用은 부처로 시현하여 묘법장妙法藏을 설하는 것, 일념경에 시방에 두루하여 중생을 교화하는 것, 일체시 일체처에 8상을 나투는 것, 무량중생을 제도함에 있어서 삼승방편문을 시설하는 것, 중생의 형상과 행업, 그리고 음성 역시 한량없어서 이를 따라 일체를 나투는 것 등이 해인삼매의 위신력으로 제시된다.[5] 곧 이후의 법회에서 설시되는 일승보살행은 이 해인삼매의 위신력에 기반한 것이다. 곧 해인삼매의 위신력에 힘입어서 일체의 보살행을 설하는 것이 가능해지는 것이다. 그렇다면 이 해인삼매에 드는 인연은 무엇일까?

해인삼매는 『대집경』, 『대보적경』에서도 역시 설한다. 『대집경』에서는 해인삼매에 드는 인연으로 제일 먼저 다문多聞을 강조하고,[6] 『대보적경』에서는 모든 법문을 잘 수행함으로써 해인삼매를 얻는다고 말하며,[7]

『대방광총지보광명경』에서는 해인삼매가 입으로 좇아나온다[8]고 설한다. 『화엄경』에서의 일체 교설은 모두 해인삼매라는 총정을 기반으로 한 각각의 삼매에 들어감으로서 그 삼매력에 의해서 설해지는 것이다. 그리고 그 일체 삼매의 기반인 총정으로서의 해인삼매는 심심, 곧 믿음의 원만성취라는 인연에 말미암는다. 그리고 그 신심을 일으키는 과정으로서 두 번째 법회에서 주어지는 것이 부처의 몸〔여래명호품〕과 부처의 말씀〔사성제품〕과 부처의 마음씀〔광명각품〕이다. 이 세 가지에 대해서 보고 듣고 느낌으로써 의심을 일으키고〔보살문명품〕, 그 의심을 해소하는 과정〔정행품〕을 거쳐서 비로소 신심이 원만해지게 되는〔현수품〕 것이다. 화엄에서는 이것을 '견불見佛'과 '문경聞經'으로 집약해서 표현한다. 따라서 화엄은 문혜를 앞세우고 거기에 따르는 사혜를 통해서 신심의 완성을 기약하는 구조를 제시한다고 볼 수 있다. 그러므로 『화엄경』 대경 구성의 전체적인 의도를 신심을 중심으로 표현한다면, 불자내증 경계에의 도달을 신심의 완성으로, 그리고 불자내증 경계에서의 실천을 일승보살도로 하는 신〔信〕과 행〔行〕의 체계로 구성한 것이라고도 표현할 수 있을 것이다.

3) 『대승기신론』 찬자의 구상

『대승기신론』은 인도 대승불교에서 유가행파가 발전하고, 다시 그 유가행파의 심식설과 여래장계 경론의 여래장설이 서로 융합해 가는 시대를 배경으로 하는 시대의 논서이다. 그 찬술지에 상관없이 중국에 등장한 연대를 기준으로 한다면 6세기 중반 경의 대승불교사상을 직접적 배경으로 하면서 이전의 모든 대승경전의 사유와 수행체계를 '믿음을 일으킨다

〔起信〕'는 것을 초점으로 체계화한 것이다.

『대승기신론』은 전체를 다섯 부분으로 구분하고 있는데, 논을 짓는 인연을 설명하는 「인연분」, 「인연분」에 따라 대승의 근본 의미를 세우는 「입의분」, 「입의분」에 따라 '대승'의 의미를 설명하는 「해석분」, 「해석분」에 따라 신심信心을 어떻게 닦을 것인가를 설하는 「수행신심분」, 그리고 마지막의 「권수이익분」으로 구성된다. 이 중 「해석분」은 다시 「입의분」에서 세운 대승의 바른 의미를 드러내는 「현시정의」단, 잘못된 이해를 바로잡는 「대치사집」단, 이 양자에 의거하여 나아가야 할 길의 방향을 설명하는 「분별발취도상」단으로 나누어진다.

그런데 동아시아 전통에서는 일심一心, 이문二門, 삼대三大, 사신四信, 오행五行의 구조로도 설명한다. 곧 대승은 일심으로 표상되고, 그 일심을 중생의 입장에 맞추어서 설명해주는 것이 이문二門이며, 일심을 부처의 입장에서 드러내는 것은 삼대三大이다. 이 이문과 삼대로 설명되는 일심의 대승세계에 귀입하는 실천론으로서 주어지는 것이 사신과 오행이다.

한편으로 「입의분」에 따르면 대승은 의장문義章門과 법장문法章門으로 다시 크게 나눌 수 있다. 이때 의장문은 진여의 체體와 상(功德相)과 용(作用)을 말하는 것으로, 부처의 자내증 경계가 된다. 그리고 동시에 그 자내증 경계가, 부처의 입장에서 보면 중생에게 어떻게 작용을 일으키는 것인가 하는, 곧 불행(佛行, 利他行)의 일어남에 대한 설명이기도 하다. 반대로 법장문은 그러한 부처의 세계와 부처의 작용을 중생은 어떠한 입장에서 보고 듣고 이해해서 믿음을 일으킬 것인가에 초점을 맞추고 있다. 부처의 세계와 부처의 작용이 현시顯示되었을 때, 중생은 어떻게 그 세계와 작용을 보고 듣고 이해해서, 부처의 세계와 작용을 좇을 것인가의 문제가 초점이 되어 있는 것이다.

결국 『기신론』 찬자에게 있어서 '대승'이라고 하는 것에 대한 믿음은, 부처의 세계와 부처의 작용을 어떻게 보고 듣고 이해할 것인가의 문제와 직결되어 있는 것이며, 보고 듣고 이해한다는 문제〔聞慧〕와 보고 듣고 이해할 때의 잘못을 대치對治하는 과정〔思慧〕을 거쳐서야 비로소 일어나게 되는 어떤 것인 셈이다. 이 역시 문혜로부터 사혜를 거쳐 신심을 완성해 간다는 의도가 담겨 있다.

그러한 의도는 「인연분」에서 좀 더 명확히 드러난다. 「인연분」에서는 다음과 같이 말한다.

> 묻는다. 수다라 가운데 이 법이 다 갖추어져 있는데, 어째서 또 설하는가?
>
> 답한다. 수다라 가운데에도 이러한 법이 있기는 하지만 중생의 근기와 행동이 같지 않으며 받아들여서 이해하는 인연도 다르다. 이른바, 여래께서 세상에 계실 때는 중생은 근기가 예리하고 설법하는 사람도 색色·심心의 업이 수승해서, 원음圓音으로 한 번 연설하여도 다른 종류의 중생들이 똑같이 이해하였으므로 논論을 필요로 하지 않았다. 그러나 여래가 돌아가신 후에는 어떤 중생은 능히 자력으로 널리 듣고서 이해하며, 어떤 중생은 자력으로 적게 듣고 많이 이해하며, 어떤 중생은 스스로 심력心力이 없어서 분량이 많은 논에 의지하여 이해하며, 어떤 중생은 분량이 많은 글을 번거롭게 여기고 마음으로 총지摠持의 분량이 적으면서 많은 뜻을 가진 것을 좋아하여 능히

이해한다.

이처럼 이 논은 여래의 광대하고 깊은 법의 한없는 뜻을 총괄하고자 하였다. 그러므로 이 논을 설해야 하는 것이다.[9]

이 내용을 살펴보면, 『기신론』 찬자의 관심은 온통, 부처님이 이미 설하신 바의 법이 수다라 중에 있지만 그것을 제대로 듣고 이해했느냐 하는 것에 두어져 있음을 알 수 있다. 곧 『기신론』의 찬자는 '문경聞經'을 문제시하고 있는 것이며, '문경'을 통해서 '믿음을 일으킨다〔起信〕'는 것에 나아감을 의도하고 있는 것으로 볼 수 있다. 다만 『대승기신론』은 깨달음의 세계, 곧 불자내증의 경계와 불자내증 경계에서 일어나는 이타행에 대해서는 극히 간명한 언급에 그친다. 이것은 『화엄경』이 불자내증의 경계와 불자내증 경계로부터 일어나는 불행(佛行, 利他行, 性起)에 초점을 두어 내용을 구상한 것과는 차이가 나는 부분이다. 그리고 이것은 '믿음을 일으킨다〔起信〕'는 것에 초점을 집중하고 있는 『기신론』의 구성으로서는 오히려 당연하다고 할 수 있을 것이다. 또 그러한 관점에서는 실천으로서의 오행(五行, 『기신론』에서는 육바라밀을 각각 施, 戒, 忍進, 止觀의 5문으로 시설한다. 따라서 止觀門은 선정과 반야를 합친 것이다) 역시 신심信心의 완성을 향해 나아가는 과정으로서 설명된다. 곧 『대승기신론』은 전체의 구조를 믿음의 대상으로서의 대승〔일심〕에 대한 설명과 믿음의 대상에로 나아가는 과정으로서 '믿음을 일으킨다〔起信〕'는 것의 양자를 축으로 구성되어 있다고 볼 수 있을 것이다.

4) 믿음은 마음의 청정을 증득하는 출발점인가

이상의 내용에 의거하여 믿음과 실천의 체계에 대한 대승불교의 입장을 간단히 정리하면 다음과 같다.

일반적으로 신행에서 행行이 아니라 신信에 초점을 둘 경우, 신행은 신앙信仰과 혼용된다. 신앙에 상당하는 범어로는 śraddhā, prasāda, adhimukti 등이 있고 신심信心, 정신正信, 정신淨信, 신해信解 등으로 번역된다. 이 용어들은 불, 법, 승의 삼보를 우러러 믿고 공경하는 대상으로 삼는다는 의미일 것이다.

또 신행은 수신행隨信行과 동일하게 간주되기도 하는데, 수법행隨法行과 대비되어 칭해진 경우이다. 둔한 근기로 다른 이를 따라 부처의 교법을 청해 듣고 신앙이 생기며 그 신앙으로 말미암아 수행하게 되는 것이 수신행이고〔문혜聞慧의 성취〕, 다른 이에 의지하지 않고 스스로 정법을 따라 수행하는 것이 수법행이다〔사혜思慧의 성취〕. 곧 예리한 근기의 사람은 견도의 지위로서 수법행이라 칭하고, 둔한 근기의 사람은 견도의 지위에서 수신행이라고 칭하는 것인데, 수법행과 수신행을 구분하는 이러한 시각은 부파에서의 시각이다.[10]

그런데 대승불교에서 사용되는 신행은 이 수신행, 수법행의 구분과는 거리가 있는 것으로 생각된다. 무엇보다도 신심의 만족滿足이 아뇩다라삼먁삼보리의 증득이라고 하는 것이 그렇다. 더군다나 앞에서도 언급했듯이 신행은 신수봉행信受奉行의 다른 표현이기도 하다. 신수信受하고 봉행奉行한다는 것에는 경전 첫머리의 '여시아문'과 맞물려, 믿음〔信〕의 성취가 실천행〔行〕으로 곧장 연결된다는 사고방식이 잠재되어 있다고 생각된다. 특히 실천을 전제로 하는 사유체계라는 특성상, 실천행에

짝지어 믿음의 대상과 그 대상에 대한 믿음을 이야기한다는 것은, 믿음〔信〕과 믿음의 완성이라는 틀 안에 대승에서 생각하는 불교적 사유체계를 이미 담지하고 있다는 말이 될 것이다.

이 같은 견지에서 본다면 믿음은 마음의 청정을 증득하는 출발점인 것일까,[11] 아니면 믿음이 마음의 청정을 증득한 도달점인 것일까? 마음의 청정을 증득한 데서 그친다면, 그것은 더 이상 부처의 문제는 아닌 것이 아닐까?[12]

3. 믿음의 대상과 믿음을 성취하는 양상

여기부터는 대승불교에서 말하는 믿음의 구체적 내용에 대해서 하나하나 살펴보기로 하겠다. 먼저 대승불교에서 말하는 믿음의 대상은 어떤 것일까?

1) 여래장계 경론이 말하는 믿음의 대상과 성취의 양상

『성유식론』에서는 믿음을 세 가지 양상으로 나누어 설명한다.

> 믿음〔信〕은 구별하면 대략 세 가지가 있다. 첫째는 실유實有함을 믿는 것이니, 이른바 제법의 실제의 현상과 이치에 대해서 깊이 믿어서 인정하기 때문이다. 둘째는 덕이 있음을 믿는 것이니, 말하자면 삼보의 진실하고 청정한 덕성에 대해서 깊이 믿어서 좋아하기 때문이다. 셋째는 공능이 있음을 믿는 것이니, 일체 세간과 출세간의 선善에 대해서 힘이 있어서 능히 얻고 능히 성취한다고 깊이 믿어서

희망을 일으키기 때문이다.[13]

여기에서는 믿음의 양상을 제법의 실제의 현상과 이치의 실유實有에 대한 믿음, 삼보의 진실하고 청정한 덕성에 대한 믿음, 일체 세간과 출세간의 선에 공능이 있음에 대한 믿음의 세 가지로 나누어서 설명한다. 믿음의 양상을 이렇게 세 가지로 나누어 보는 것은 부파에서 기원하는 것으로 유식사상을 거쳐 여래장사상에도 그대로 이어지고 있다. 그러나 그 믿음의 양상을 바라보는 태도는 유식사상과 여래장사상 사이에 확연한 차이가 존재한다.

우선 인용문에서 믿음을 말하는 순서를 보면, 현상과 이치에 대한 믿음, 곧 '이해하여 믿는다〔解信〕'고 하는 것을 제일 앞에 내세우는 것을 알 수 있다. 이것은 기본적으로 수행자의 종교라는 불교의 기본적 입장, 그리고 나아가 출가자를 향해서 설해진 가르침을 중심으로 하는 초기불교 이래의 사유양상이 그대로 계승되고 있는 형태라고 할 수 있다. 둘째의 삼보의 실유와 그 덕성을 깊이 믿어서 좋아한다는 것은 기본적으로 '일반적인 지성知性'의 입장에서라기보다는 불교적 지성의 입장이 강화되어 겸해진다는 점에서 신앙적 성격이 가미되는 믿음이라고 할 수 있다. 이른바 감성이 아닌 이성에 의한 믿음이 강조되는 양상을 볼 수 있는 것이다. 그것은 다음의 구문에서 좀 더 명확하게 드러난다.

인정한다〔忍〕는 것은 승해勝解를 말한다. 이것이 믿음〔信〕의 원인이다. 좋아하고 바란다〔樂欲〕는 것은 요구를 말하니, 바로 믿음〔信〕의 결과이다. 이 믿음을 확실하게 말한다면 자상自相은 무엇인가? 어찌

적시에 말하지 않겠는가? 심心을 청정하게 하는 것이 그 성품이다.[14]

곧 믿음이 수승한 이해를 원인으로 증득되는 것이며, 그 믿음을 증득한 결과는 좋아하고 바라는 것이다. 곧 '이해에서 믿음으로'라는 기본적 방향이 확연히 드러나는 것이며, 믿음을 둘러싼 고민의 초점이 행行의 문제로 귀결된다는 의식은 거의 드러나지 않는다. 곧 수행자의 입장에 초점이 있음으로서 오는 당연한 결과라고 할 것이다.

반면, 여래장계 경론에서는 다른 양상을 보인다. 『여래장경』에서는 다음과 같이 말한다.

선남자여, 일체 중생이 비록 모든 갈래의 번뇌신 가운데 있더라도, 여래장이 있어서 항상 염오됨이 없이 덕상을 갖추고 있음은 나와 같아서 다름이 없다. 또 선남자여, 비유하자면 천안을 가진 사람이 피지 않은 꽃을 관찰하는데 모든 꽃 속에 여래신如來身이 결가부좌하고 있어서, 시든 꽃을 없애면 다시 드러나게 할 수 있음을 보는 것과 같다. 이와 같이 선남자여, 부처는 중생의 여래장을 보고 나서 열어 펼쳐보이게 하고자 경법을 설하여 번뇌를 멸하고 불성을 드러나게 한다. 선남자여, 모든 부처의 법은 그러해서 부처가 세상에 나오든 나오지 않든, 일체 중생의 여래장은 상주하여 변함이 없다. 다만 중생들은 번뇌에 덮혀 있기 때문에, 여래께서 세상에 출현하여 널리 법을 설하여 번뇌를 제거하여 없애고 일체지를 청정하게 하는 것이다. 선남자여, 만약 어떤 보살이 이 법을 믿고 좋아하여 전심으로 익히고 배운다면 해탈을 얻고 등정각을 성취하여 널리 세간을 위하여 불사佛

事를 베풀어 행할 것이다.[15]

내용을 요약하면 다음과 같다. "일체 중생은 여래와 조금도 다름이 없음이 부처의 안목에 의해서 선언된다. 다만 중생은 번뇌에 덮혀 있기 때문에 그것을 알지 못한다. 부처는 그 번뇌를 제거하기 위해 세상에 출현한 것이다. 만약 보살이 그것을 '믿고 좋아하여' '익히고 배운다면' 해탈을 얻고 널리 세간을 위해 불사를 베풀 것이다"는 것이다. 기본적인 사고는 중생은 번뇌에 덮혀 있기 때문에 자신이 여래와 조금도 다르지 않음을 알 수 없다는 것이다. 때문에 중생이 여래와 같아지는 것은 '중생이 여래와 조금도 다르지 않다'는 부처의 안목에 의한 가르침을 '믿고 좋아하여' '익히고 배워야 한다'는 것이다. 여기에는 부처의 안목에 의해 선언된 가르침을 믿고 나서 익혀야 한다는 방향성이 주어져 있다. 곧 앞의 이해하고 믿는다는 방향과는 다른 형태의 의식이 내재되어 있는 것이다. 그리고 그 믿음에 기반하여 해탈·등정각이 성취되고, 해탈·등정각의 성취는 세간을 위한 불사佛事의 실천을 전제로 한다는 사고방식을 볼 수 있다.[16]

곧 믿음의 양상을 나누는 것에 있어서는 차이가 없지만, 그 믿음의 구체적인 대상에는 차이가 있다. 유식에서는 승해勝解가 믿음의 원인이 된다. 하지만 여래장에서는 부처는 중생과 여래가 다르지 않음을 알지만, 번뇌로 덮혀 있는 중생은 여래와 중생이 다르지 않음을 알 수 없다는 전제에서 믿음이 이야기된다. 그리고 그 믿음으로부터 해解로 나아가게 된다. 곧 신信하고서야 해解한다는 것이다.

여래장 사상은 깨달음의 근거를 '여래장'이라는 개념에서 찾는다.

여래장은 현실적으로 계박繫縛되어 있는 중생이 그 본질에 있어 여래와 동질적이라는 것이다. 결국 성불이 결과의 측면이라고 했을 때, 원인은 결과와 등질적等質的이라는 점에서 중생 가운데 부처의 덕성과 동등한 본질이 갖추어져 있어야 한다는 것이다. 여기에서 우리는 '중생은 곧 여래장'이라고 하는 선언의 논거가 여래의 측에 있음에 주목해야 한다. 다시 말하면 깨달음이 논리적으로 선행하며, 이것이 근거가 되어 여래장설이 가능하게 된다는 것이다. 말하자면 중생이 여래장이라는 선언은 여래로부터 발언되는 것이며, 중생을 깨달음으로 이끌기 위한 자비의 교설인 것이다.[17]

곧 중생은 자신의 승해에 의해서 확신으로 나아가는 것이 아니라, 부처의 선언에 대한 믿음으로부터 해解로 나아가는 것이다. 이것은 기본적으로 수행자의 입장에서 부처의 세계를 향해 나아감을 의도하는 가르침이 아니라, 부처의 입장에서 수행자를 어떻게 깨달음의 세계로 들어오게 하느냐의 문제이다. 곧 여기에서 초점이 되는 것은 자비의 발현이고, 궁극적으로는 그 자비를 발현하는 주체에 대한 믿음이 깨달음으로, 다시 그 깨달음이 자비의 불사佛事를 짓게 함을 목적으로 하는 것이다. '중생에서 부처로'가 아니라 '부처로부터 중생에게'라는 방향성의 전환은 이처럼 믿음을 말하는 방식에 있어서도 전혀 다른 차이를 배태하게 되는 것이다.

2) 『대승기신론』에서 믿음의 대상과 성취의 양상

여기에서는 먼저 『기신론』 「입의분」의 내용을 살펴본 후에 원효의 견해에 의탁하여 『기신론』에서 말하는 믿음의 대상과 성취의 양상에 대해서 언급하고자 한다. 먼저 「입의분」의 내용이다. 논의의 편의상 의역하였음을 밝혀둔다.

> 『기신론』의 주제가 대승의 가르침에 담긴 진실을 표방하고자 하는 것이라면, 그렇다면 이 대승을 바라보는 두 가지의 관점이 있다. 첫째는 법法, 곧 대승이라는 가르침에 의해 지시되는 진리 그 자체는 어떤 것인가를 묻는 관점이다. 둘째는 어떠한 의미내용〔義理〕을 내포함으로써 '대승'이라고 불리게 되는 것인가 하는 의義의 관점이다. 무엇을 마하연이라고 하느냐? 이른바 대승의 진리, 그것이 지시하는 그 자체로서의 법이란 것은 현실에 있는 중생의 마음, 그것에 다름 아니다. 일체의 세간법과 출세간법은 이 중생심에 포괄되어 있는 것이며, 이 마음에 의지하여서 대승의 의미내용이 드러나게 된다. 곧 이 마음의 작용을 의지하여서 대승의 의미내용을 알 수 있게 된다.
>
> 중생심은 어떤 뜻에 의해서 대승의 당체(진리 그 자체)를 얻게 되는 것인가? 이 마음의 진실한 모양이 마하연의 바탕〔體〕을 곧바로 드러내 보이기 때문이고, 이 마음의 생멸하고 인연하여 유전하는 모양이 마하연의 자체自體와 형상〔相〕과 작용〔用〕을 능히 보여주기 때문이다. 또 무엇이 마하연의 의미인가? 곧, 어떤 의미내용에 의해서 '마하연〔대승〕'이라고 불리게 되는 것인가? 세 가지의 의미내용을 말미암아서 대승이 대승일 수 있게 한다. 첫째는 중생심은 어떠한 존재이든—깨달음에 도달한 각자覺者의 입장에서든 아니면 미혹한 중생의 입장에서든—, 존재의 진실이라는 본연의 측면〔眞如〕에서 본다면, 깨달음

에 의해서 증가하는 것도 미혹하다는 것에 의해서 감소하는 것도 아니다. 곧 범부이든 성문이든 연각이든 보살이든 부처님이든 모든 존재에게 더 보태거나 뺄 것이 없으며, 과거에 생긴 것도 미래에 사라질 것도 아니다.〔體大〕 둘째는 끝내는 언제나 변함이 없는 것이기에, 그 성품이 스스로 모든 공덕을 가득 채우고 있는 것이다.〔相大〕 셋째는 따라서 그 가득 채우고 있는 공덕은 일체 세간과 출세간의 '좋은 인과〔善因果〕'를 내놓는다.〔用大〕

〔乘이란〕 일체의 모든 부처님이 본래 타고 나온 것이기 때문이며, 일체의 보살들이 모두 이 법을 타고서 여래의 지위에 이르기 때문이다.[18]

「입의분」은 『기신론』이 가지고 있는 문제의식을 단적으로 드러내는 부분이다. 달리 말한다면, 『기신론』이 믿음의 대상으로 삼고 있는 대승, 곧 마하연摩訶衍이 『기신론』에서는 어떻게 독자적인 형식과 내용으로 표현되는지를 제시한다. 곧 「입의분」은 마하연, 곧 대승이란 무엇인지를 해명하는 부분이며, 이 대승을 추궁해 가는 과정에 의해서 논 전체의 형식을 입론하는 부분이기도 하다.

마하연은 Mahāyāna의 음사어이다. 이것을 '(중생을) 크게 실어 나른다'는 의미를 가지고 있으며, 여기에서는 대승의 교설을 의미하는 말로 사용된다. 「입의분」의 입장에 의하면, 대승은 '법法'과 '의義'라고 하는 두 가지 관점에 의해서 설명된다. 그리고 법은 중생심衆生心으로 간주되고, 이 중생심에 의거하여 의義가 드러나게 된다. 이때 심진여와 심생멸의 두 가지 설명 양상에 의해서 체體·상相·용用의 삼대의를 논술하게 된다. 이것은 마하연, 곧 대승이라고 하는 것의 근본적인 의미를 어디에서 찾을 것인가 하는 『기신론』 독자의 의도를 엿볼 수 있는 구문이 된다. 곧 체體·상相·용用의 삼대의라고 하는 본래의 목적성 위에서 '대승'이라고 하는 것의 근본 의도를 탐구하는 것이 『기신론』의 의도인 것이다. 우리 삶의 진실한 모습은 어떤 것인가? 그 진실한 모습은 어떤 덕성을 갖추어야 하는 것인가? 그리고 그 갖춘 덕성은 어떠한 작용을 일으켜야만 하는 것인가? 이 세 가지 측면에서 대승의 본래상을 설명하려고 하는 것이다. 그리고 그것은 중생 쪽에서 설해진 것이 아니라 부처 쪽에서 설해진 것이 된다.

여기에서 마하연의 법法은 중생심이고, 그 중생심에 의하여 의義가 드러난다는 것은, 대승의 가르침 혹은 대승에서 말하는 법〔현상〕을 총칭하는 어떤 것으로서 '중생심'을 제시하고, 그 중생심이 대승답게 표현될 수 있게 하는 또는 그 중생심이 대승답게 의미내용을 가질 수 있게 되는 이유로서 체體·상相·용用의 삼대의가 제시되는 것이다.

중생심은 진여라고 하는 제법諸法의 본래적인 측면과 생멸인연이라고 하는 제법諸法의 현상적인 측면을 동시에 포괄한다. 때문에, 교설의 설명 양상이라고 하는 입장에서 보면 제법의 본래적인 측면〔空, 眞如〕을 설명하는 교설과, 우리 눈에 드러나 있어서 우리를 실체인 양 착각하여 끄달리게 하는 현상적인 측면을 설명하는 교설을 동시에 지칭하는 어떤 개념으로서 등장하고 있다.

여기에서 『기신론』이 그것을 굳이 '중생심'이라고 표현하는 의도에 대해서는 더 궁리할 필요가 있다. 여기에 불교라고 하는 것의 본연의 입장이 어디에 있는가 하는 의도가 내포되어 있기 때문이다. 외도의 가르침이라면, 위의 교설은 중생심으로부터 시작되어서는 안 된다.

'진여', 곧 일체 현상의 본래적인 측면으로부터 시작되어야 하는 것이다. 본래적인 어떤 것, 예를 들어 순수 본래의 무無나 절대적인 어떤 것으로서의 신神적인 것으로부터 비본래적인 어떤 것으로의 전개가 외도에서는 일반적이다. 그러나 불교의 가르침은 절대적인 본성과 같은 것으로부터, 혹은 절대적인 선언과 같은 형이상학적인 어떤 것으로부터 시작되지 않는다.『기신론』이 표현하는 바 '중생심'이라고 하는 것은 이 불교적 출발점을 강조하고 있는 표현이다. 다만 그것은 '중생의 마음'이라고 표현되지만, '중생의 마음'은 아니다. '중생의 마음'이라고 표현되었지만, 진여를 증득한 세계까지 아우르고 있는 '중생의 마음'이기 때문이다. 따라서 원효와 같은 주석가들은 '중생의 마음'이라고 불렀을 때 올 수 있는 오해를 우려하여 오히려 '일심'이라고 하는 용어를 내세운다. 곧 이때의 중생심이란 부처 쪽에서 중생에 맞추어 설한 가르침을 지칭한 것으로서의 의미를 지니게 된다. 그리고 중생심이 그렇게 읽혀져야 하는 이유를 제시하는 것이 마하연의 의미영역, 곧 체·상·용의 삼대가 되는 것이다.

이 경우 삼대는 부처세계의 진실한 체성과 모습과 작용이 부처의 쪽에서 바라보면 어떠한가를 드러내는 부분이다. 진여 본연의 측면에서 바라보기 때문에 그것은 중생에게 미지의 영역으로 남겨져 있는, 그래서 부처에 의해 선언된 세계 본래의 모습으로서 믿어야 할 대상으로 주어지게 된다.

원효는 이『기신론』의 제명을 해석하면서 '믿음을 일으킨다〔起信〕'는 것을 다음과 같이 설명한다.

'믿음을 일으킨다[起信]'는 것은, 이 논의 글에 의하여 중생의 믿음을 일으키기 때문에 '믿음을 일으킨다'고 하였다. 믿음[信]은 '결정코 그러하다고 여기는 말'이니, 이른바 이치가 실제로 있음을 믿고, 닦아서 얻을 수 있음을 믿고, 닦아서 얻을 때에 무궁한 덕이 있음을 믿는 것이다.

이 중에 '이치가 실제로 있음을 믿는다'는 것은 체대體大를 믿는 것이다. 일체의 법이 [그 실체를] 얻을 수 없음을 믿기 때문에 곧 평등법계가 실제로 있음을 믿는 것이다. '닦아서 얻을 수 있음을 믿는다'는 것은 상대相大를 믿는 것이다. 본성의 공덕을 갖추어서 중생을 훈습하기 때문에 곧 상相이 훈습하면 반드시 마음의 근원에 돌아가게 됨을 믿는다. '무궁한 공덕의 작용이 있음을 믿는다'는 것은 용대用大를 믿는 것이다. 하지 않는 바가 없기 때문이다.

어떤 사람이든 이 세 가지 믿음을 잘 일으킨다면 불법에 들어가서 모든 공덕을 내고, 모든 잘못된 경계[魔境]에서 벗어나 위없는 도道에 이를 것이다. 『경』의 게송에 "믿음은 도의 근원이며 공덕의 어머니이니/ 일체의 모든 선근을 증장시키며/ 일체의 모든 의혹을 제거하여 없애어/ 위없는 도를 열어보이도다/ 믿음은 능히 모든 마구니 경계에서 벗어나게 하여/ 위없는 해탈의 길을 드러내 보이고/ 일체 공덕의 썩지 않는 종자이며/ 위없는 보리수를 출생하게 하는구나"라고 한 것과 같다. 믿음은 이와 같이 한량없는 공덕이 있으며, 이 논에 의해 발심하게 되므로 '기신起信'이라고 말하는 것이다.[19]

원효의 설명에서 확연히 드러나는 것처럼, 『기신론』에서 믿음의 대상은 부처의 쪽에서 '부처의 세계와 작용은 그러하다'고 선언된 내용에 해당한다. 그것은 앞서 여래장계 경론의 경우에서처럼 중생은 번뇌에 덮혀 있기 때문에 알 수 없는 영역에 해당한다.

물론 이것만이라면 『기신론』과 앞의 여래장계 경론과는 전혀 차이가 없는 것이 되고 말 것이다. 『기신론』은 이러한 믿음의 대상에 대한 선언과 더불어, 다시 중생이 좇아 들어올 수 있는 길을 제시한다. 그것이 의장문을 중생에게 드러내는 방법〔설해진 가르침〕의 영역, 곧 법장문이 된다. 진여문과 생멸문의 이문二門 구조 내에서 『기신론』은 의장문의 영역에 다다를 수 있는 별도의 사다리를 제시한다. 이른바 해解의 길이 제시되는 것이다. 이 법장문에 의해 중생은 자신의 현실과 진여의 세계를 대비하게 되고, 그로부터 믿음의 길이 시작되는 것이다.

『기신론』은 믿음을 성취하는 양상에 대해 네 가지로 설명한다. 이미 드러낸 바 대승의 바른 뜻〔顯示正義〕에 따라서 이해하고, 발심하여 수행하게 된다. 그런데 수행을 하게 되면 이해는 끊어지게 되는데, 이해와 실천이 합일하기 때문이다. 이해와 실천이 합일한 양상을 '도의 양상〔道相〕'이라고 한다. 통상적으로는 이 양상을 신·해·행·증이라고 하는데, 논에서는 해와 행을 묶어서 해행으로 설명한다. 신성취발심과 해행발심과 증발심의 셋이 그것이다. 이 글의 주제인 믿음을 논하는 데 있어서 초점이 되는 것은 신성취발심이다. 부정취중생에 의해 십신의 자리에서 신심을 닦아 익혀서 신심이 성취되어 결정심決定心의 마음이 일어나면 십주의 자리에 들어가는 것을 신성취발심이라 한다. 논은 다음과 같이 말한다.

> 이른바 부정취중생에 의하여, 선근을 훈습하는 힘이 있기 때문에 업의 과보를 믿고서 십선을 일으키며, 생사의 고통을 싫어하고 위없는 보리를 구하고자 하여, 여러 부처를 만나서 직접 받들어서 공양하고 신심을 수행한다.[20]

부정취중생이란 신심을 처음 일으키는 주체를 말하고, 그 주체는 '근을 훈습하는 힘이 있기 때문에 업의 과보를 믿고서 십선을 일으키며, 생사의 고통을 싫어하고 위없는 보리를 구하고자' 한다. 이것은 여래장계 경론에서는 여래장의 공능으로 설명되는 것이다. 그리고 여기에서 직접적으로 믿음을 일으키는 실천론이 되는 것은 '여러 부처를 만나서 직접 받들어 공양하고 신심을 수행한다'는 것에 모아지게 된다. 이것은 다음에 설명하는 『화엄경』의 '견불見佛'과 '문경聞經'을 신심의 출발점으로 삼는 태도와 전적으로 동일한 것이다. 그리고 신심을 닦는 구체적인 방법에 대해서는 5행, 곧 6바라밀로 제시한다.

3) 『화엄경』에서 믿음의 대상과 성취의 양상

『화엄경』에서 믿음의 대상과 성취의 양상을 초점으로 삼는 부분은 두 번째 법회이다.

이 법회에서는 부처님이 보광명전에 가득 모인 보살들과 함께 계실 때, 문수사리보살이 부처님의 신통력을 받아 여래의 삼업 및 믿음의 단계에 대한 교법을 설한다. 모두 여섯 품이 이 법회에서 설해지게 되는데, 부처님의 신·구·의 삼업을 설하는 「여래명호품」, 「사제품」, 「광명각품」의 셋과 해解·행行·덕德을 설하는 「보살문명품」, 「정행품」,

「현수품」의 셋으로 구성된다. 이 중 앞의 셋이 믿음의 대상이 되고, 뒤의 셋은 믿음을 성취하는 양상과 믿음을 성취한 공덕을 주제로 한다.

믿음의 대상으로는 부처님의 신구의 삼업의 한량없음을 제시하는데, 이것은 앞의 첫 번째 법회와 연결된다. 첫 번째 법회는 마가다국 보리도량에서 부처님이 정각을 성취하는 장면으로부터 시작된다. 이때 보현보살이 비로자나여래장신삼매에 들어서 연화장세계의 의과依果와 대위광태자의 정인正因을 설하는 것이 내용이 된다. 곧 80권본을 기준으로 하였을 때 앞의 네 품은 비로자나불의 의과依果를 설하는 것이고, 마지막 한 품인 「비로자나품」은 그 정인正因을 설명하는 내용이 되는 것이다.

그런데 이 「비로자나품」(60권본의 「노사나품」, 여기에서는 대위광태자가 아니라 보장엄동자)의 내용상 특징을 기무라 키요타카는 두 가지 키워드로 정리하고 있다.[21] 첫 번째는 견불見佛과 문경聞經이고, 두 번째는 방편의 체득이다. 기무라 키요타카는 "동자의 실천이 '견불見佛', 곧 부처님을 보는 것과 '문경聞經', 곧 부처님의 가르침을 듣는 것 두 가지로 채워져 있다는 것이다. 부처님은 말하자면 이상의 인격자이기 때문에, 보다 일반적으로 말하자면, 좋은 사람과 만나면 그 사람의 가르침에 귀를 기울일 것－이것이 불교 실천의 전부로서 제시되어 있다."고 말한다. 이 언급을 따른다면, 이상적인 인격자로서의 부처님을 보고 그 부처님의 가르침에 귀를 기울이는 것에 불교 실천의 핵심이 있다고 「노사나품」은 주장하는 것이 된다. 다시 "두 번째는 수행 단계의 발전이 방편, 즉 진실의 세계로 이끌기 위한 수단의 체득을 축으로 파악된다. … 방편이란 진실세계로 이끄는 올바른 수단인 것이다. … 보장엄동자의 이야기는 이 방편(=수단)을 올바르게 수행하여 증득하는 것을 불도실천의 핵심으로 설정하면서, 그것을 수증修證하기 위한 도리와 의의를 명확히 설하는 것"이라고 말한다.

논자의 생각으로는, 이 보고 듣는다는 것은 믿음의 성취와 관련되어 있는 것이고, 방편을 증득해 간다는 것은 행의 성취와 관련되어 있는 것으로 보인다. 두 번째 법회는 앞 세 품은 이 보고 듣는다는 것과 관련되어 있고, 마지막 「현수품」의 해인정은 보고 들음에 의해서 성취된 믿음이 바탕이 되어서 방편을 증득한다는 것과 연계되어 있다고 생각된다.

그렇다면 앞의 세 품, 곧 「여래명호품」, 「사성제품」, 「광명각품」은 부처를 보고 듣는다는 것에 해당하는, 다시 말하면 부처를 어떻게 보아야 할 것이며, 부처의 가르침을 어떻게 들어야 할 것인가의 문제와 관련하여 설정된 장이라는 것을 알 수 있다. 특히 보고 듣는다는 것과 직접 관련된 「명호품」과 「사성제품」은 부처님의 명호의 한량없음과 부처님의 가르침인 사성제 각각에 해당하는 명칭의 한량없음을 표현하고 있다. 부처님의 명호가 한량이 없다는 것은 사바세계의 중생들이 저마다 제각각의 입장에서 여래를 알고 보게 하시기 때문이라고 설한다.[22] 이것은 가르침을 대표하는 사성제에 있어서도 마찬가지이다.

그리고 그렇게 부처님을 보고 부처님의 가르침을 듣고, 그것을 통해서 부처님의 한량없는 깨달음의 세계를 느꼈을 때, 중생은 '그렇다면 어떻게 해서'라는 의심을 내게 된다. 그 의심을 집약하여 보여주는 것이 바로 「보살문명품」이다. 이 품의 의심이 해소되어 가면서 보살은 그 행업을 닦게 되는데 그것이 바로 「정행품」이다. 부처님을 보고 듣고 느꼈을 때〔앞의 세 품〕, 의심이 일어나고 그 의심을 해소하는 과정에서〔보살문명품〕 삼업을 청정하게 닦게 되면서〔정행품〕, 그 결과로 신심을 원하게 성취하게 된다〔현수품〕.

여기에서 믿음의 출발점이 부처님을 보고 부처님의 가르침을 듣는 것〔見佛과 聞經〕이라면, 믿음을 증장시키는 것은 의심하고 의심을 해소하는 과정〔解〕에 있으며, 그 믿음의 성취는 가지가지 방편삼매로 이어지게 되는 것이다. 여기에서 주의해야 할 것은 믿음과 이해가 함께한다는 것이다. 물론 믿음이 앞서고 이해가 뒤따르는 형태의 교설이긴 하지만, 동아시아의 불교가들은 이것을 일반적으로 양자가 겸행되는 것으로 파악하는 것이 일반적이다. 일례로 "믿음은 있으나 올바른 이해가 없으면 무명無明만 증장增長하고, 이해는 있으나 참다운 믿음이 없으면 삿된 견해만 증장한다. 그러므로 알라. 믿음과 이해가 서로 겸해야만 도道에 들어감을 빨리 얻는다."[23]고 『진심직설』은 강조하고 있다.

4. 어떻게 믿음을 실천하는가 — 가피와 공감, 소통과 확산[24]

여기에서는 증득된 믿음에 기반한 실천은 어떻게 이루어지는가에 대해서 『화엄경』의 경우를 중심으로 간략히 살펴보기로 하자.

①이때 법혜法慧보살께서 부처님의 위신력을 받들어 보살의 무량방편삼매無量方便三昧에 들어가시었다.
②삼매의 힘을 말미암아 시방의 각각 일천 부처님 세계의 티끌과 같은 수만큼 많은 세계 밖에 일천 부처님 세계의 티끌과 같은 수만큼의 부처님이 계시는데, 모두 이름이 법혜부처님이었다. 그 법혜法慧부처님들께서 법혜보살 앞에 두루 나타나셔서 말씀하셨다.

③"훌륭하구나, 훌륭하구나. 선남자여! 그대가 능히 이 보살의 무량방편삼매에 들었구나. 선남자여, 시방의 각각 일천 부처님 세계의 티끌과 같은 수의 모든 부처님께서 모두가 위신력으로 그대에게 가피하시니, 이것은 비로자나 여래의 본원력本願力과 위신력威神力과 그대가 닦은 선근의 힘 때문에 이 삼매에 들어가서 그대로 하여금 설법하게 하시는 것이로다."[25]

『화엄경』에서 이루어지는 모든 법회, 특히 보살도에 해당하는 법회는 지금 인용한 「십주품十住品」의 초입과 동일한 양상으로 표현된다. 곧 보살이 부처님의 위신력을 받들어 삼매에 들어가고, 그 삼매의 힘을 원인으로 해서 삼매에 들어간 보살과 같은 이름을 가진 부처들이 일체 세계로부터 출현해 온 후에, 삼매에 들어간 보살에게 신·구·의의 세 가지 양상의 가피를 행한다. 보살은 그 후에 출정出定하여 설법하게 된다는 순서이다. 논자가 생각할 때 이러한 양상은 보살의 실천이 자신만이 아니라 사회적으로 어떻게 실천되어 가는가의 문제를 고민한 결과로부터 구상된 것이라 생각한다. 곧 대승불교 전체가 마찬가지이겠지만, 『화엄경』은 보살의 실천이 철저하게 사회성을 염두에 둔 것, 다시 말하면 철저하게 이타의 입장에 서 있다는 전제로부터의 자연스러운 구상의 결과가 법회 초입에 보이는 삼매에 들어감과 가피하심의 양상이라 생각한다. 이것을 염두에 두면서 인용문을 살펴보기로 하자.

①은 이 품을 설하는 주인공인 법혜法慧보살이 들어가는 삼매이다. 그 삼매의 이름은 '한량없는 방편의 삼매'라는 이름을 가지고 있다. 무엇이 한량없는가. 보살이 중생을 이끌어 부처님 세계로 인도하는

방편이 가지가지라서 한량없다는 것이다. 방편의 종류가 한량이 없다는 것은, 구제의 대상으로 삼는 중생의 종류가 한량없다는 것이며, 다시 그 각각의 중생을 구제하는 방편의 종류도 한량없다는 것이다. 그러한 한량없는 숫자의 중생을 구제하는 방편의 삼매에 들어갔다는 것이 첫 번째 장면의 요지가 된다.

②는 그러한 삼매에 들어갔을 때, 그 삼매에 들어갔기 때문에 일어나는 작용의 힘에 대해 설명한 것이다. 이 장면은 보살의 '한량없는 방편의 삼매'의 인연을 따라서 한량없는 숫자의 '법혜'불이 '법혜'보살 앞에 출현하신다는 데 초점이 있다. 그리고 이때 무량방편삼매에 들어간 보살의 이름(명호)과 그 보살 앞에 출현하시는 한량없는 부처의 이름은 동일한 '법혜'이다. 여기에서 '이름이 같다'는 것은 대단히 중요한 의미를 가진다. 같은 서원을 가지고 있고, 같은 종류의 보살행을 실천하는 이들이라는 의미를 내포하고 있기 때문이다.

③은 그렇게 동일한 '법혜'라는 이름을 가진 한량없는 부처가 '법혜'보살 앞에 나타나서 가피하시는데, 그 이유는 비로자나불이 '본래 세운 서원의 힘'과 '위신력'과 법혜보살이 닦은 선근善根의 힘 때문이라고 설명한다. 비로자나불이란 법신의 부처 그 자체이다. 법신의 부처란, 가르침 그 자체의 본질이며, 일체 중생이 도달해야 할 지향점이자 일체 중생이 세상을 살아가는 근본바탕으로서의 부처님이라는 의미이다. '왜 사는가'가 아니라 '마땅히 그렇게 살아야 한다'는 당위이자, 바탕이며, 도달해야 할 삶의 목표점으로서 주어지는 것이 비로자나 법신의 부처이기도 하다는 것이다.

단 그러한 삶은 개인으로서보다는 개인과 개인을 둘러싼 사회가 함께 성취해야만 도달 가능하다는 것이 바로 화엄의 가르침이다. 그래서 '법혜'라는 보살이 '한량없는 방편의 삼매'에 들어갔는데, 그 삼매를 원인으로 해서 '법혜'라는 한량없는 부처가 등장하여 가피를 하는 것이다. 이때 삼매는 개인과 그 개인이 속한 다양한 공동체 구성원과의 공명과 공감을 의미한다. 달리 말하면, 우리가 어떤 하나의 원력을 성취하기 위해서 노력하면, 그 원력에 공감하는 일체의 부처가 나서서 '가피', 곧 힘을 더해 주어서 성취를 돕는다는 것이다.

단 그 공감과 소통이 이루어지려면, 주체의 '선근력善根力'이 필요하다. 나만의 행복이 아니라 일체의 행복을 추구하는 힘, 그것이 바로 선근력이다. 그리고 그 '선근의 힘'을 개인이 발휘할 때, 개인과 사회는 소통하고 공감하는데, 그 소통과 공감의 경지를 바로 '삼매三昧'라고 하는 것이다. 그리고 소통과 공감에 의해서 개인과 사회가 개인과 개인이 하나의 좋은 목표를 이루어나가도록 힘이 더해지는 것을 바로 '가피'라고 하는 것이다.

또한 이 같은 삼매와 가피의 성취는 비로자나법신불의 본원력에 의해 성취된 세계상을 바탕으로 한다. 그 세계상이란 다름아닌 하나가 일체가 되고 일체가 하나가 되는 공감과 소통의 세계이며, 그러한 공감과 소통은 일체를 구성하는 하나하나가 온전한 가치로서 인정되고 온전한 가치를 발휘하는 '평등무차별平等無差別'의 관점에 의한 동체대비력이 실현될 때만이 성취되는 것이다. 그리고 그것이 바로 지정각세간 부처의 자내증 세계이기도 하다.

그러나 중생은 그러하지 못한데, 중생의 삶을 형성하는 출발점이 나와 남의 구별(차별), 나와 나 아닌 것 사이의 구별(차별)에 있기 때문이다. 이 차별이라는 기본적 관점에서 중생세간이 경험되는 것이기에, 중생 간의 소통은 이기적인 소통을 지향하게 되고, 공감을 이끌어내지 못하게 되는 것이다. 이는 중생의 출발점이 '선근력'에 있는 것이 아니라 '이기심'에 있기 때문이기도 하다. 해서 화엄은 끊임없이 중생에게 일체의 무차별성과 그에 바탕한 동체同體의 관점을 체득하도록 요구하고 설득한다.

그리고 이 중생에게 요구되는 무차별성과 그에 바탕한 동체 관점의 획득이 바로 신심의 완성이기도 하다.

5. 다시 믿음〔信〕에 대하여

지금까지 우리는 믿음을 둘러싼 몇 가지 문제들을 『대승기신론』과 『화엄경』이라는 두 텍스트에 의지하여 논의해왔다. 사실 『대승기신론』과 『화엄경』에는 믿음에 대해 이 글에서 제시된 것들보다 훨씬 다양한 논의들이 존재한다. 여기에서는 그것을 최대한 좁히는 한편 논자의 좁은 시야 안에서 재구성하였기 때문에 많은 부분 논란의 여지가 있을 수 있다.

사실 논자는 일면으로 대승불교란, 부파불교의 전개과정에서 초기불교와 비교했을 때 무언가 결여되었다고 생각되었던 어떤 것들에 대하여 대승의 구상자들—물론 그들 스스로에게 대승이라는 자의식이 있었다고 말할 수는 없겠지만—이 의미를 재부여하고, 그것을 중심으로 불교를 재구성하는 과정에서 촉발된 것으로 볼 수 있다고 생각한다. 그 하나의 측면이 초기불교에서 부처님이 차지하는 역할의 문제이다. 거칠게 말해서, 부파불교를 통해서 전승된 전통은 부처님을 '지혜의 완성자'라는 측면에 지나치게 큰 비중을 두었던 것은 아닐까? 반면에 '인격의 완성자'로서의 부처님에 대한 시각은 지나치게 축소되었던 것은 아닐까? 동일한 시각의 연장선에서, 그렇다면 부처님의 가르침을 믿고 따른다는 것은 오로지 지성의 뛰어난 이해와 실천으로만 가능한 것일까? 아니면 또 다른 길의 가능성도 고민해야 하는 것일까?

여기에서 떠오른 생각이 출가 수행자인 제자들을 대상으로 한 가르침의 한계이다. 물론 그 길이 최상의 길일 수 있음을 부정할 생각은 없다. 다만 수없이 많은 부처님의 출현이라는 결과를 가져온 대승경전들이 이전의 불전들과 달리 그 가르침의 대상을 확대하고 있다는 점은 고민되어야 할 것이다. 출가수행자만이 아니라 재가의 수행자가 포함되었고, 재가자가 아니라 선남자·선여인이 또한 청법대중이자 문법대중으로 포함되었다. 이것을 염두에 두고서 믿음이라는 주제를 다시 생각해보면, 부처님의 가르침을 믿고 따른다는 그 양상에도 필연적으로 변화가 수반될 수밖에 없지 않았을까 하는 생각으로 이어진다.

논자가 보기에 적어도 믿음의 출발점이라는 측면에 한정하여 말한다면, 부처님의 가르침을 믿고 따르는 방식에는 '이해하고 믿는다'는 방식〔이성적 방식〕과 '믿고 이해한다'는 방식〔감성적 방식〕의 양자가 가능하다고 생각된다. 물론 어느 쪽이나 믿음〔信〕과 이해〔解〕가 쌍운雙運해야 한다는 점에는 차이가 없을 것이다. 어느 쪽이 촉발의 기점이었을까 하는 차이 정도로 간단히 치부해버릴 수도 있지만, 여기에는 중요한 차이가 있다고 생각된다. 사실 이해하고 믿는다는 방식은 불교적 사유전통으로 본다면 필연적이라고도 할 수 있다. 이해한다는 것은 의심이

해소된다는 것이고, 의심이 해소된다는 것은 믿음이 성취된다는 말이기 때문이다.

지금까지 논의해온 바를 돌이켜본다면, 두 텍스트를 비롯하여 많은 대승경전들은 이 필연적인 양상에서 살짝 벗어나 있다. 믿고 이해한다는 방식을 채용했기 때문이다. 물론 이 경우에도 믿음의 최종적인 성취는 이해의 완성, 곧 의심의 해소를 전제로 한다는 것은 의심의 여지가 없다. 다만 여기에서의 믿음은 앞의 믿음과 그 의미내용에 차이를 가지고 있는 것으로 보인다.

"믿음은 출발지인가? 목적지인가?"

사실 이 질문은 조금은 답이 보이는 그런 질문이다. 출발지라고 한다면 목적지일 수밖에 없기 때문이다. 그런 의미에서 출발지인가 목적지인가라는 질문은 의미가 없을 수도 있다. 하지만 조금만 자세히 생각해보면 이 질문이 바로 대승불교에서의 '믿음'이 가지는 의미에 대한 가장 명료한 답변일 수도 있다. 이른바 신해행증의 체계를 제시했을 때, 그것은 신信은 증證과 다르지 않은 것이어야 한다는 의미를 이미 예상하고 내포하기 때문이다.

통상적으로 생각하는 것은 누차 반복해서 말한 것처럼, 이해하고 믿는다는 것이다. 이것은 수행자가 부처님의 가르침을 이해하고 좇는다는 의미에서 수행의 시작이다. 사성제에서 현실을 직시하고, 그 현실의 원인을 고찰하는 데서 불도가 시작되는 것과 같은 이치이다.

그러나 이 글에서 주 소재로 삼은 두 텍스트를 비롯하여 많은 대승경전들은 거기에서 시작하지 않는다. 그것은 역으로 멸제滅諦에서 시작된다.

"내가 도달하고 있는 세계는 이와 같은 세계이다. 이와 같은 세계는 이와 같은 길을 좇아서 늘 도달할 수 있다"는 선언이 주어지고, 그 선언으로부터 현실을 되돌아보게 한다는 구조이기 때문이다. 때문에 여래장계 경론이나 많은 대승경론들에 있어서 믿음은 출발지이자 목적지를 의미하게 되는 것이다.

또한 이와 같은 구조는 출발지라고 하는 측면에서 보면 목적지가 되지만, 목적지라는 측면에서 보면 그 목적지는 비로소 출발지로서의 위상을 가지게 된다. 믿음을 완성한 자리, 거기에서 비로소 완성된 믿음에 의한 행行이 시작되기 때문이다. 사실 목적지, 곧 믿음이 완성되기 이전의 삶 역시 불교적 삶이라 아니할 수는 없겠지만, 적어도 여래장계 경론이나 두 텍스트에서 말하는 불교적 삶이라는 믿음이 완성된 그 자리에서야 비로소 시작되는 것이다. 따라서 믿음은 목적지이지만 사실은 출발지이다.

믿음이 〔지혜의 완성으로서는〕 목적지이지만 다시 출발지여야 한다는 것의 의미는, 대승이 그 도달점을 지혜의 완성에 두지 않았음을 의미한다. 다시 말하면 대승은 지혜의 완성이 아니라 완성된 지혜로부터 반드시 성취될 수밖에 없는 행에 더 큰 의미를 두었던 것이라고 생각된다. 물론 지혜의 완성—그 완성은 고정된 것으로서의 완성은 아니다〔無住〕—이후의 행行이란 것은 찰나찰나에 끊임없이 도달하는 어떤 지점일 것이고, 동시에 그 도달한 지점이란 것은 본래의 떠난 자리일 뿐일 것이다. 의상 스님의 표현을 빌리자면, "가도 가도 떠난 그 자리요, 이르러도 이르러도 출발한 그 자리〔行行本處至至發處〕"인 것이다. 하지만 도달한 자리가 본래 떠난 그 자리일 때라야, 중생은 비로소 부처로서 살아가는 셈이다. 대승불교는 중생이 부처되는 것을 목표로 하는 불교가 아니라, 중생으로 살지 않고 부처로 사는 것을 목표로 하는 불교이기 때문에, 대승에서 믿음은, 그리고 믿음의 완성은 목적지이지만 출발지여야 하는 것이다. 그리고 거기에 대승이 이전의 불교와 비교했을 때 가지는 차별성이 있다고 해야 할 것이다.

신심信心과 깨달음

– 사람이 부처다 –

월암(한산사 용성선원 선원장)

1. 서론

『화엄』에서는 불교 신행의 체계를 "신해행증信解行證"으로 설하고 있다. 즉 믿음과 올바른 견해(지혜), 그리고 실천 수행과 깨달음으로 신행체계를 세우고 있는 것이다. 이것은 불교 신앙의 체계는 믿음의 바탕 위에서 이루어지고 있음을 강조하고 있는 것이다. 그러므로 믿음은 모든 실천 수증修證의 토대가 되는 것이다. 따라서 『화엄경』은 십신만심十信滿心이 초발심주初發心住가 되며, 초발심주와 구경각究竟覺이 서로 원인과 결과를 이룰 뿐 아니라 본각本覺을 떠나 있지 않으므로 처음 마음을 낼 때가 곧 바른 깨달음을 이룰 때(初發心時便正覺)라고 설하는 것이다.

선불교의 가르침 또한 대승불교의 신행체계를 벗어날 수는 없다. 보조는 믿음이 선수행의 출발이 되고 있음을 이렇게 말하고 있다. "천리를 가려면 첫걸음이 빨라야 하나니, 첫걸음이 어긋나면 천 리가 다 어긋남을 알아야 한다. 무위無爲의 나라에 들어가려면 첫 믿음이 올바라야 하나니, 첫 믿음을 잃으면 온갖 선이 다 무너진다. 그러므로 조사가 '털끝만큼 어긋나면 하늘과 땅처럼 멀어진다'고 한 것이 바로 이 이치이다." 이것은 선불교 역시 올바른 믿음(正信)이 전제될 때만이 수행과 깨달음이 이루어질 수 있음을 강조하는 말이다. 그러나 대체적으로 선불교에서는 드러내놓고 믿음을 강조하지는 않는다. 다만 수행과 깨달음을 강조할 뿐이다. 선불교에서 특별히 수증(修證: 수행과 깨달음)을 강조하는 것은 선종이 초기불교, 부파불교, 대승불교 등 인도불교의 성과와 중국의 여러 종파불교의 교학적 성과를 견성성불見性成佛, 요익중생饒益衆生이라는 강력한 실천으로 회통하고자 하는 종지종풍宗旨宗風을 가지고 탄생한 데서 그 역사적 원인을 찾을 수 있다.

선종은 일찍이 교외별전教外別傳, 불립문자不立文字, 직지인심直指人心, 견성성불見性成佛로 그 종지를 표방하였다. 종지에 입각해서 보면 일체의 교학적 입장을 교외별전, 불립문자를 통해서 부정하는 것처럼 이해할 수도 있지만 그러나 역대 선사들이 주장하는 자교오종藉教悟宗, 선교일치禪教一致, 의교오선依教悟禪, 사교입선捨教入禪[1] 등의 다양한 선어禪語에서 알 수 있듯이, 선과 교의 관계를 주선종교主禪從教적 선교겸수禪教兼修[2]라고 정의할 수 있다. 이러한 종지의 입장에서 보면 믿음의 논리가 생략되거나 혹은 직지견성直指見性이라는 실천적 언어로 승화되고 있다고 이해해야 할 것이다.

예를 들어 『기신론』에서는 네 가지의 믿음을 설하고 있는데, "첫째 근본(진여)을 믿음이며, 둘째 부처님의 무량공덕을 믿음이며, 셋째 법에 큰 이익이 있음을 믿음이며, 넷째 승가는 수행하여 자타를 이롭게 함을 믿음이다. 즉 믿음(신심)이란 존재의 실상인 진여眞如와 불·법·승 삼보에 대한 믿음이라고 말하고 있다.

이에 대해 법안종의 연수는 근본인 진여를 마음으로 귀결시켜서, "스스로의 마음을 깨달음이 부처요, 마음의 원리대로 유지함이 법이며, 마음의 성품이 화합하여 둘이 아니므로 승가라 한다."라고 정의하고 있다. 즉 마음이 부처임을 믿고, 마음이 공적하되 항상 작용함을 믿고, 마음이 다툼이 없어 깨끗함을 믿는 것이 신심이라고 주장하여, 진여와 불법승 삼보에 대한 믿음을 오직 마음에 대한 믿음으로 회통시키고 있음을 볼 수 있다.

그러므로 선에서는 마음이 부처임을 믿는 것을 신심이라 하였다. 그래서 선문의 조사들은 한결같이 "마음이 부처(卽心是佛)"라고 말하고, 또한 "사람이 부처(卽人是佛)"라고 주장하고 있는 것이다. 마음 밖에 부처가 없고(心外無佛), 부처 밖에 마음이 없다(佛外無心)라고 설하고 있다. 『화엄경』 또한 "부처와 마음과 중생, 이 셋이 차별이 없다."라고 말하고 있다. 마음을 깨달으면 부처요, 마음을 미혹하면 중생인 것이다.

이와 같이 선종은 마음에 대한 수행과 깨달음을 강조하고 있다. 따라서 상대적으로 믿음(신앙)의 문제는 그리 중요하게 언급하지 않고 있다고 할 수 있다. 그러나 굳이 선종에서 믿음을 말한다면 인식론이나 실천론에 걸쳐 믿음이 수행 및 깨달음과 결코 괴리될 수 없는 문제이기 때문에 그나마 심성론과 수증론의 입장에서 다루어질 수밖에 없다고 하겠다. 바꾸어 말하면 선종에서의 믿음은 깨달음과 둘이 아닌(信悟不二) 입장을 취하고 있다고 할 수 있다.

선종의 모든 수행은 "마음이 부처(卽心是佛)"이며, "견성이 성불이다(見性成佛)"는 사실을 확신함으로부터 그 토대가 이루어지고 있는 것이다. 즉 마음이 부처이며, 깨달음이 부처라고 하는 말의 이면에는 이미 신심과 깨달음이 하나로 융회되어지고 있는 것이다. 그래서 본고에서는 선종에서 주장하고 있는 마음이 부처(사람이 부처)이며, 견성이 성불이라는 믿음에 내포되어진 구체적 내용에 대해 심성론心性論과 수증론修證論의 입장에서 천착해 보고자 한다. 아울러 간화선 수행에 있어서의 믿음과 모든 선수행에 전제되어지고 있는 선지식(스승)에 대한 믿음에 대해 차례로 논구해 보기로 하겠다.

2. 심성론心性論적 믿음

1) 자성청정自性清淨－여래장如來藏으로서의 중도불성中道佛性

달마는『이입사행론』에서 대승의 안심법문安心法門에 들어가는 두 가지 방편으로 이입理入과 행입行入을 설하고 있다. 그 첫 번째 입도入道방편인 이입의 내용을 아래와 같이 설하고 있다.

> 이입理入이란 부처님의 가르침(敎)에 의거해 불교의 근본종지(宗)를 깨닫는 것이다(藉教悟宗). 모든 중생은 성인(부처님)과 동일한 참성품(眞性)을 지니고 있으나, 다만 객진망상에 뒤덮여 있어 그 참성품을 드러내지 못하고 있음을 깊이 믿는 것이다. 만약 망념을 제거하여 참성품에 돌아가기(捨妄歸眞) 위해서는 마음을 집중하여 벽관壁觀을 행해야 한다.[3]

여기서 주목되는 것은 모든 중생이 부처님과 똑같은 참성품을 가지고 있음을 믿으라는 사실이다. 이른바 참성품이란 일체 중생이 모두 불성을 가지고 있다는 『열반』의 불성과 일체 중생의 심성 가운데 청정한 자성(깨달음의 佛果)이 감추어져 있다는 『여래장』의 자성청정심을 가리킨다. 즉 여기서의 믿음은 중생은 본래부터 청정한 성품을 가지고 있지만, 다만 객진망상에 가려서 그 참성품이 드러나지 못하고 있다는 사실을 깊이 믿으라는 것이다. 다시 말하면, '중생이나 성인이나 그 본성 자체에 있어서는 서로 다르지 않는 성품을 가지고 있다. 다만 중생과 성인의 마음이 본질적으로 다르지 않다는 것에 대한 미혹과 깨달음은 있으나, 그 둘 사이에는 털끝만큼의 차이도 없다'는 것을 분명하게 믿는 것이다. 이것이 바로 선종의 심성론적 믿음으로서 중생과 부처가 동일하게 참성품으로서 자성이 청정하다(自性淸淨)고 주장하는 것이다. 이와 같이 중생이 부처와 동일한 청정한 성품을 가지고 있다는 것은 불교의 심성론心性論의 입장에서 보면 심성본정설心性本淨說에 입각해 있다고 할 수 있다.

일찍이 부파불교에서는 심성론의 입장에서 심성본정心性本淨설과 심성부정心性不淨설이 동시에 제기된 바가 있다. 그 가운데 심성본정설은 대중부를 중심으로 제기하고 있는데, "변하지 않는 마음의 바탕(心體)은 본래 청정淸淨하다." 라고 주장하고 있다. 다시 말하면, 무명 번뇌가 비록 중생의 심성心性을 덮고 있지만, 이것은 어디까지나 나중에 일어난 객진번뇌客塵煩惱로서 심성을 물들게 하고 있을 뿐, 마음의 바탕은 번뇌에 오염될 수 없으며 근본적으로 번뇌와 합해질 수 없다는 것이다.

심성은 청정하나 객진에 오염되었다. 범부는 이러한 사실을 듣지 못해서 여실지견如實知見을 가질 수 없기 때문에 수행하는 마음을 내지 않는다. 그러나 성인은 이것을 잘 알아 여실지견을 가지므로 또한 수행하는 마음을 낸다.[4]

부파불교의 대중부 등에서는 원시불교의 『증지부增支部』 경전에 의거하여 "심성본정心性本淨, 객진소염客塵所染"의 법문을 주장하고 있다. 즉 중생의 심성은 본래 청정한 것이지만 무시이래로 객진 번뇌에 의해 오염되었다는 것이다. 그러므로 수행자는 점차로 번뇌를 소멸하여 본래의 청정심과 상응하여 심성본정의 상태를 회복해야 한다는 것이다.

설사 번뇌를 아직 완전히 끊기 전인 중생의 입장에서 청정한 본성이 오염되어 나타난다 하더라도, 해탈 전의 오염심汚染心이나 해탈 후의 청정심淸淨心을 막론하고 그 마음의 바탕(心體)인 청정본성에는 변함이 없다는 것이다. 이러한 주장이 심성본정설의 핵심 내용이다.

이에 반해 상좌부 계통의 설일체유부說一切有部에서는 분명하게 심성본정설에 반대하는 한편 나아가 심성부정설心性不淨說을 제기하고 있다.

혹자는 심성이 본래 청정하다고 집착을 한다. 예를 들어 분별론자들은 마음의 본성이 본래 청정하나 객진 번뇌에 오염되었기 때문에 청정하지 않다고 하고, 그러한 집착을 여의게 하기 위해 심성이 본래 청정하지 않음을 나타내 보인다.[5]

유부에서는 대중부 등에서 설한 "심성본정, 객진소염"설을 분별론자들의 도리에 맞지 않는 설법이라고 보기 때문에 불설佛說이 아니라고 주장하고 있다. 또한 이러한 설법이 참다운 설이 아니라고 말할 수 없다 하더라도 최소한 요의설了義說이 아닌 비요의설非了義說이라고 항변하고 있는 것이다.

그렇기 때문에 "심성이 본래 청정하지 않다"는 심성부정설이 부처님의 정설이라고 말하고 있다. 유부有部의 주장에 의하면, 청정심과 오염심은 서로 다른 두 종류의 마음이다. 오염심은 중생이 본래 가지고 있는 마음이며, 청정심은 수행 후에 얻는 부처의 마음으로 단지 오염심을 멸하고 난 후에야 청정심을 얻을 수 있다고 말한다.

유부는 또한 주장하기를, 분별론자들의 "심성본정 객진소염"설은 실제적으로 말해서 "탐심을 떠나지 않고 해탈을 얻는다(不離貪心, 而得解脫)"는 주장으로 이것 또한 올바른 도리에 어긋난다는 것이다. 그러므로 중생의 마음은 탐진치 삼독으로 오염된 마음이며, 이른바 해탈이라고 하는 것은 불법의 가르침으로 삼독심을 대치하여 점차로 오염심을 제거한 후에 청정심을 얻음으로써 가능하다고 믿고 있다.

부파불교의 심정본정설과 심성부정설은 뒷날 대승불교에서 불성본유佛性本有설과 불성시유佛性始有설로 발전하게 된다. 이른바 불성본유란 일체 중생이 본래 불성을 갖추고 있기 때문에 조작적인 수행을 더하지 않고 구경에 성불할 수 있다고 주장하는 것이다. 그리고 불성시유란 두 종류의 함의가 있는데, 그 하나는 일체 중생은 본래 오염되어 부정不淨하기 때문에 반드시 수행을 통해야 비로소 불성을 얻는다고 주장하는 것이고, 다른 하나는 중생이 본래는 불성을 갖추고 있었으나(本有) 지금 현재는 번뇌망념에 가려서 없으므로(今無) 또한 수행을 통해야만 불성을 드러낼 수 있다고 주장하는 것이다.

불성본유설과 불성시유설은 수증의 입장에서 돈점수증론頓漸修證論으로 발전하게 된다. 즉 불성본유설은 수행(修)과 깨달음(證)의 "인중유과(因中有果: 원인 가운데 결과가 있음)" 혹은 "인과불이(因果不二: 원인과 결과가 하나임)"의 입장에 있기 때문에 돈오頓悟적인 색채가 강하게 나타나고, 불성시유설은 "인과점차(因果漸次: 원인과 결과 사이에 차제가 있음)" 혹은 "수인증과(修因證果: 원인을 닦아 결과를 증득함)"의 입장이어서 점수漸修적 색채가 농후하게 나타나고 있는 것이다.

뒷날 달마선종이 남북종으로 분파될 때 그 사상과 실천의 방법론에서 남종은 돈오를 강조하고 있으며, 이에 반해 북종은 점수를 강조하게 된다. 남북종의 돈점수증론의 차이는 이와 같은 사상적 연원이 내재되어 있는 것이다. 남북종의 경쟁에서 남종이 정통으로 자리매김함으로서 이후 선종은 심성론에서는 심성본성설이 수증론에서는 돈오설이 그 바탕이 되고 있는 것이다.

위에서 달마가 주장하고 있는 중생과 부처가 동일한 진성眞性을 가지고 있음을 믿으라고 하는 것 또한 심성본정에 대한 믿음이다. 이러한 달마의 진성眞性에 대한 믿음은 혜능의 『단경』에서는 자성청정自性清淨으로 나타나고 있다.

> 만약 깨끗함을 본다고 말한다면 사람의 성품이 본래 깨끗한 것인데, 허망한 생각으로 말미암아 참되고 한결같음을 덮은 것이니, 다만 허망한 생각이 없으면 참성품이 스스로 깨끗하다.[6]

『단경』의 사상에 의거하면 혜능선의 이론과 실천은 자성청정을 기초로 이루어지고 있다. 자성청정설은 선종(남종선)의 수행법문과 해탈이론의 근거이자 믿음의 바탕이 되고 있다. 자성이 본래 청정하다는 것은 혜능의 심게心偈에서도 극명하게 드러나고 있다.

보리는 본래 나무가 없고(菩提本無樹),
명경 또한 틀이 아니다(明鏡亦非臺).
불성은 항상 청정하니(佛性常淸淨),
어디에 티끌이 있겠는가(何處有塵埃).

"불성이 항상 청정하다(佛性常淸淨)"는 말은 언뜻 하나의 절대적 청정의 실체가 있는 것으로 오해되어질 수 있는 소지가 있다. 그래서 훗날 남종선의 후예들에 의해 "본래 한 물건도 없다(本來無一物)"는 어구로 대체시키고 있다. 반야중관학의 사상에 의거하면, "청정淸淨"과 "필경공畢竟空"은 동의어이다. 종밀의 『도서都序』에서도 자성청정은 달마 이래 선종이 일관되게 전하는 사상이라고 주장하고 있다.

만약 자심이 본래 청정함을 단박에 깨달으면 원래 번뇌는 없고 남이 없는 지혜의 성품(無漏智性)이 본래 스스로 구족하여 이 마음이 곧 부처여서 필경 다름이 없다. 이것에 의거하여 수행하는 것이 최상승선이다. 또한 여래청정선이라 하며, 일행삼매라 하며, 진여삼매라 한다. 이것은 일체 삼매의 근본으로 만약에 생각생각에 수습하면 자연히 점차로 백천 삼매를 얻게 된다. 달마문하에서 서로 전하여 내려온

것이 바로 이 선禪이다.[7]

종밀은 "자심이 본래 청정함을 단박에 깨달아", 이 깨달음에 의거해 닦는 것이 최상승선의 종지일 뿐 아니라, 달마문하에 서로 전해 내려온 여래청정선의 기본 관점이라고 주장하고 있다. 이것은 달마선종이 주창하는 심성관은 확실히 여래장자성청정심如來藏自性淸淨心의 사상에 입각해 있음을 증명하는 것이다. 종밀은 거듭 강조하고 있다.

> 일체 중생이 모두 공적한 진심이 있다. 시작 없는 본래부터 성품은 스스로 청정하여서, 밝고 밝아 어둡지 않고(明明不昧) 밝게 깨달아 항상 알아(了了常知), 미래제가 다하여도 항상 머물러 멸하지 않으니 이름하여 불성佛性이라 하고, 또한 여래장如來藏이라 이름하고, 심지心地라 이름한다. 달마가 전한 바가 이 마음이다.[8]

여기서 달마선종의 심성론적 믿음은 분명하게 여래장의 입장에서 설하고 있는 불성으로서의 자성청정심임을 알 수 있다. 그런데 전통의 자성청정설은 주객主客의 구분이 있어 심성은 본래 있는 것(本有)이며 주체적인 것인데 반해, 번뇌는 밖에서 온 것(外來)이며 객체적인 것으로 파악하고 있다. 다만 객체적인 번뇌를 점진적으로 제거하여야만 주체적인 심성이 활연히 청정성을 획득하게 된다고 하는 것이다.

그러나 혜능의 남종선에서는 결코 주객의 분별이 없어서 심성과 번뇌의 일원성一元性을 고취하고 있다. 다시 말하면 이른바 본래 청정(本淨)한 심성과 객진의 번뇌가 본질상 하나이기에, 본래 청정한 심성과 오염된 망심을 불이의 성품(不二之性)으로 통일하고 있는 것이다. 즉 혜능이 이해한 불성이란 "성품이 본래 생멸이 없고(不生不滅)", "단멸하지도 않고 항상하지도 않는(不斷不常)" 중도불성中道佛性인 것이다. 따라서 선종에서 설하고 있는 여래장이란 마음의 실체로서의 불성이 아니라 불이중도不二中道로서의 실상實相을 의미하고 있으므로 이후 선종 사상의 전개 과정에서 설해지고 있는 진여자성眞如自性, 본래면목本來面目, 참나(眞我), 주인공主人公 등의 표현 역시 초기불교에서 설하고 있는 연기, 무아, 중도 등을 내포하는 중도실상中道實相의 범주를 벗어나지 않는 것이다.

이런 관점에서 보면 선종, 특히 혜능의 남종은 불이중도법문을 십분 중시하여, "망심이 곧 진심(妄心卽眞心)"이며, "번뇌가 곧 보리(煩惱卽菩提)"이며, "세간이 곧 출세간(世間卽出世間)"이며, "생사가 곧 열반(生死卽涅槃)", "중생이 곧 부처(衆生卽諸佛)"라는 불이지성不二之性을 강조하고 있다고 할 수 있다.

한편 하택종의 종밀은 중도실상의 마음을 또한 공적영지空寂靈知라고 표현하고 있음에 주목할 필요가 있다. 그는 『도서』에서 중생의 참된 성품인 공적영지의 마음을 아래와 같이 설명하고 있다.

> 망념은 본래 공적하고 경계도 공空하다. 공적한 마음은 신령스레 알아 어둡지 않다. 이것이 곧 공적의 앎이니 너의 참된 성품이다. 미혹하나 깨달으나 마음은 본래 스스로 알아 인연으로 일어남을 의지하지 않고, 경계로 인하여 일어나지 않는다. 앎의 한 글자가 모든 신묘함의 문이다.[9]

종밀은 달마선 이래 이른바 이심전심以心傳心으로 전한 것이 바로 "공적지심空寂之心"이라고 주장하고 있다. 공적지심이 곧 영지靈知하니 또한 지知라고 이름한다. 이것은 일종의 명백하여 어둡지 않는 영묘한 지혜이며, 중생이 본래 가지고 있는 참성품인 것이다. 일심의 체성을 신령스레 아는 것이 중생이 각종 번뇌를 소멸하고 해탈을 얻는 길이다. 그래서 "앎의 한 글자(知之一字)가 모든 신묘함의 문(衆妙之門)"이라고 말하는 것이다. 종밀은 "공적영지空寂之心"가 하택종의 심성론의 핵심 내용이라고 보았다. 하택종에서 주장하고 있는 공적영지는 반야 중관에서 설하고 있는 진공묘유眞空妙有로 대표되는 중도실상의 다른 표현에 지나지 않는 것이다. 보조 또한 하택의 공적영지에 대해 다음과 같이 해석하고 있다.

> 하택의 뜻은, 일체 법이 꿈과 같다는 것은 모든 성인이 한결같이 설하는 바이다. 그러므로 망념은 본래 고요하고(寂) 티끌 경계는 본래 텅 비었다(空). 공적한 마음은 신령한 앎이 있어 어둡지 않다. 곧 이 공적한 마음이 이전에 달마가 전한 바 청정한 마음이다. 미혹되거나 깨닫거나 마음은 본래 스스로 안다(知). (이 신령한 앎은) 인연에 의해 생기지도 않고 바깥 경계에 인해 일어나지도 않는다. 미혹될 때에는 번뇌이지만 앎은 번뇌가 아니며, 깨달을 때에는 신통 변화가 있지만 앎은 신통 변화가 아니다. 그러므로 지知라는 한 글자는 모든 묘함의 근원이다.[10]

보조는 하택의 공적영지空寂靈知를 해석하면서, 공적영지는 중생의 본래 청정한 마음의 본체이며, 삼세 모든 부처님의 뛰어난 깨끗하고 맑은 마음이며, 중생의 본원적 깨달음의 성품이라고 하였다. 또한 보조는 이러한 공적영지의 마음을 『진심직설』에서는 진심眞心이라 말하고, 교教에서는 심지心地, 보리菩提, 법계法界, 여래如來, 열반涅槃, 여여如如, 법신法身, 진여眞如, 불성佛性, 총지摠持, 원각圓覺이라고 각기 다르게 부르고 있지만, 말과 이름이 끊어진 조사의 문중에서는 이름도 짓지 않거늘 어찌 많은 이름이 있겠는가라고 주장하고 사람의 근기에 따라 이름을 달리 붙인다고 하였다. 그러면서 조사의 가르침에서는 자기自己, 정안正眼, 묘심妙心, 주인옹主人翁, 무저발無底鉢, 몰현금沒絃琴, 무진등無盡燈, 무근수無根樹, 취모검吹毛劍 등이라고 설하고 있다. 이와 같이 선종에서 말하고 있는 본래면목本來面目, 주인공主人公, 위음나반인威音那畔人, 공겁이전 자기空劫以前自己 등등의 언어 표현 또한 공적영지한 중도불성의 다른 이름에 지나지 않는다. 마조의 홍주종을 중심으로 한 조사선 역시 자성청정에 대한 믿음을 강조하고 있음을 볼 수 있다.

> 마조대사가 말하기를, 너의 마음을 알려면 단지 지금 말하는 그것이 바로 너의 마음이다. 이 마음으로 부처를 지으니, 또한 실상법신불實相法身佛이라 하고, 또한 도道라고 부른다. …… 지금 견문각지見聞覺知하는 이것이 원래 너의 본래 성품이며, 또한 본래 마음이라 부른다. 더욱 이 마음을 여의고 따로 부처가 없다. 이 마음은 본래 있고 지금도 있어(本有今有)서 거짓으로 조작된 것이 아니다. 본래 깨끗하며 지금도 깨끗하여(本淨今淨) 닦을 필요가 없다. 자성은 열반이며, 자성은 청정하며, 자성은 해탈이며, 자성은 (번뇌를) 여의었기 때문이

다. 이것이 너의 심성이며, 본래 스스로 부처이니, (밖을 향해) 따로 부처를 구할 필요가 없다.[11]

이러한 관점에서 볼 수 있듯이 조사선의 심성관 역시 자성청정, 즉 중도불성의 입장을 견지하고 있다고 하겠다. 중도불성에 대한 믿음이 조사선의 믿음인 것이다. 사실상 혜능이 『단경』의 심게心偈에서 "불성상청정佛性常淸淨"을 표명한 이래 남종선은 줄곧 자성청정을 자종의 종지로 삼았다. 마조는 자성이 본래 청정하여 자연히 공적한데, 그 공적한 체상體相에 물듦이 없기 때문에 망심은 자성을 여의지 않아서, 일부러 조작하고 털고 닦을 필요 없이 자연히 청정하므로 자성열반, 자성해탈이라 말하고, 또한 도는 닦을 필요가 없다(道不用修)고 말하고, 평상심이 도平常心是道라고 말하고 있는 것이다.

그리고 황벽은 성품과 작용, 즉 본심과 망심의 부즉불리不卽不離라는 중도의 입장에서 불성을 체득할 것을 주장하고 있다.

단지 견문각지見聞覺知하는 곳에서 본심을 안다고 하지만 본심은 견문각지에 속해 있는 것도 아니요, 또한 견문각지를 떠나 있는 것도 아니다. 오직 견문각지에서 견해를 내지 말고, 견문각지에서 생각을 움직이지 말아야 한다. 또한 견문각지를 떠나서 마음을 찾지 말며, 견문각지를 버리고 법을 취하지 말라. 속하지도 않고 떠나지도 않고(不卽不離), 머물지도 않고 집착하지도 않아서(不住不着), 종횡으로 자재하면 도량 아님이 없다.[12]

이것은 망심을 떠나서 결코 본심을 찾을 수 없으니, 응당히 양자가 상즉불이相卽不二의 입장에 서서 망심이 공한 줄 알아서, 직하에 무심하여 본래심의 청정함을 깨달아야 해탈을 얻을 수 있다는 것이다. 여기에서 홍주종을 중심으로 한 조사선의 심성론 역시 혜능과 마찬가지로 반야般若와 불성佛性의 융합인 자성청정自性淸淨, 즉 중도불성론中道佛性論임을 알 수 있다.

혹자는 이렇게 말한다. 대승불교나 선종에서 설하고 있는 불성, 여래장은 현상 너머에 존재하는 불변의 자아(아트만)를 상정上程하고 있는 말이기 때문에 무아연기無我緣起를 설한 부처님의 교설에 위배된다고 주장한다. 그러나 그것은 잘못된 이해이다. 선종의 심성론은 불성과 반야를 실천(선수행)으로 회통한 중도의 사상적 기반 위에 전개되고 있기 때문이다. 달마선종은 『능가경』의 설법을 통해 이렇게 일러주고 있다. "현상(法)에는 자아(我)가 없는 관계로 일체의 그런 염려를 떠났다. 그러나 지혜의 방편으로써 어느 때는 여래장如來藏을 설하고, 어느 때는 법무아法無我를 설한다. 이것은 인연에 따른 것이다. 그러므로 여래장은 바로 무아無我이고 해탈문에 들어가는 경계인 것이다." 그리고 『열반경』에도 연기가 불성이며 중도임을 이렇게 설하고 있다.

> 선남자야, 이 때문에 나는 모든 경전 가운데서 설하기를, "만약 어떤 사람이 십이연기를 본 자가 있다면 그는 곧 법을 본 것이다. 법을 보는 자는 곧 부처를 본다."라고 한 것이다. 부처라는 것은 불성이다. 왜냐하면 일체 모든 부처님은 이로써 본성을 삼기 때문이다. 선남자야, 십이연기를 관하는 지혜에는 무릇 네 가지 종류가 있다. ……

이런 의미 때문에 십이연기를 불성이라 한다. 불성이라는 것은 제일의공第一義空이다. 제일의공을 중도라 한다. 중도라는 것은 부처이다. 부처라는 것은 열반이다.[13]

대승불교나 선종에서 말하는 불성이나 여래장은 외도들이 말하는 실체로서의 자아(아트만)가 아니라 무아無我, 연기緣起의 다른 표현이고, 중도실상의 기술적인 언표이다. 다만 인연과 방편에 의해 달리 시설되는 선교善巧언어일 뿐이다. 그런데 우리는 중도의 실상이 불성이라는 사실을 이미 믿고 알고 있는데, 어째서 다시 견성을 말하는가. 믿고 안다는 것은 개념(알음알이)으로 믿고 아는 것이기 때문에 직접 깨달아 체증體證하기 위해 견성을 말하고 돈점의 수증문을 세우는 것이다. 그래서 존재의 참성품이 무엇인지 직접 체달하기 위해 정견正見을 확립하는 것이며, 견성見性을 강조하는 것이다. 이러한 견성의 체험이 자성청정에 대한 믿음의 바탕 위에서 전개되고 있는 것이다.

2) 즉심시불卽心是佛 – 본래 부처本來是佛

조사선에서는 또한 중생이 본래 부처라는 입장에서 마음이 부처임을 믿으라고 강조하고 있다. 보조는 『진심직설』에서 조사문의 믿음은 교문敎門의 믿음과 어떻게 다른가?라는 물음에 다음과 같이 대답하고 있다.

조사문의 바른 믿음은 앞의 것(교문)과 다르다. 일체 유위有爲의 인과를 믿지 않고 다만 자기가 본래 부처라, 천진天眞의 모든 성품이 사람마다에 갖추어져 있고 열반의 묘한 본체가 낱낱에 원만히 이루어

졌으므로 다른 곳에서 구하려 하지 않고 원래 저절로 갖추어졌음을 믿는 것이다.[14]

보조는 자기가 본래 부처임을 철저히 믿는 것이 선문의 바른 믿음(正信)이라 강조하고 있다. 이어서 그는 본래 부처의 입장에서 영가의 게송을 인용하여 "무명의 실성實性이 불성이요(無明實性卽佛性), 허깨비 같은 빈 몸이 바로 법신(幻化空身卽法身)"이라고 주장하고 있다. 그리고 조사선의 실질적 개창자인 마조도일은 전통의 "자성청정自性淸淨설을 계승하여 "즉심시불(卽心是佛: 마음이 부처다)"을 믿을 것을 강조하고 있다. 우선 조사선의 심성론적 믿음으로 제기된 즉심시불卽心是佛에 대한 믿음에 대해 살펴보기로 하자.

> 홍주마조대사가 말하기를, 달마대사가 남천축으로부터 와서 오직 대승일심법大乘一心法만을 전했다. 『능가경』으로서 중생심을 설명하고, 이 일심법을 믿지 않음을 염려하였다. 『능가경』에 말하기를, 부처님이 말한 마음으로 종지를 삼고(佛語心爲宗), 무문으로 법문을 삼는다(無門爲法門)라고 하였다. 어째서 부처님이 말한 마음을 종지로 삼는다 하는가? 부처님이 말한 마음이란 것은 '마음이 곧 부처(卽心卽佛)'이니, 지금 하는 이 말이 곧 마음의 말이다. 그러므로 부처님이 말한 마음을 종지로 한다는 것이다. 무문을 법문으로 삼는다는 것은 본래 성품이 공空함을 깨달아 더욱 한 법도 없으니 성품 스스로가 문門이며, 성품에는 모양이 없고 또한 문이 없다. 그러므로 문門 없음으로서 법문法門을 삼는다고 한다.[15]

마조는 『능가경』에서 설하고 있는 대승일심법, 즉 마음이 부처임을 믿지 않음을 염려하고, 나아가 "부처의 마음으로 종지를 삼는다(佛心爲宗)"라는 법문에 의거해 마음이 부처임을 믿으라고 주장하고 있다. 마음이 부처(卽心是佛)라고 하는 것은 번뇌 망념 너머에 실재하는 절대의 마음, 즉 마음의 실체가 부처라는 것이 아니라, 번뇌가 공하여 자성이 청정한 그 마음을 짐짓 부처라고 이름한다는 의미이다. 즉 망념인 번뇌의 성품이 공한 그 자리에 붙인 이름에 불과한 것이다. 따라서 중생의 성품이 본래 공한 자성청정심의 중도불성을 가리키는 것이다. 마조 역시 여래장자성청정의 기초 위에서 즉심시불卽心是佛을 강조하고 있다.

조사선에서 설한 본래무일물의 자성청정심은 자연히 즉심시불의 사상으로 발전하게 된다. 즉 홍주선은 본래무일물이라는 반야공으로서의 중도실상에서 즉심시불을 주장하고 있는 것이다. 마음도 공이요, 부처 또한 공으로서 하나이기에 마음이 곧 부처임을 믿어야 한다고 주장하는 것이다.

> 이 마음 그대로가 부처이고, 부처가 곧 중생이다. 그러므로 중생이라 해서 마음이 줄지 않고, 부처라 해서 마음이 늘지도 않는다. 또한 6도만행과 항하사 같은 공덕이 본래 그 자체에 갖추어져 있어서, 닦아서 보탬을 필요로 하지 않는다. 인연을 만나면 곧 베풀고, 인연이 그치면 그대로 고요하나니, 만일 이것이 부처임을 결정코 믿질 않고 겉모습에 집착하여 수행하려 하고, 그것으로써 공부를 삼는다면 그 모두가 망상일 뿐 도道와는 서로 어긋날 뿐이다.[16]

마음이 부처임을 결정코 믿어서 바깥 형상에 집착하지 말 것을 당부하고 있다. 조사선에서 강조하고 있는 "즉심시불卽心是佛"설은 여러 경론과 어록에 언급된 말이다. 즉 『관무량수경』에서 "시심시불, 시심작불(是心是佛, 是心作佛: 마음이 부처이므로, 마음이 부처를 이룬다)"을 설하고 있다. 선종의 이조 혜가 역시 "이 마음이 부처요(是心是佛), 이 마음이 법이다(是心是法)"라고 말하고 있으며, 사조 도신 또한 "제불의 법신이 일체중생의 심상心想에 들어가니, 이 마음이 부처다(是心是佛)", "마땅히 알아라. 부처가 곧 마음이며, 마음 밖에 따로 부처가 없다"고 설하고 있다. "마음이 부처(是心是佛)"라고 하는 말은 선종사상의 토대를 이루고 있다.

『오성론』에서 설하기를 "마음을 떠나서 부처가 없고, 부처를 떠나서 마음은 없다. 마치 물을 떠나서 얼음이 없는 것과 같고, 또한 얼음을 떠나서 물이 없는 것과 같다."[17]라고 하였으며, 『단경』에서는 "내 마음에 스스로 부처가 있으며(我心自有佛), 스스로의 부처가 참 부처이다(自佛是眞佛)."라고 설하였다. 따라서 "즉심시불"은 선종의 핵심 종지임과 동시에 선수증의 기본이 되는 신심 그 자체인 것이다.

> 본성이 곧 마음이며 마음이 곧 성품이니, 곧 이것은 모든 부처님의 마음과 같다. 앞의 부처님과 뒤의 부처님이 단지 이 마음을 전함이요, 이 마음을 제외하고는 부처를 얻을 수 없다. 그런데 전도된 중생은 자기의 마음이 부처인 줄 알지 못하고 밖을 치달려서 종일토록 분주하게 염불하고 예불하고 있으니, 부처가 어느 곳에 있는가? 응당 이와 같은 견해를 짓지 말라. 단지 자기의 마음을 알기만 하면 마음 밖에

따로 부처는 없다.[18]

선종은 자성청정의 바탕 위에 마음이 부처(卽心是佛)라고 설하고 있는 것이다. 즉 중도불성의 도리에서 보면 일체가 다 공하지만, 그 공 또한 공을 지키지 않고 색으로 나타나니, 색이 그대로 공이요(色卽是空), 공 또한 그대로 색이니(空卽是色), 이를 일러 "즉색즉공卽色卽空"의 "진공묘유眞空妙有"라고 한다. 이것이 부처와 조사가 세운 종지이다. 선종은 이러한 진리를 믿고 수행하여 깨달으라고 설하고 있는 것이다. 선종에서는 성품(性), 마음(心), 사람(人)을 동일한 개념으로 파악하여 때로는 성품이 부처라고 말하고, 때로는 마음이 부처라고 말하며, 때로는 사람이 부처라고 주장한다.

> 달마가 이 땅에 와서 양, 위 두 나라에 이르기까지 혜가대사 한 사람만이 비밀리에 스스로의 마음을 믿어, 말 아래 바로 마음이 부처임을 깨달아, 몸과 마음이 함께 없으니, 이를 일러 대도라 한다. 대도는 본래 평등하므로 중생과 성인의 성품이 동일한 진성임을 깊이 믿어, 마음과 성품이 다르지 않아서, 성품이 곧 마음이니, 마음과 성품이 다르지 않음을 조사라 한다.[19]

황벽은 "성품이 곧 마음이다(卽性卽心)"라고 주장하고 있다. 그에 의거하면 조사란 즉성즉심卽性卽心을 깨달은 사람이다. 즉 일심의 본체인 성性과 일심의 작용인 상相은 둘이면서 하나이기에 '즉성즉심'이라 한 것이다. 그는 달마의 '즉성즉심'에 의거하여 즉심즉불卽心卽佛을 주장하고 있는 것이다. 그리고 선종은 더 나아가 즉인즉불卽人卽佛을 주장하기에 이른다. 이것은 불성이란 바로 중도정심인 까닭에 '즉성즉심'으로부터 '즉심즉불'을 거쳐 또한 '즉인즉불'사상에 이르게 되었다. 이와 같이 "즉성즉심"의 바탕 위에 "즉심즉불"이 강조되고, 그 기초 위에 더 나아가 "즉인즉불"의 사상이 제기되고 있는 것이다.

> 조사가 서쪽에서 와서 일체 모든 사람이 부처라고 바로 가리켰다.[20]

> 자고로 지금에 이르기까지 부처는 다만 사람일 뿐이니, 사람이 오직 부처이다.(人只是佛)[21]

조사선은 "성품을 여의고 부처가 없고, 마음을 여의고 부처가 없고, 사람을 여의고 부처가 없다. 자성自性, 자심自心, 자기自己가 본래 부처이니 사람마다 모두 불성이 있고, 사람마다 모두 부처"라고 주장하고 있다. 그러므로 선종은 성품이 부처이며, 마음이 부처이며, 사람이 부처라는 믿음을 강조한다. 이것이 바로 선종에서 주장하는 성불性佛사상이요, 심불心佛사상이며, 인불人佛사상이다. 참선을 행하는 수행자는 반드시 먼저 자기의 성품이 부처임을 믿고, 자신의 마음이 부처임을 믿으며, 자기 스스로가 본래 부처임을 믿어야 한다. 이러한 믿음 위에 수행과 깨달음이 전개되어진다. 이러한 믿음이 전제될 때만이 중생과 부처가 둘이 아닌 삶을 살아갈 수 있게 된다. 즉 중생 스스로가 본래 부처임을 믿지 않고 깨닫지 못하면 무명의 삶을 살아가는 것이며, 자기가 본래 부처임을 확신하고 그것을 깨달아 부처의 삶을 살아가는 것이다.

따라서 미혹한 즉 사람이 곧 범부요, 깨달은 즉 사람이 곧 부처가 되는 것이다.

결론적으로 말하면 선종의 심성론적 믿음은 자성이 본래 청정함을 믿는 것이며, 마음이 부처임을 믿고, 또한 중생이 본래 부처임을 믿는 것이다. 자성이 청정함을 단박 깨닫고, 마음이 부처임을 단박 깨달아 사람으로서 부처의 삶을 살아가는 것이 선의 가르침이다.

3. 수증론修證論적 믿음

이미 앞에서 언급하였듯이 선종 종지의 하나로 견성성불見性成佛이 표방된 바 있다. 사실 견성성불에 대한 믿음은 이미 신信, 해解의 범주를 벗어난 실증적實證的 믿음이기에 깨달음의 영역에 속해 있다고 할 수 있다. 때문에 견성성불에 대한 믿음은 굳이 실천 수증의 입장에서 믿음 아닌 깨달음으로 다루어지고 있는 것이다. 보조는 『원돈성불론』에서 선종의 견성성불과 청량이 「성기품」에 의거해 밝힌 '부처님의 지혜가 중생의 마음에 있다'가 뜻이 같은가 다른가의 물음에 대해 통현장자의 『신화엄론』에 의거해 다음과 같이 답하고 있다.

> 말세에 대심범부大心凡夫로 하여금 생사 가운데서 모든 부처님의 부동지를 단박에 깨달아서 처음 깨달아 발심하는 근원을 삼게 하였다. 이런 까닭으로 제2회는 보광명지普光明智로써 거처의 이름을 삼고, 십신十信의 법문을 설하여 곧바로 여래 보광명지의 큰 작용이 방소(方)가 없어 거듭거듭 한없음을 보여 이로써 신심을 삼은 것이다.

…… 먼저 동방의 금색세계를 든 것은 발심한 이로 하여금 자기의 깨끗하여 더러움이 없는 법신의 이치를 믿게 한 것이며, 본래 섬기던 부처님이 부동지불임은 곧바로 자기의 무명분별의 종자가 본래 모든 부처님의 부동지임을 믿게 한 것이며, 상수보살이 문수사리임은 곧바로 자기의 근본지根本智 가운데 잘 간택하는 무상無相의 미묘한 지혜임을 믿게 한 것이다.[22]

여래의 지혜가 시방 세계(중생)에 편재하고 있음을 들어 신심을 삼고, 발심한 이로 하여금 자기가 법신불임을 믿게 하고, 무명번뇌가 부처님의 부동지不動智임을 믿게 하고, 중생의 마음 가운데 근본 지혜가 있음을 믿게 하고 있는 것이다. 이어서 「여래출현품」의 "보살마하살은 응당 자기 마음의 생각생각에 항상 부처님이 정각正覺을 이룸이 있는 줄 알아야 한다."라는 구절을 인용하여 여래가 이 마음을 여의지 않고 정각을 이룸을 밝히고, 모든 중생도 또한 마음을 여의지 않고 정각을 이룬다고 밝히고 있다. 이것은 중생과 부처 모두가 마음 가운데 정각을 이루고 있으나 다만 미혹과 깨달음의 차이가 있을 뿐이라는 것이다. 즉 중생의 무명번뇌 안에 이미 부처의 본각本覺이 있으므로 중생이 수행하여 성불하는 것이 아니라, 이미 성불되어 있음을 깨닫는 것이다. 이것이 선종의 수증론적 믿음이다. 견성이란 보는 성품을 돌이켜 보는 것(返見見性)이기 때문에 엄격히 말하면 보는 것(見)도 부처가 봄이요, 성품도 부처의 성품이므로 일부러 조작하여 성품을 보려(見性) 하면 부처를 이룰(成佛) 수 없다. 따라서 보는 것이 없을 때 참으로 보는 것(眞見)이라고 말하는 것이다. 보조는 이것으로 견성성불에 대한 믿음을 설명하고 있다.

견성성불이라는 말 안에는 여러 가지 함의含意가 내포되어 있다. 그 중 대체로 두 가지만 언급해 보면, 첫째 견성이 곧 성불이라는 것이며, 둘째 견성한 후에 성불한다는 것이다. 이러한 견해는 수증론의 입장에서 돈오돈수와 돈오점수를 주장하는 근거가 되기도 하였다. 본고에서는 선종의 수증론을 논구하는 것이 아니기 때문에 돈점설은 논외로 하고, 다만 수증론적 믿음의 입장에서 견성성불에 대한 믿음의 내용과 견성의 구체적 방법에 대한 믿음을 살펴보기로 하겠다.

먼저 "견성이 곧 성불"이라는 주장을 들어 보기로 하자. 성철은 『백일법문』에서 다음과 같이 말하고 있다.

> 불교에서는 '마음을 깨친다'고 말하는데 어떻게 마음을 깨치는가 하는 것이 문제가 됩니다. 교외별전教外別傳을 표방하는 선종에서는 이것을 견성성불見性成佛이라고 합니다. 곧 자성을 보아(見性) 부처를 이룬다(成佛)는 말입니다. 여기서 말하는 견성이라는 것은 중생의 자성, 즉 불성佛性을 본다는 말입니다. 그러므로 견성이 즉 성불이고 성불이 즉 견성입니다. 어떤 사람들은 '견성을 한 후 성불한다'고 말하는데 그것은 선종에서 말하는 견성성불이 아닙니다. 그리고 『열반경』에서는 중도中道를 불성이라고 하셨습니다. 그러므로 견성한다는 것은 중도를 바로 본다는 것이 되는데 이것은 부처님이 초전법륜에서 '나는 중도中道를 정등각했다'는 그 말씀과 같습니다. 결국 우리가 성불하려고 하면 자성을 바로 보아야 되는데 자성이란 곧 중도를 바로 깨쳐야 견성한다는 것입니다."[23]

즉 "견성이 성불이다"라는 명제는 선문禪門의 독창으로, 교문敎門에서 설하고 있는 발심으로부터 삼아승지겁의 세월 동안 수행을 통해 성불한다는 교설을 뛰어넘어 사람의 마음을 바로 가리켜(直指人心) 중도의 성품을 보아 단박에 부처를 이룬다(見性成佛)고 주장하고 있는 것이다. 앞 절에서 이미 밝혔듯이 자성이 청정함(自性淸淨)과 중생이 본래 부처이므로 마음이 부처(卽心是佛)라는 믿음을 전제하여 자성인 중도불성을 깨달음이 바로 부처를 이룬다는 의미의 견성성불은 선종의 수증론修證論적 믿음의 하나라고 할 수 있다. 여기서 중요한 것은 성철이 주장하고 있듯이 견성을 한 후에 다시 수행을 통해 부처가 되는 것이 아니라, 수행자가 구경불지究竟佛地에 이르러 단박에 돈오頓悟하여 성불한다는 것이다. 즉 구경의 불지견성佛地見性을 주장하고 있는 것이다. 다시 말하면 성불 이전의 돈오는 견성으로 인정할 수 없으며, 구경의 불지에서 견성함이 진정한 견성이기 때문에 견성이 곧 성불이며 성불이 바로 견성인 것이다. 이때의 수증론은 반드시 돈오돈수頓悟頓修여야 한다고 주장하고 있다.

이에 반해 청화는 보살 초지인 환희지에서 견성한다고 주장하고 있다. 즉 보살이 수행하여 사선근위四善根位[24]에서 여실지해如實知解를 해오解悟하고 보살 초지에 이르러 증오證悟함이 견성이라고 말하고 있다.

증오證悟는 체험적으로 진여불성 자리를 현관現觀해서 깨닫는 자리입니다. 이것은 견도見道할 때, 선종식으로 말하면 갓 견성할 때에, 초견성이라고도 합니다. 초견성이란 말도 선가禪家에서 내려왔습니다. 그 자리가 견도의 자리입니다. ⋯⋯ 그래서 견도는 바로 견성이고,

보살 십지十地로 말하면 보살 초환희지初歡喜地입니다.[25]

청화는 먼저 깨달음(頓悟)을 범부위의 해오解悟와 성인위의 증오證悟로 구분하였다. 즉 해오를 중생의 깨달음으로 인정하며 근본불교에서 설하고 있는 사선근위에서 여실지해如實知解를 돈오頓悟하는 상사각相似覺으로 설정하고 있다. 그 다음 증오를 세 단계[26]로 구분하고, 그 첫 단계인 보살 초지에서 견성한다고 주장하고 있다. 즉 보살 초지인 환희지歡喜地에서 견성을 하여 차제로 닦아 구경에 성불할 수 있다고 말하고 있다.

이 외에도 종문에서 견성한 후에 점차 닦아 성불한다는 주장은 승조 등의 칠지돈오七地頓悟설과 도생의 십지돈오十地頓悟설,[27] 그리고 종밀의 초주성불初住成佛론[28] 등 다양한 견성성불론이 제기된 바 있다. 어떠한 주장을 하고 있든 상관없이 견성을 통해서 성불한다는 사실만큼은 동일한 주장임에 틀림없다. 본고에서는 위의 여러 주장을 통섭하여 '견성을 통해서 성불한다'는 의미에서 견성에 대한 믿음의 입장에서 논지를 펼쳐 나가고자 한다. 즉 견성을 통과하지 않고는 성불할 수 없다는 믿음을 전제하고 수증이 이루어진다는 것이다. 『혈맥론』에 다음과 같이 이르고 있다.

만약 성품을 보지 못하면 십이부경十二部經의 가르침을 설하더라도 이것이 모두 마구니의 말이며, 마구니 집안의 권속이며, 부처님 집안의 제자가 아니므로 이미 흑백도 가리지 못하거늘 무엇을 의지하여 생사를 면하겠는가? 만약 성품을 보면 곧 부처요, 성품을 보지 못하면 곧 중생이다. 만약 중생의 성품을 여의고 달리 불성을 얻을 수 있다고 한다면 부처는 지금 어느 곳에 있는가? 중생의 성품이 곧 불성이다. 성품 밖에 부처가 없음이요, 부처가 곧 성품이다. 이 성품을 제외한 밖에서 부처를 가히 얻을 수 없으며, 부처 밖에서 성품을 가히 얻을 수 없다.[29]

만약에 부처를 찾고자 한다면 반드시 바로 성품을 보라고 가르치고 있다. 왜냐하면 성품이 곧 부처요, 부처가 곧 성품이기 때문이다. 성품을 보지 못하고 하루 종일 밖으로 경계를 치달아 부처를 구한다 해도 결국 부처를 볼 수 없다는 말이다. 여기서 말하는 성품이란 다름 아닌 앞 절에서 말한 중도불성을 가리키는 것이니, 중도정견을 갖추지 않고서는 성품을 바로 볼 수 없고, 성품을 바로 보지 못하면 부처를 이룰 수가 없게 되는 것이다. 그러므로 수증론에 입각해서 보면 중도정관을 확립해야 견성성불을 할 수 있게 되는 것이다. 이미 앞에서 밝힌 자성청정, 즉심시불, 본래부처 등의 가르침이 바로 중도정견中道正見에 대한 확신이 되는 것이다.

혜능 또한 『단경』에서 "본래 마음을 알지 못하면 법을 배워도 이익이 없으니, 마음을 알고 자기 성품을 보아야(識心見性) 바로 큰 뜻을 깨닫는다."라고 하였다. 따라서 『단경』에서 "나는 홍인화상의 처소에서 한 번 듣고 그 말 아래 크게 깨달아 진여의 본래 성품을 단박에 보았느니라(頓見眞如本性)."고 말하여 견성의 기연을 전해주고 있다.

불성이 청정하다는 것은 번뇌가 실로 있다는 집착을 깨기 위해 번뇌가 본래 공空함을 드러낸 방편의 말이므로 청정이란 다만 공의 다른 표현에 지나지 않는다. 그러므로 항상 청정한 불성이 실체적으로 존재한다는 의미의 상(淨相)을 다시 세우면 중도불성中道佛性의 뜻에 어긋난다. 중생의 번뇌가 본래 남이 없고(無生) 존재의 실상이 본래 공한(本空), 모습 아닌 모습을 항상 청정하다(常淸淨)고 표현한 것이다. 불성이 공(청정)한 줄 깨우치되 공(청정)한 상相을 부여잡고 거기에도 안주할 것이 없기 때문에 "한 법도 얻을 바가 없으며(無一法可得)", "본래 한 물건도 없다(本來無一物)"라고 설하는 것이다. 이러한 중도불성을 깨닫는 견성에 대해 혜능은 이렇게 설하고 있다.

> 만약 자신의 성품을 깨달으면 보리열반도 세우지 않고 또한 해탈지견도 세우지 않으니, 한 법도 가히 얻을 것이 없어야 바야흐로 만 가지 법을 건립할 수 있게 된다. 만일 이 뜻을 알면 부처의 몸이라 이름하고, 또한 보리열반이라 이름하며, 해탈지견이라 이름한다. 성품을 본 사람(見性人)은 세워도 되고 세우지 않아도 되니, 오고 감이 자유로워 막힘 없고 걸림 없어서 작용에 응하여 따라 짓고 말에 응하여 따라 답하여, 널리 화신化身을 보이되 자신의 성품(自性)을 떠나지 않아서 곧 자재한 신통과 유희遊戲삼매를 얻게 되니 이것이 성품을 보는 것(見性)이다.[30]

본래 한 물건도 없고, 한 법도 얻을 바가 없는 중도의 실상을 깨달은 사람은 번뇌의 오염에도 물들지 않고 보리의 청정에도 안주하지 않는다. 그러므로 번뇌의 생사에도 머물지 않고(無住生死), 불성의 열반에도 머물지 않는다(無住涅槃). 번뇌가 본래 공한 줄 알지 못하는 사람을 위해 번뇌는 공하다고 설하여 번뇌를 파하고 불성을 세우며, 불성이 청정한 상에 안주하는 사람을 위해 불성마저 공함을 설하여 불성을 파하고 번뇌를 세운다. 이와 같이 번뇌의 생사도 세우지 않고 불성의 열반도 세우지 않으며, 언제 어디서나 걸림 없는 주체적인 자유를 살아가는 무위진인無位眞人[31]이 되는 것이 곧 견성한 사람이다. 이런 사람은 언제 어디서나 주인이 되어(隨處作主) 서 있는 그 자리에서 진실된 삶(立處皆眞)을 살아간다. 그러므로 성품을 본 도인은 한 법도 얻을 수 없음을 단박에 깨달아 만 가지 법을 세워 육도만행(六度萬行: 육바라밀)을 행하는 사람이다.

그러면 여기서 견성見性의 견(見: 봄)이란 구체적으로 어떻게 보는 것인지에 대해 알아보자. 먼저 본다(見)는 것의 의미부터 살펴보면, 『오성론』에 참되게 보는 것(眞見)에 대해 이렇게 설하고 있다.

> 참되게 본다(眞見)는 것은 보지 않는 바가 없고 또한 보는 바가 없어서, 보는 것이 시방에 가득하지만 일찍이 보는 것이 있지 않다. 왜냐하면, 보는 바가 없기 때문이며, 보아도 보는 것이 없기 때문이며, 보아도 보는 것이 아니기 때문에 범부가 보는 바는 모두 망상이라 한다. 만약 적멸하여 보는 바가 없으면 비로소 참되게 본다(眞見)고 한다. 마음과 경계가 상대하여 그 가운데 본다는 것이 생기나니, 만약 안에서 마음을 일으키지 않으면 곧 밖에서 경계가 사라진다. 그러므로 마음과 경계가 함께 고요하니 이에 참되게 본다고 하며, 이러한 것을 알게 될 때를 이에 바르게 본다(正見)고 한다.[32]

보되 보는 바가 있으면 망상이며, 보는 바가 없으면 참되게 보는 것(眞見)이 된다. 즉 범부는 보는 대상이 있기 때문에 보는 모든 것이 망상이 되며, 견성인은 보는 주관과 보여지는 대상(객관)이 적멸(공)하여 보는 바가 없게 되니, 이것을 일러 참되게 본다고 말하는 것이다. 왜 그러한가? 보는 것 없이 본다는 것은 보는 것(見)과 보지 않는 것(不見)의 양극단을 함께 보지 않는 중도의 봄(中道見)이기 때문에, 참되게 보는 것(眞見)이라고 말한다. 일체 경계에서 보는 대상(물건)이 없을 때 참다운 견見이 된다는 것은 선종 견성사상의 주류를 이루고 있다.

> 어떤 사람이 묻기를, "무념의 법이 있습니까, 없습니까?" 선사가 말하기를, "있다고도 없다고도 말할 수 없습니다." 말하기를, "이러한 때에 어떻게 해야 합니까?" 선사가 말하기를, "또 이러한 때라는 것도 없습니다. 마치 거울이 만약 형상을 대하지 않으면 끝내 형상을 볼 수 없는 것과 같습니다. 만약 보는 물건이 없어야 참되게 보는 것(眞見)입니다.[33]

신회 또한 마치 거울이 대상이 없으면 볼 수 없는 것처럼, 보는 물건이 없이 보는 것이 참된 봄(眞見)이라고 말한다. 이 말의 뜻은 인식주관인 안이비설신의와 인식대상인 색성향미촉법이 대립된 인식작용(見聞覺知)으로써의 견見을 떠난 것도 아니며 떠나지 않는 것도 아닌 중도의 견이기 때문에 참된 견이라고 말하는 것이다. 견문각지에 의해 분별된 견은 대상에 오염된 견이며, 견문각지를 여윈 견이라면 허공의 견이 되어 아무런 뜻이 없게 된다. 신회는 "대승경론에서 허공은 봄이 없다.

왜 그러하냐. 허공은 반야가 없기에 결코 봄이 없다", 그러나 "중생에게는 반야가 있기 때문에 봄이 있다"라고 설하며, 반야에 의한 중도의 견을 제시하고 있다. 신회는 명경明鏡의 비춤을 예로 들어 무념無念과 견見이 같음을 설명하고 있다.

문, "그러면 도대체 무엇이라고 해야 합니까?"
답, "또 한 물건이라고도 말할 수가 없습니다. 비유하면 마치 밝은 거울 앞에 만약 대상이 없으면 결국 거울에는 형상을 볼 수 없는 것과 같습니다. 지금 형상을 비춘다고 말하는 것은 대상물이 있기 때문에 그 모양이 나타나는 것입니다."
문, "만약 대상이 없으면 비춥니까? 비추지 않습니까?"
답, "지금 비춘다고 하는 것은 대상이 있고 없고 관계없이 언제나 비추고 있는 것입니다."
문, "이미 형상이 없고, 또 언설도 없으며, 일체의 유무有無 모두를 세우지 않았습니다. 그런데 지금 비춘다고 하는 것은 도대체 무엇을 비춘다는 것입니까?"
답, "지금 비춘다고 말하는 것은 거울이 밝기 때문에 거울 자신의 본성이 비추고 있는 것입니다. 만약 중생의 마음이 청정하면 자연히 대지혜의 광명이 나와 무여無餘의 세계를 비추는 것입니다."
문, "이미 이와 같다면 어떤 때에 무념을 체득할 수 있습니까?"
답, "다만 없음을 볼 뿐입니다."
문, "이미 없다면 무엇을 봅니까?"
답, "비록 볼지라도 무엇이라고 부를 수 없습니다."

문, "이미 무엇이라고도 부를 수 없다면 무엇을 본다는 것입니까?"
답, "아무것도 보지 않는 것이 참되게 보는 것(眞見)이고, 항상 보는 것(常見)입니다."[34]

신회는 진여법신의 작용으로써의 무념을 명경의 광명에 비유하여 표현하고 있다. 즉 밝은 거울의 자성이 대상이 있고 없음에 관계없이 비추는 것과 같이 중생의 마음이 청정하면 자연히 반야의 광명이 나와서 진리의 세계를 비추는 것이 무념을 체득하는 것이며, 참되게 보는 것(眞見)이라고 설명하고 있다. 이러한 무념의 견見은 대상을 보되 대상에 집착하여 머무름이 없으므로 또한 무주無住의 견見이 되는 것이다. 경에 말하기를 "마땅히 머문 바 없이(應無所住) 그 마음을 내라(而生其心)"고 하였듯이 머무는 바가 없기에 한 생각도 낸 바 없이 보게 되는 것이다. 그러므로 "본다는 것은 곧 남이 없음을 바로 본다(見卽直見無生)."[35]라고 말하는 것이다. 연수 또한 신회의 견성사상을 계승하여 다음과 같이 설하고 있음을 볼 수 있다.

문, "어떠한 방편으로 깨달아 들어가야 하는가?"
답, "방편문이 있으니 반드시 스스로 살펴 들어갈 것이다."
문, "어째서 지적해 주지 않은가?"
답, "성품을 보는 데는 일정한 방법이 없거늘 어떻게 가르쳐줄 수 있겠는가. 실로 보고 듣고 깨달아 아는(見聞覺知) 그러한 경계가 아닌 것이다."
문, "이미 가르칠 일정한 법이 없다면 밝게 보게 될 때 어떤 물건을 보는가?"

답, "대상(物) 없음을 보는 것이다."

문, "대상(物) 없음을 어떻게 보는가?"

답, "대상이 없으면 곧 볼 수도 없나니, 이 봄이 없는 것(끊어진 것)이 곧 참되게 보는 것이다. 볼 것이 있다면 곧 망념을 따르는 것이 되기 때문이다."

문, "만일 그와 같다면 교教 가운데 부처님께서 어찌하여 또한 본다고 설하였는가?"

답, "그것은 부처님께서 세간법(世法: 俗諦法)에 따라서 설하신 말씀이다. 그러나 곧 보지 않고 보는 것이라 범부들이 실제로 본다고 집착하는 것과는 다른 것이다. 구경究竟으로 말한다면 성품을 본다(見性)는 것은 유무有無 등의 분별에 속한 것이 아니므로 오직 담연湛然하여 항상 고요할(常寂) 뿐인 것이다."[36]

연수 역시 신회와 마찬가지로 유무有無의 분별을 떠나 담연공적湛然空寂한 구경의 중도로서 보는 대상이 없음을 보는 견성의 법을 설하고 있다. 이러한 중도의 견見은 견문각지見聞覺知에 속해 있는 것도 아니고 견문각지를 떠나 있는 것도 아니다. 그러므로 때로는 견문각지가 불성이라고 말하고, 때로는 견문각지가 불성이 아니라고도 말한다. 보는 대상이 없음을 보아 인식주관과 객관대상이 청정하면 견문각지가 그대로 불성이 되는 것이고, 보는 대상이 있음을 보아 인식과 대상에 오염되면 견문각지는 곧 망념이 된다. 그래서 참성품(眞性)은 망념에 속한 것도 아니고, 불성에 속한 것도 아니기 때문에 불이법不二法을 보는 자가 진정 성품을 보게 된다. 『오성론』에서는 보되 본 바가 없고(見而不見), 들어도 들은 바가 없어서(聞而不聞), 색과 소리에 자재한 해탈을 이렇게 표현하고 있다.

> 눈이 색을 볼 때에 색에 물들지 않고, 귀가 소리를 들을 때에 소리에 물들지 않으면 모두 해탈하게 된다. 눈이 색에 집착하지 않으면 눈은 선문禪門이 되고, 귀가 소리에 집착하지 않으면 귀도 선문이 된다. 다시 말하면 색의 성품을 보는 자는 항상 해탈을 이루고, 색의 형상을 보는 자는 항상 얽매이게 된다. 번뇌에 얽매이지 않는 것을 곧 해탈이라 말하고, 별도로 해탈이 있는 것이 아니다. 색을 잘 관찰하면 색이 마음에서 생긴 것이 아니고, 마음이 색에서 생긴 것도 아니며, 곧 색과 마음이 함께 청정한 줄 보게 된다. 망상이 없을 때에는 하나의 마음이 바로 하나의 부처님 나라요, 망상이 있을 때에는 하나의 마음이 바로 하나의 지옥이다. 중생이 망상을 조작하여 마음으로써 마음을 내기 때문에 항상 지옥에 있지만, 보살은 망상을 관찰하여 마음으로써 마음을 내지 않기 때문에 항상 부처님 나라에 있게 된다. 만약 마음으로써 마음을 내지 않는다면 곧 마음과 마음이 공에 들어서 생각마다 고요함으로 돌아가 한 불국토를 지나 한 부처님 나라에 이르게 된다. 만약 마음으로써 마음을 내면 곧 마음과 마음이 고요하지 않아서 생각마다 움직임으로 돌아가, 한 지옥을 거쳐 또 하나의 지옥을 지나가게 된다.[37]

이와 같이 색이 마음에서 생긴 것도 아니고, 마음이 색에서 생긴 것도 아닌 줄 알아 색과 마음이 함께 청정(空)한 줄 보게 되는 것이 바로 견성이다. 마음으로써 마음을 내지 않는 보살은 색과 마음이 공한 줄 알아서, 마음이되 마음 아닌 마음으로 돌려쓰기 때문에 불국토를 장엄하게 되고, 마음으로써 마음을 내는 중생은 경계와 마음이 공한 줄 몰라서, 마음이되 생각생각에 집착된 마음을 쓰기 때문에 지옥을 만들게 된다. 성품(性)이란 일체의 형상(相)이 공함에 갖다 붙인 이름이기 때문에, 상을 보면(見相) 중생이요, 성을 보면(見性) 부처인 것이다.

마음의 공적은 본체(體)로서 진공眞空을 가리키는 것이고, 성품이 나되 난 바 없이 난다는 것(無生之生)은 작용(用)으로서 묘유妙有를 말하는 것이기 때문에 하나도 아니고 다르지도 않다고 말하는 것이다. 즉 진공眞空은 묘유의 진공이요 묘유妙有는 진공의 묘유이며, 성품은 작용을 떠나지 않고 작용 또한 성품을 여의지 않는다. 그래서 "성품은 작용에 있다."고 말하는 것이다. 그러므로 불성(體)이란 다름 아닌 안이비설신의의 작용(用)인 것이다. 즉 진공을 여의지 않은 작용으로써의 견문각지는 곧바로 불성의 작용이 되는 것이다. 거울의 공적(寂)한 밝음은 성性이며, 그 성품에서 나오는 비춤(照)이 바로 견見이다. 성性이 공적(寂)의 본체(體)라면 견見은 그 본체에서 나오는 작용(用)으로써 비춤(照)이다. 체體와 용用이 둘이 아니고, 적寂과 조照가 둘이 아니어서 체용일여體用一如이며, 상적상조常寂常照이므로 성性과 견見 또한 둘이 아니다. 그러므로 견은 그대로 성(見=性)이고, 성性의 현전이 바로 견見이다. 그러므로 불성에 대한 지知는 바로 보고 듣는 견의 작용을 통해서(見性), 간격 없이 곧장 이루어지는 것(成佛)이다.[38] 지금까지 견성의 심성론적 구조에 대해 살펴보았다. 지금부터는 조사선에서 제시하고 있는 구체적인 견성의 방법에 대해 살펴보도록 하겠다.

앞에서도 이미 언급하였지만 선종은 "불립문자不立文字, 교외별전敎外別傳, 직지인심直指人心, 견성성불見性成佛"로 종지를 표방한 바 있다. 여기서 우리가 견성성불이란 말 이전에 먼저 주목해야 할 언구는 불립문자와 직지인심이다. 문자를 세우지 말라는 것(不立文字)은 일체의 언어문자, 즉 분별적 사고, 개념적 분석을 내려놓으라는 것이다. 왜냐하면 언어문자의 방편마저 의지하지 말아야 견성으로 나아갈 수 있기 때문이다. 이 말은 분별을 멈추고 생각 이전으로 돌아가야만 성품을 볼 수 있다는 의미이다. 언어(문자)란 생각의 드러남이요, 생각은 드러나지 않는 언어이다. 생각을 내려놓는다는 것은 개념적 분석인 분별심을 멈추라는 가르침이다. 생각을 멈추고 생각 이전으로 돌아가면(返照) 순수의식인 성품을 볼 수 있다.

직지인심直指人心, 즉 바로 사람의 마음을 가리킨다는 것은 일체 수행의 방편마저 의지하지 말고 곧장 자신의 마음을 직시하라는 말이다. 수행의 방편에 집착하게 되면 점차적인 수증단계를 세워 즉각적으로 깨달아 들어가는 불이법문에 반하게 된다. 단계적인 수행의 상相으로부터 벗어나서 마음이 곧 부처(卽心是佛)임을 바로 깨달아야 한다는 것이다. 즉 견성하여 성불하기 위해서는 먼저 일체의 분석적 사고의 틀을 떨쳐버리고 분별 망념을 벗어나, 생각 이전으로 돌아가 곧장 자신의 마음이 부처임을 단박에 깨달으라는 말이다. 밖으로 일체 경계의 반연을 내려놓고 안으로 생각을 돌이켜 내면을 직관直觀하여야 한다. 즉 밖으로 일체의 상을 취하지 않고(不取外相), 자신의 마음을 돌이켜 비추는 것(自心返照)이 선이다. 그러므로 선수행의 기본적 방법으로 "회광반조廻光返

照"를 말하는 것이다. 즉 "밖으로 향하는 의식의 빛을 안으로 돌이켜 생각 이전을 비추어 보라(廻光返照)."고 말하는 것이다. 바깥 경계(대상)를 향하는 생각을 돌이켜 생각 이전의 자리, 즉 생각이 일어나는 자리를 비춰보면 거기에 진여의 성품이 온전히 드러나 보여(見性) 부처를 이루게 된다(成佛).

이와 같이 견성하여 성불하는 데 가장 중요한 관건은 일념一念, 곧 생각이다. 일체 경계의 형상(생각)으로부터 한 생각을 돌이키는 데 열쇠가 있다. 따라서 종밀은 조사선의 수증의 방법을 일념을 반조하여 깨닫는 무념無念에 있다고 설명하고 있다.

> 만약 선지식의 가르침을 받아 공적의 지(空寂之知)를 단박 깨닫게 되면 모든 것이 생각이 없고(無念), 형상이 없음(無形)을 알게 되니, 누가 무엇으로 아상我相과 인상人相을 삼을 수 있겠는가. 모든 상이 공함을 깨달으면 마음에 스스로 생각(망념)이 없고 생각이 일어나면 곧 깨달아서(念起卽覺), 깨달으면 바로 없어지니(覺之卽無) 수행의 오묘한 문이 오직 여기에 있다. 그러므로 만 가지 행을 갖추어 수행하더라도 오직 무념無念으로써 근본(宗)을 삼는다.[39]

조사선의 수증문을 "생각이 일어나면 곧 알아차리고(念起卽覺), 알아차리면 바로 없어진다(覺之卽無)."라는 정형구로 정리하고 있다. 여기서 알아차림은 생각의 반조를 통한 견見의 의미로 볼 수 있다. 이것 역시 망념의 한 생각을 돌이켜 비추어 보는 반조返照의 한 방법이다. 다시 말하면 생각(망념)이 일어나면 생각을 돌이켜 비추어 보는(卽覺=卽見)

반조를 거쳐, 그 생각이 소멸됨으로써 견마저 소멸하게 되어(卽無=見滅) 무념에 이르게 된다는 것이다. 이와 같이 즉견卽見하는 반조返照의 단계와 견멸見滅하여 소멸하는 두 단계를 거쳐 무념의 불성을 깨닫게 되는 것이다.[40] 이것이 신회가 정초하고 조사선에서 실행한 선의 수증 방법론이다.

4. 선지식에 대한 믿음과 간화선에 있어서의 믿음

일체 중생은 깨달음(悟) 가운데서 미혹(迷)을 내고 참된 성품(眞性) 속에서 망령되이 집착(妄執)을 일으켜서 스스로 불각不覺이 되었다. 그러므로 반드시 선지식(스승)의 발양發揚함을 빌려야 한다. 『법화경』에 이르기를 "부처님께서는 일찍이 헤아릴 수 없는 무수한 부처님들을 친근親近하시며 또한 모든 부처님들의 한량없는 도법道法을 용맹정진으로 모두 행하시고야 바야흐로 명칭이 보문普聞케 되시었다." 하고, 또 "선지식이란 분은 곧 크나큰 인연이니 이른바 반드시 부처님을 뵙게 하고 아뇩다라삼막삼보리심을 발하게 해주기 때문이다."라고 하였다. 이와 같이 모든 경론에서는 선지식을 친근하고 그 가르침으로 전미개오轉迷開悟의 기연을 마련하고 있다.

선종의 역사 또한 사자상승師資相承의 전등傳燈, 전법傳法의 역사이며, 특히 간화선에서는 스승과 제자간의 제시提示, 문답問答, 거량擧揚, 점검點檢, 인가印可 등 일대일一對一의 교육방법이 절대시되어 왔다. 더러 스승의 지도 없이 스스로 깨닫는 전통(無師自悟)이 없지는 않으나, 모든 문제에 있어서 선지식의 계도啓導가 결정적인 역할을 하고 있다.

그러므로 선지식(스승)의 역할과 선지식에 대한 절대의 신뢰는 아무리 강조하여도 모자람이 없다고 할 수 있다.

만약 자기를 밝게 알지 못하거든 반드시 선지식을 찾아가 생사의 근본을 깨달아야 한다. 만일 성품을 보지 못했다면 선지식이라 할 수 없으니, 비록 경전을 다 외운다 하여도 생사를 벗어나지 못하고 삼계에 윤회하면서 고통을 받아 벗어날 기회가 없으리라.[41]

만일 대선지식大善知識을 만나 지도를 받고 좌선하여 무심無心을 깨달으면 모든 업장이 다 녹아 없어져 생사生死가 끊어지니 마치 어두운 곳에 햇빛이 한 번 비치면 어둠이 다 가시는 것과 같다.[42]

불보살로부터 역대 조사 모두가 다 선지식이다. 그러므로 수많은 깨달은 사람 가운데 선지식(스승)의 도움 없이 깨달음에 이른 사람은 하나도 없다고 말하는 것이다. 원오 역시 말하기를 "참구를 하려면 모름지기 실답게 참구해야 하며 진정한 스승을 만나야 한다."[43]라고 하였다. 사람으로 태어나 불법을 만났다 하더라도 바르게 인도해 줄 스승을 만나지 못하면 무거운 돌이 강을 건넘에 배를 만나지 못하는 것과 같아서 끝내 피안彼岸에 이르지 못한다. 또한 중병이 들었을 때 양의를 만나면 그 병을 치료받을 수 있는 것처럼 선지식은 자비의 배요, 훌륭한 의사이다.

선지식은 훌륭한 의사와 같아서 중병을 능히 고칠 수 있고, 큰 시주와 같아서 능히 마음먹은 대로 베풀 수 있다. 납자가 자기 공부에 만족하는 생각을 내어서 선지식을 만나보지 않으려 해서는 안 된다. 선지식을 친견하려 하지 않고 자기의 견해에만 집착해 있다면, 선공부에 이보다 더한 큰 병이 없음을 마땅히 알아야 한다.[44]

선지식은 도를 배우려는 사람에게 때로는 순경順境의 섭수로 때로는 역경逆境의 배척으로 근기와 상황(機緣)에 따라 자비를 베풀어 도에 들게 한다. 순경의 섭수에서 믿음은 그리 어려운 일이 아니지만, 역경의 배척에서 대부분의 수행자들은 물러나고 만다. 참문자나 제자의 근기를 시험하고 공부경계를 높이기 위해 역행으로 교화를 행할 때에 일체의 의심을 내던지고 절대적 믿음을 가져야만이 스승의 지시를 제대로 받을 수 있게 되는 것이다. 대혜는 대중에게 권하여 말하되, "눈 밝은 종사를 만나기가 매우 어려움을 알고, 만일 이미 만났다면 마치 하나의 수미산을 의지한 것처럼 하여야 한다."라고 하였다. 선지식에 대한 믿음이 마치 수미산과 같아야 함을 강조하고 있다.

선지식은 제자를 섭화攝化하기 위해, 어떤 때는 사람만 빼앗고 경계는 빼앗지 않으며(奪人不奪境), 어떤 때는 경계만 빼앗고 사람은 빼앗지 않으며(奪境不奪人), 어떤 때는 사람과 경계를 함께 빼앗기도 하고(人境俱奪), 사람과 경계를 함께 빼앗지 않기도 하면서(人境俱不奪)[45] 형식과 종지를 초월하여 완전한 경지를 이루게 한다. 그러므로 원오는 "도를 배우는 사람은 부지런히 생사 문제를 가슴에 품고 밤낮으로 고생을 꺼려하지 않을 수 있어야 한다. 선지식을 섬겨 한 마디 반 마디 말에서 깨달음의 약을 찾아야 한다. 꾸짖고 배척하는 갖가지 나쁜 경계를 만나더라도 힘써 전진해야 한다. 숙세의 훈습으로 이루어진 자연종지自然種智가 아니면, 반드시 주저하거나 혹은 물러나 후회하리라."[46]고 경책하고 있다. 이와 같이 선지식은 순경과 역경, 자비와 무자비의 방편으로 중생들을 잘 인도하되, 향상일로向上一路의 방편으로 최상승의 깨달음을 얻게 한다. 『혈맥론』에서는 선지식의 중요성을 이렇게 설하고 있다.

> 비록 한 물건도 얻을 수 없으나 만약 찾으려 한다면 반드시 선지식을 참문하여 간절히 힘을 써 구하여 마음을 깨치게 해야 한다. 나고 죽는 일이 중대하니 헛되이 보내지 말고, 스스로 속이면 이익이 없다. 가령 진귀한 보배가 산같이 있고, 권속이 항하의 모래같이 많더라도 눈을 뜬 즉 보이겠지만, 눈을 감으면 도리어 볼 수 있겠는가. 그러므로 유위有爲의 법은 꿈과 허깨비 등과 같다는 것을 알아야 한다. 만약 급히 스승을 찾지 않는다면 헛되이 일생을 보내리라. 불성은 스스로에게 있다고 하나 만약 스승을 말미암지 않는다면 끝내 밝히지 못하게 된다. 스승을 말미암지 않고 깨달은 자는 만에 하나도 드물다.[47]

선지식이란 안목과 덕행을 갖추고 정법正法을 깨닫게 해주는 스승을 말한다. 즉 정법에 대한 바른 안목(智慧)과 중생에 대한 한량없는 사랑(慈悲)과 역사와 사회를 향한 끊임없는 회향(願力)을 실천해 가는 대승보살이 참다운 선지식이다. 스스로 견성하여 지견을 갖추지 못했다면 선지식이라 할 수 없다. "선지식善知識이라는 말에서 지식知識이란 참됨을 알고 망령됨을 아는 것이다. 마치 병이 들었을 때 약을 아는 것과 같다.

수행하려는 자는 마땅히 바른 지견을 아는 이를 구해야 하니, 법이 공하여 모습 없고 지음 없으며 남이 없고 사라짐이 없음을 깊이 알아 모든 법이 본래부터 구경에 평등하여 성품과 모습이 한결같음을 사무쳐 통달하여 진리에 머무는 이를 참된 선지식이라 한다."[48] 『원각경』은 바른 지견을 가진 선지식을 구할 것을 이렇게 설하고 있다.

선남자여, 말세 중생이 장차 큰 마음을 내어 선지식을 구해서 수행하고자 하는 이는 마땅히 온갖 바른 지견을 가진 사람(正知見人)을 구해야 한다. 선지식이란 마음이 모습에 머무르지 않고, 성문이나 연각의 경계에 집착하지 않으며, 비록 번뇌를 나타내지만 마음이 항상 청정하며, 여러 가지 허물이 있음을 보이지만 범행을 찬탄하며, 중생으로 하여금 잘못된 몸가짐에 들지 않게 하니, 이와 같은 사람을 친견하게 되면 곧 무상보리를 성취하게 될 것이다.[49]

중도정관中道正觀을 깨달아 바른 지견을 가진 사람이 선지식이다. 모습(相) 속에 있되 모습을 떠나 있으며, 번뇌를 나타내지만 마음이 항상 청정하며, 허물을 보이지만 늘 범행을 닦는 불이중도不二中道를 실천하는 이가 선지식인 것이다.

자기 스스로 신심과 원력이 없고 진정한 발심을 하지 않고 또한 도道를 사모하는 마음이 간절하지 못하면 선지식이 눈앞에 있어도 알아보지 못하게 된다. 밝은 눈으로 보면 목전에 부딪치는 모든 것이 선지식 아님이 없고, 스승 아닌 것이 없다. 그러하니 만약 자기 자신이 누구인지 분명히 깨닫지 못했다면 반드시 선지식을 친근親近하여 생사의 근본을 깨치도록 해야 한다.

『종경찰요』에서는 선지식 만나기의 어려움을 이렇게 말하고 있다.

> 선지식을 만나기란 어렵기만 하다. 비유하자면 범천이라는 하늘에서 겨자씨 한 개를 던져 이 지상세계의 바늘 끝에 안치하는 것과 같다. 이 일은 그래도 오히려 쉬운 편이다. 눈 밝은 스승과 도를 지닌 벗(道伴)을 만나서 올바른 법을 듣는다는 것은 이보다 훨씬 어렵기만 하다.[50]

설사 어떤 수행자가 선문에 나아가 나름대로 열심히 정진하여 높은 경지를 얻었다 하더라도 반드시 안목 있는 스승을 찾아 점검을 받아야 하며, 그 이상을 얻었다 하더라고 꼭 인가를 받아야 외도의 길로 빠지지 않게 된다.

> 깨달은 바를 스승에게 인가를 받아야 비로소 깨달아 증득했다고 할 수 있다. 위음왕불 이전에는 (인가를 받지 않아도) 괜찮았지만, 위음왕불 이후에는 스승 없이 스스로 깨달은 것은 모두 천연외도天然外道에 속한다. 그러므로 25보살들은 증득한 원통을 부처님께 인증을 받았고, 선재동자는 53위의 선지식을 친견하여 선지식에게 인증 받았으며, 인도와 중국의 여러 조사들은 서로서로 인증하기에 이르렀으니, 이른바 부처와 부처가 서로 주고받았고 조사와 조사가 서로 전수한 것이다.[51]

이른바 "부처와 부처가 서로 주고받았고 조사와 조사가 서로 전수하는 것"은 종문의 철칙이자 전통이다. 깨닫기 전이나 깨달은 이후에도 반드시 스승의 가르침이 필요하다. 『선림보훈禪林寶訓』에 이르기를 "장로 선지식의 요건으로 첫째, 도덕道德이 종문의 사표가 되어야 하며, 둘째, 언행言行이 일치하여야 하며(解行相應), 셋째, 인의仁義가 충실하여야 하며, 넷째, 예법禮法을 존중하여야 한다."라고 하였다. 이것은 선지식이 갖추어야 할 덕목으로서 다른 이를 지도할 스승은 반드시 이러한 덕목을 두루 갖추어서 후학으로 하여금 믿음을 일으키게 하여야 한다.

수행자의 발심이 직접적인 원인(因)이 되고 선지식의 가르침이 간접적인 조건(緣)이 되어 서로 어우러져 깨달음의 길로 나아가지만, 선지식의 가르침 없이 깨달음을 성취한 사람은 아무도 없다. 선지식에 대한 확고한 믿음과 지도가 위없는 보리를 깨닫는 지름길이 되는 것이다. 그런데 혜능이 『단경』에서 바깥의 선지식과 안의 선지식을 동시에 설하고 있음은 매우 주의해야 할 사실이다.

> 만약 스스로 깨닫지 못하면 반드시 최상승법을 아는 큰 선지식이 바른 길로 바로 보여줌을 찾으라. 이 선지식은 큰 인연이 있음이니 곧 중생을 교화하여 이끌어 성품을 보게 함(見性)이니, 일체 선법이 선지식으로 인해서 일어날 수 있기 때문이다. 삼세의 모든 부처님의 십이부경전이 모두 사람의 성품(人性) 가운데 본래 스스로 갖추어져 있지만 스스로 깨닫지 못하므로 반드시 선지식의 가르침을 구해야 비로소 보게 된다.
>
> 만약 스스로 깨닫는 자는 밖으로 (선지식을) 구할 것이 없다. 반드시

다른 선지식을 의지해야 해탈을 얻을 수 있다고 한결같이 집착하여 말하면 이것은 옳지 않다. 왜 그런가? 자신의 마음속에 선지식이 있어 스스로 깨닫는 것이다. 만약 삿되고 어리석은 생각을 일으켜 망령된 생각으로 인해 뒤바뀌게 되면 비록 밖의 선지식이 가르쳐 준다 해도 구할 수 없다.
만약 바르고 참된 반야를 일으켜 관조觀照하면 한 찰나 사이에 망령된 생각이 모두 사라지니, 스스로의 성품을 알아 한 번 깨달으면 곧 부처의 땅에 이르게 된다.[52]

자신의 성품 속에 갖추어진 바르고 참된 반야를 일으킴이 안의 선지식이요, 스스로 깨닫지 못하므로 최상의 깨달음으로 큰 인연의 좋은 법으로 지도해 줌이 바깥의 선지식이다. 안의 선지식을 계발하고, 밖의 선지식을 잘 받들어 모셔야 견성하여 성불할 수 있게 되는 것임을 강조하고 있다. 이때에 안팎의 선지식을 절대적으로 신信하는 것이 가장 요긴한 방편이 된다.

선지식은 밖에 있되 실로 밖에 있는 것도 아니요, 선지식은 안에 있되 실로 안에 있는 것도 아니다. 안의 선지식에 의해 진여본성을 스스로 깨닫는 자는 바깥 선지식의 가르침을 구할 필요가 없으나, 본래 스스로 갖추어져 있지만 깨닫지 못하고 전도된 자를 위해 반드시 밖의 선지식의 지도가 필요하다. 『화엄경』은 설하기를 "비록 진리가 다른 이로 해서 깨달을 것이 아닌 줄 알지만 언제나 모든 선지식을 존경하노라."고 하였다. 따라서 마음속의 선지식과 바깥의 선지식이 함께 어우러져야 단박에 보리를 깨달을 수 있다.

여러분, 오랫동안 생사고해에 윤회하면서 항하사의 오랜 세월(大劫)을 지나도록 해탈할 수 없었던 것은 일찍이 위없는 깨달음의 마음(보리심)을 일으키지 않고 여러 불보살과 진정한 선지식을 만나지 못했기 때문이다. 비록 여러 불보살과 진정한 선지식을 만났다 하더라도 또한 위없는 깨달음의 마음을 일으키지 않았다. 그래서 생사고해에 윤회하면서 무량한 항하사의 대겁을 지나도록 해탈할 수 없었던 것은 모두 이러한 이유 때문이다.[53]

오랜 세월 동안 생사윤회하며 해탈하지 못한 연유는 참된 선지식을 만나지 못한 것이고, 비록 참된 선지식을 만났을지라도 믿음을 내지 않아서 위없는 깨달음의 마음을 일으키지 않았기 때문이다. 먼저 안으로 위없는 보리심을 발하고 밖으로 진정한 선지식의 가르침에 의지하여야 진여본성을 밝혀 해탈에 이를 수 있는 것이다. 실로 법을 사모하는 마음으로 선지식을 공경하여 모시되, 그 공경과 모심이 깨달음으로 인도하는 스승에 대한 지극한 신심이어야 한다. 법과 지혜에 의지하는 수행풍토에서만이 진정한 선지식에 대한 믿음과 스승의 지도가 원융하게 이루어질 수 있다.

그런데 간화선 수행에 있어서도 마찬가지로 선지식의 역할은 지대하기만 하다. 화두의 결택으로부터 입실문신入室問訊, 책발策發, 점검點檢, 거량擧量, 인가認可, 전법傳法 등 전 영역에서 선지식에 대한 믿음과 지도가 요청되는 것이다. 화두수행에 있어서 우선 하나의 화두를 선택하여야 한다. 화두의 선택은 원칙적으로 선지식의 지도에 의거하여야 함이 통설이다.

그런데 혜능은 위에서 안의 선지식과 밖의 선지식이 있다고 말하였다. 이와 같이 안팎의 선지식이 있다고 한다면 화두결택 또한 자기 마음 안의 선지식과 스승으로서의 바깥 선지식의 역할이 동시에 이루어져야 되는 것이다.

화두의 결택은 간절하고 사무치는 마음으로 우주와 인생에 대한, 즉 존재의 실상에 대한 자기 자신의 실존적 과제와 직면하여야 한다. 지금 여기서 나의 실존적 과제가 바로 화두가 되는 것이다. 그리고 또 절절한 나의 문제의식으로 자리매김 되지 않는 화두에 대해서는 간절하고 절박한 의정疑情이 일어나지 않는다.

먼저 안으로 자신의 절절하게 사무치는 문제의식으로부터 출발하여 선지식의 철저하고 친절한 점검에 의해 화두가 선택되어져야 지금 현재 나에게 의심으로 이루어지는 현성공안이 된다. 선지식은 참문자의 인생 전후에 걸친 인연과 수행자로서의 발심과 정견, 그리고 화두에 대한 절박한 인식 등을 고려해 가장 적합한 하나의 화두를 결택해 주어야 한다. 이렇게 안의 선지식과 밖의 선지식의 상응相應에 의해 하나의 본참화두本參話頭가 탄생되는 것이다. 안의 선지식을 강조하는 이유는 결국 참구할 당사자의 문제의식이 결여된 화두, 즉 밖에서 들어온 화두는 간절한 의심이 일어나지 않을 수 있기 때문이다. 그리고 반드시 밖의 선지식의 점검과 지도를 필요로 하는 것은 정법正法에 의거해 원만하게 화두결택이 이루어져야 하기 때문이다. 이렇게 하여 간택되어진 화두는 지금 현재 나에게 간절한 의심으로 참구가 이루어지게 되므로 바로 현성공안現成公案이 되는 것이다.

그리고 화두공부에 있어서의 또 하나의 중요한 믿음은 화두공부 자체에 대한 믿음이라 할 수 있다. 다시 말하면 이 화두 의심을 통한 간화의 방법론 자체에 대한 절대적 믿음이 선행되어야 한다는 것이다. 화두참선을 하기 위해서는 반드시 신심信心이 바탕이 되어야 한다. 보조는 화두수행이 곧바로 질러 들어가는 수행문임을 믿어야 함을 이렇게 말하고 있다.

> 지금 논의하는 바 선종의 교외별전인 바로 질러 들어가는 문(徑截門)은 보통의 능력을 넘어선 것이다. 그래서 교학자들만 믿기 어렵고 들어가기 어려울 뿐만 아니라, 우리 선종에서도 근기가 낮고 지식이 얕은 사람은 아득해서 알지 못한다. 이제 나는 깨달음에 들어가게 된 인연을 몇 가지 소개함으로써 믿지도 않고 알지도 못하는 사람들로 하여금 선문에 바로 질러 들어가는 문이 있어 돈교頓教와도 다르고, 원종圓宗에서 깨달아 들어가는 자들과도, 교를 의지하느냐 교를 떠나느냐에 따라 (깨달음에) 느리고 빠름이 아주 다르다는 것을 알게 하고자 한다.[54]

보조는 간화선수행이 선과 교의 어느 수행문보다 더 수승함을 믿어야 된다고 주장하고 있다. 대혜 역시 간화수행에 대한 믿음을 강조하며, "이미 믿음의 뿌리가 있으면 이것이 곧 깨달음의 바탕이 되고, 문득 현재에 드러나 행해지면 곧 위없이 바르고 평등한 깨달음을 얻는다."[55]라고 하였다.

> 이 도를 배우려 하면 모름지기 결정적인 믿음을 갖추고서 순경이나

> 역경일 때나 마음이 흔들리지 않아야만 비로소 진전이 있다. …… 만약 반은 밝고 반은 어둡고 반은 믿고 반은 믿지 못한다면, 경계에 부딪치고 인연을 만남에 마음에 의혹이 일어나 곧 경계에 마음이 집착하니, 이 도에서 결정적으로 의심이 없어지지도 못하고, 번뇌의 뿌리를 소멸하지도 못하고, 모든 어려움에서 멀리 벗어나지도 못한다. 온갖 어려움이란 결정적인 믿음이 없기 때문에 자기의 음마(陰魔: 五蘊魔)에게 휘둘리게 되는 것이다.[56]

대혜는 순경이나 역경 그 어디에도 흔들리지 않고 화두일념이 되기 위해서는 결정적인 믿음을 갖추어야 한다고 강조하고 있다. 결정적 믿음이 부족하면 스스로 음마의 경계에 빠져 공부에 방해를 받게 된다는 것이다. 무이는 『참선경어』에서는 범부가 부처와 똑 같다는 말은 믿기 어렵지만 이것을 믿는 사람은 참선을 할 수 있는 그릇이 되고, 믿지 않는 사람은 참선할 근기가 아니라고 하였다. 모든 수행자가 참선을 하기 위해서는 반드시 이 믿음으로부터 들어가야 한다. 이와 같이 참선을 하려고 하는 수행자는 먼저 일체법이 공하며, 중생이 본래 부처라는 믿음 위에 우뚝 서야 하며, 아울러 화두 공부를 통해 의단을 타파하고 결정코 견성할 수 있다는 믿음이 전제되어야 하는 것이다. 이것이 바로 신심이자 정견이다. 즉 화두를 참구하는 납자는 화두공부가 깨달음으로 이끄는 바른 가르침이라는 믿음이 서야 한다.

대혜가 생각하기에 화두를 참구함에 먼저 의정疑情을 일으켜야 하는데, 이 의정을 일으키기 위해서는 반드시 대결심大決心과 대신심大信心을 갖추어야 한다는 것이다. 참선하여 깨달음을 얻는 중요한 관건이 신심과 결심이라는 것이다.

> 세간의 마음이 소멸하면 적멸한 마음이 나타나고, 적멸한 마음이 나타나면 헤아릴 수 없이 많은 모든 부처님께서 말씀하신 법문이 일시에 나타난다. 법문이 나타나면 바로 적멸한 참된 경계이다. 이러한 경계에 도달하면 바야흐로 자비를 일으켜 모든 유익한 일들을 행하니, 역시 결정적인 뜻(決定志)으로 말미암아 결정적인 믿음(決定信)에 의지하여 성취하는 것이다. 만약 결정적인 뜻이 없다면, 여래의 대적멸大寂滅 바다에 깊이 들어갈 수 없다. 결정적인 믿음이 없다면, 옛사람의 언구와 경전의 문자 속에서 깨달음을 이룰 수 있다.[57]

오랜 겁을 생사에 윤회하다가 금생에 이르러 불법을 만났고 마음 깨닫는 참선법을 배웠는데 결정코 도를 이루고야 말겠다는 결심이 서면, 이로부터 신심이 나온다. 대혜는 "다만 결정적인 믿음과 결정적인 뜻이 없다면 물러나는 마음이 생기고 참구해도 철두철미한 곳이 이르지 못한다"고 경책하고 있다. 생사의 해탈은 견고한 신심과 결정적인 뜻을 가지지 않으면 결코 이룰 수 없다.

고봉은 『선요』에서 진실한 믿음으로 화두를 의심하라면서 이렇게 말하고 있다. "대저 참선은 출재가를 막론하고 오직 하나의 결정적 믿음을 필요로 할 뿐이다. 당장에 믿어 선정의 주인이 되고 오욕에 흔들리지 않는 무쇠막대기와 같다면 반드시 정해 놓은 기일 안에 공부를 성취하되 독 안의 자라가 달아날까 염려할 필요가 없다. 예로부터 부처님과 조사들이 피안에 올라 대법륜을 굴려 중생을 이롭게 한 것이 모두

이 하나의 믿음에서 흘러나오지 않는 것이 없었다. 그러므로 도는 믿음의 근원이고, 공덕의 어머니이며 위없는 부처님의 깨달음이니, 믿음으로 영원히 번뇌의 뿌리를 끊어 해탈의 문을 속히 증득할 수 있다."라고 하였다. 결심과 신심에 의해 의심이 일어나는 것이다. 이 세 가지 마음이 참선수행의 기본이다. 따라서 『선요禪要』에서 신심信心, 분심憤心, 의심疑心을 참선하는 데 가장 요긴한 세 가지 요건이라 하여 이를 갖춤을 "삼요三要"라고 말하고 있으며, 이것은 간화선 수행의 기본이 되고 있다.

> 만약 착실한 참선을 말한다면 결단코 세 가지 요점을 갖추어야 한다. 첫 번째 요점은 큰 신심(大信根)이 있어야 하니, 신심이 수미산須彌山을 의지하는 것과 같다는 것을 분명히 알아야 한다. 두 번째 요점은 큰 분심(大憤志)이 있어야 하니, 이 분심은 부모를 죽인 원수를 만나 바로 두 동강 내버리는 마음과 같아야 한다. 세 번째 요점은 큰 의심(大疑情)이 있어야 하니, 이 의심은 아무도 모르는 곳에서 큰일을 저질러 은폐되었던 일들이 막 폭로되려고 할 때와 같은 것이다.[58]

이른바 "신심이 수미산을 의지한 것과 같다"는 것은, 이때의 신심이 불퇴전의 결정신決定信이어야 한다는 말이다. 수미산을 비유한 것은 결정적 믿음이 바탕이 되지 않고서는 화두참구의 관문을 통과할 수 없음을 강조하기 위함이다. 고봉은 거듭 주장하기를 "의심은 믿음으로 체体를 삼고 깨달음은 의심으로 용用을 삼는 줄 알아라. 믿음이 십분(十分: 전부)이면 의심이 십분이고, 의심이 십분이면 깨달음이 십분이다."라고 하여 신심과 의심과 깨달음이 하나의 바탕(一體)임을 강조하고 있다.

곧 화두참선은 나고 죽음(生死)에 대한 무상심無常心으로부터 신심과 용맹심이 일어나고, 신심과 용맹심이 충만하면 화두를 의심하지 않을 수 없게 된다. 이렇게 저절로 들어지는 화두라야 하루 24시간에 일념상응一念相應하여 화두일여話頭一如의 경지에 이르러 칠통을 타파하여 조사관을 통과할 수 있다.

고봉은 『선요』에서 화두를 참구함에 있어서 그 믿음을 우물에 눈을 져다 메우듯이 하라고 다음과 같이 일러주고 있다. "만약 정해 놓은 기한 안에 깨닫는 법을 말하자면, 마치 어떤 사람이 눈을 져다 우물을 메우되, 추위와 더위 및 밤낮을 가리지 않으며 온갖 방법으로 눈을 짊어져 나르면서 세월이 지나 천생만겁千生萬劫이 걸리더라도, 이렇게 행해 가는 가운데 우물이 채워지리라 굳게 믿고 편안하게 선정의 주인이 되는 것과 같다."[59] 즉 공부를 성취하기 위해서는 시비是非, 이해利害, 호오好惡, 애증愛憎의 일체 분별을 한꺼번에 놓아버리고 확실한 믿음을 가지고 오직 일념으로 화두를 챙기면서 물샐틈없는 선정의 경계를 지어 나가야 한다는 뜻이다. 고봉은 만약 공부인이 이러한 결정신決定信을 갖추어 화두일여가 될 수 있다면 칠일 안에 공부를 마칠 수 있다고 주장하고 이 말이 틀렸다면 스스로 발설지옥에 가겠노라고 말하고 있다. 화두공부에 있어서 결정신決定信과 결정지決定志는 일체 망념을 부수는 지혜의 보검이다.

5. 결론

불교의 모든 수증은 믿음을 제일 전제로 한다. 신심과 발심이 없이는 수행과 깨달음이 이루어질 수 없다. 신심과 깨달음은 둘의 영역이 아니라 하나로 통일되는 것이다. 중생의 발심과 부처의 깨달음이 둘이 아니기에 『신심명』에서는 신심불이信心不二, 즉 "믿음은 둘이 아니요(信心不二), 둘이 아닌 것이 신심이다(不二信心)"라고 말하고 있다. 신심은 발심으로부터 구경각에 이르기까지 하나로 귀결되는 것이다. 이것을 달리 표현하면 발심행자에서 구경제불究竟諸佛에 이르기까지 모두가 본래부처이므로 믿음과 깨달음이 결코 둘이 아닌 하나임을 말하는 것이다.

연수 또한 말하기를 "믿기만 하고 알지(깨닫지) 못하면 무명이 더욱 자라고, 알기만 하고 믿지 않으면 삿된 견해가 더욱 자란다."라고 하였다. 『화엄』에서 세우고 있는 신해행증의 신앙체계 역시 입체적으로 이해하면 믿음과 정견, 수행과 깨달음이 하나로 어우러져야 올바른 신행의 체계가 이루어질 수 있다는 것이다. 그러나 이 또한 신심으로부터 출발하고 있는 데 주의할 필요가 있다. 신심이 대지大地가 되어야 일체 수행의 줄기를 통해 보리의 열매를 맺을 수 있는 것이다. 신심의 바탕이 없이는 정견과 수행, 깨달음이 성취될 수 없다.

선종에서는 여래장자성청정심의 입장에서 자성청정, 즉 중도불성을 믿으라고 강조하고 있으며, 나아가 마음이 부처라고 주장하고 있다. 이것은 선종의 수증이 중도정견을 중심으로 이루어지고 있으며, 마음이 부처요, 중생(사람)이 본래 부처라는 믿음의 체계를 완성하고 있다.

이와 같이 자성이 청정하고 마음이 부처이기 때문에 자성과 마음이 둘이 아니요 중도불성으로서 하나이다. 그러므로 불성을 깨닫는 것이 견성이요, 견성을 통하여 부처를 이룰 수 있는 것이다. 이것이 선종의 신행信行의 체계요, 수증의 체계이다.

그리고 이러한 신행과 수증을 위해서 선지식의 역할이 반드시 요청된다. 따라서 선지식에 대한 절대적 믿음이 선수증의 바탕이 되는 것도 이 때문이다. 특히 간화선 수행에 있어서 화두 간택으로부터 인가와 전법에 이르기까지 전 영역에서 스승의 지도와 방편이 작용되어야 함은 물론이다. 스승에 대한 믿음이 전제되지 않고서는 간화선 자체가 성립될 수 없는 것이다.

아울러 간화선 수행에서 화두참구에 대한 확신이 서지 않으면 공부에 전혀 진전이 없게 된다. 화두공부를 통해 견성성불 요익중생할 수 있다는 불퇴전의 신심이 바탕이 되지 않고서는 번뇌망념을 보리정념으로 바꿀 수 없고, 어리석은 중생을 돌이켜 지혜의 부처로 나아갈 수 없다. 불교의 수행에 있어서 발심에서 정각을 이루는 전 과정에서 믿음이 초석이 됨은 불문가지이다.

{종교심리학의 믿음}

연속적 발달인가 질적 변형인가

권명수(한신대학교 신학과)

1. 들어가는 말

마음속에 불성佛性이 있다는 믿음이 있는 사람은 인간에 대한 시각이 긍정적일 것이다. 자신의 인생이 허무와 고통 속에 죽을 수밖에 없으나, 신의 자녀로 신분이 바뀔 수 있다는 믿음은 그의 삶에 긍정적 동력이 될 것이다. 어떤 사람은 믿음을 가짐으로서 용기와 힘을 얻고 성장의 원천이 되기도 하며, 믿음으로 병을 이기고 치유되었다는 사람들의 이야기를 주변에서 종종 듣기도 한다. 그러나 믿음을 갖고도 삶의 문제에 자유하기보다는 죄책감에 빠져 괴로워하기도 하고, 용서보다는 자주 비판과 분노를 표출하는 사람도 있다. 믿음을 갖고도 정신이 불안해지고 상처를 받고 고통스럽게 살기도 한다. 이처럼 인간의 삶에 귀중한 역할을 하는 믿음이 어떻게 성장하는가에 대해서는 인간이라면 누구나 한번 깊이 생각해볼 중요한 주제라고 생각한다.

믿음이라는 단어는 대부분의 종교 전통에서 많이 쓰이지만 그 의미를 정확하게 말하기란 간단치 않다. 왜냐하면 종교 전통에 따라 믿음에 대한 이해가 다를 뿐만 아니라, 믿음이라는 단어와 유사한 의미의 단어인 신앙이나 신뢰 외에도 여러 단어들이 존재하기 때문이다. 이 글에서 말하는 믿음은 영어로 faith를 의미하나, 이는 신앙으로 번역되기도 한다. 이 글에서는 믿음이라는 말로 통일할 것이다. 그리스도교에서는 믿음과 비슷한 의미의 단어로 belief가 있는데, 신념으로 번역하기도 한다. belief란 특정 종교 전통에서 말하는 믿음의 지적 요소인 교리나 신조 등을 의미한다.

본 논문의 주제인 믿음의 성장과 관련된 중요한 두 권의 책이 1981년에 동시에 출판되었다. 다행스럽게 두 권 모두 한국어로 번역되어, 『신앙의 발달단계』(제임스 파울러, 1987)와 『삶이 변형되는 순간』(제임스 로더, 1988)이라는 이름으로 출판되었다. 두 저자의 믿음의 성장에 대한 입장은 저자뿐만 아니라 이 분야에 종사하는 현재의 세대에까지 논쟁으로 이어지고 있다. 이하에서는 먼저 믿음의 성장을 연속적 발달이라는 측면에서 구조적으로 다룬 제임스 파울러의 '믿음발달론'을 다루고, 다음으로 믿음의 성장을 질적 변형(transformation)이라는 관점에서 기술한 제임스 로더의 이론을 분석할 것이다. 그 후에 두 이론의 시사점을 논의하고자 한다.

2. 파울러의 믿음발달단계이론

파울러는 폴 틸릭Paul Tillich, 리처드 니버Richard Niebuhr, 윌프레드 스미스Wilfred C. Smith에게서 믿음의 이론과 현상을 배웠다. 파울러는 하버드 대학교의 학생시절 비교종교학자인 윌프레드 스미스 밑에서 세계의 주요 종교 전통들을 공부하였다. 파울러 스스로도 스미스의 연구와 인품이 자신의 "믿음 탐구와 연구"에 큰 도움이 되었고 격려 받았다고 고백한다.[1] 이처럼 그의 믿음 이해는 스미스에게서 영향 받은 바가 크다.

파울러는 미국 에모리 대학교 교수로서 믿음발달센터의 소장이다. 그의 주요 관심은 믿음(faith)의 내용보다는 믿음의 형식에 있었다. 곧, 인간이 어떠한 믿음의 내용을 갖는가보다는 믿음을 갖되 어떠한 방식으로 믿음을 갖는가? 그리고 믿음의 형식이 삶의 과정에서 어떻게 발달되는가에 관심이 있었다. 그는 그의 동료들과 함께 믿음의 성장과 발달 단계를 제시함으로써 이 분야의 연구에 중요한 토대를 놓았다.

1) 파울러의 믿음 이해

파울러는 첫째로 믿음을 인간의 보편적인 관심사로 이해한다. 그는 니버의 믿음 이해에 따라, 믿음은 유아기에 자신을 길러준 사람들과 맺게 되는 최초의 관계 속에서 형성된다고 보았다. 믿음은 종교인이든 비종교인이든 간에 갖고 있다. 그래서 무신론자도 나름의 믿음을 갖고 있다고 할 수 있다. 그래서 믿음은 누구에게나 공통되는 관심, 비전, 가치라고 본다.[2] 파울러는 믿음을 삶을 가치있게 하는 대상에 대한

'신뢰'라고 이해한다.[3]

둘째, 파울러는 스미스의 종교와 믿음 사이를 근본적으로 구분하는 입장에 동의한다.[4] 스미스는 종교란 해당 종교의 '축적된 전통들'을 말한다. 축적된 전통은 활력이 넘치는 '미술관'과 같다. 축적된 전통은 현재의 믿음을 일깨워 주는 현실적 동인動因으로 인식된다. 스미스는 겉으로 드러나 보이는 "종교보다 더욱 깊고 보다 인격적인 믿음은 축적된 전통을 통하여 인식되고 파악된 초월적 가치와 능력에 대한 한 개인, 또는 집단이 갖는 응답 방법"으로 이해한다.[5] 이런 점에서 믿음과 종교가 상호적으로 관계한다. 이 둘은 각자 역동적이며 서로간의 상호작용을 통하여 성장하거나 또는 어느 한 쪽으로 동일시되기도 한다.

셋째, 파울러의 믿음은 관계적이다. 믿음(faith)을 의미하는 헬라어 동사인 pistuō와 라틴어 동사 credo는 "나는 신뢰한다. 나는 나 자신을 헌신한다. 나는 충성을 서약한다"는 뜻이다. 부모와 자녀와의 상호작용을 통한 신뢰와 충성의 유대에서 발전하여 타인, 제도, 궁극적 가치에로 나아가게 된다. 궁극적 실재와의 관계로서의 믿음은 결코 개인적이거나 수직적인 것만을 의미하지 않는다. 관계란 자아(S, self), 타자(O, other), 일상을 초월하는 중심 가치(CSV, center of supra-ordinate value)를 옆의 그림과 같은 삼각형으로 표현할 수 있다.[6] 나와 타자인 세계, 신, 가치와의 사이를 맺어주는 사랑, 자비를 통해 관계가 형성된다. 그리고 관계의 구성 요소는 시간과 공간에 따라 변할 수밖에 없으므로 이 관계는 항상 유동적이고 역동적일 수밖에 없다.

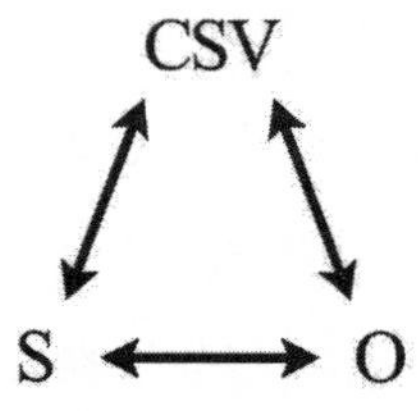

CSV

S ⟷ O

넷째, 파울러의 믿음은 능동적 앎의 행위이다. "믿음은 존재의 방식으로서 지각(seeing)과 인식(knowing)의 방식에서 야기된다."[7] 믿음이란 믿음의 주체가 대상에 대해 지적으로 인식하고 의미를 찾으며 구성하고 그 결과에 자신을 헌신하게 한다. 이 같은 믿음의 앎이란 삶의 초월적 존재 또는 삶의 중심적 가치와 연결되어 있기에 다른 형태의 앎보다 훨씬 포괄적이며 중심적이다. 파울러에게 믿음의 앎이란 우리가 우리의 관계성을 존재의 깊이 내지는 초월적인 근원에 비춰 이해하는 행위이다.[8] 이 앎이란 인간이 갖는 어느 한 기능만이 아닌, 인식의 전 기능이 함께 참여한다.

파울러에게 앎으로의 믿음은 객관적, 과학적 인식론과는 차이가 있다. 피아제와 콜버그의 발달 이론에 나타난 인식은 논리적이고 객관적인 면에 치중되어 있으나, 파울러의 믿음발달론은 감정적(affection) 인식이라는 점에서 차이가 있다.[9] 믿음적 인식은 객관적인 면을 넘어선다. "의미를 갖는 것은 자아의 전적인 구성적 인식 행위이며, 여기에는 느낌 없는 사고가 없고, 사고 없는 느낌 또한 없다."[10] 파울러의 믿음은 논리적, 객관적 요소가 필요하기도 하나, 감정적이고 상상적이며 전체적인 인식의 형태가 참여한다. 파울러는 전자를 확실성의 논리, 후자를 확신의 논리라고 구분하고, 믿음의 인식은 이 두 논리가 함께 참여한다. 전자의 논리에서 믿음의 대상을 객관적으로 바라본다면, 후자의 논리에서는 주관적으로, 실존적으로 참여한다. 그러기에 믿음의 인식에는 인식의 주체인 자아의 참여가 필수적이다. "믿음의 인식에는 대상이 이해될 뿐만 아니라 대상과의 관계에서 자아가 또한 확인되고 수정되거나 재구성된다."[11] 이 점에서 파울러는 피아제나 콜버그의 주객 분리적 인식을 극복하고 주체로서의 자아가 참여하는 인식을 주장한다. 곧,

믿음의 인식이란 단순한 지식을 취득하는 것이 아니라 의미를 찾는 자아의 전체적인 행위이다.[12]

다섯째, 파울러는 믿음을 상상(imagination)으로 이해한다. 앎으로서의 믿음은 객관적 지식이나 논리적 차원을 초월한다. 파울러에게 믿음이란 우리의 삶을 우리가 궁극적 환경이라고 부를 수 있는 것에 대한 전체적 이미지들과 관계시켜 바라보는 방식을 형성케 하며,[13] 그 과정에서 논리나 이성보다는 상상력에 의존한다는 것이다. 파울러는 인간의 기억을 연구하는 학자들의 견해, 특히 집단무의식의 원형상에 관심을 갖는 융학파들이 인간의 모든 앎은 이미지들과 더불어 시작하고 이미지로 저장된다는 주장에 동의한다. 인간이 경험에서 지식으로 받아들임은 인간의 의식적 지각이나 주의력이 파악하는 것보다 훨씬 광범위하며 포괄적인 방식으로 이루어진다. 인간이 의식적으로 알고 있는 지식은 광범위한 이미지의 일부이다. 이미지는 개념보다 앞서며 또한 깊다. 그래서 믿음이란 지식이나 개념을 갖는 것이 아니라 우리의 존재 조건들에 대해서 강력하게 느껴지는 이미지를 형성하는 것이다.[14] 이런 의미에서 신앙의 대상에 대해 갖는 믿음은 이성을 통한 판단에 의한다기보다 상상력의 주된 작용의 결과라고 말할 수 있다.

지금까지 고찰한 파울러의 믿음 이해는 특정 종교 전통의 믿음 이해를 논한다기보다는 종교 일반의 믿음 이해를 말하고 있다. 곧, 믿음은 신념(belief) 또는 종교라기보다는 초월자와 관계를 맺으려는 인간적 탐구의 가장 근본적인 범주에 속한다. 믿음은 관계적이며, 그래서 믿음의 인식은 논리적, 객관적 요소도 관여하지만 정서적 요소와 상상의 요소도 함께 참여한다.

2) 믿음의 발달 단계

파울러는 믿음을 인간이면 누구나 갖게 되는 보편적 범주로 이해하였다. 그래서 무신론자를 포함한 모든 사람은 나름의 믿음을 갖고 있다고 할 수 있다. 또한 파울러는 피아제의 논리형태론, 콜버그의 도덕발달론, 에릭슨의 생애주기이론을 자신의 연구에 수용하였다. 이를 토대로, 파울러는 4세부터 88세에 이르는 거의 400명이 넘는 사람들을 8년간에 걸친 면담을 통해서 믿음에 대한 임상적·실증적 연구를 시도하였다.[15] 이때 수집된 자료를 분석하여 "믿음발달단계론"을 주장하였다. 믿음의 6단계에는 포함되지 않았으나 시간적으로 가장 앞에 오는 영아기부터 이 책의 주제인 '믿음, 디딤돌인가 걸림돌인가'와 관련하여 탐색해 보면 다음과 같다.

제0단계: 원초적 단계

영아기와 미분화된 믿음. 아기가 태어나는 0세에서 15개월까지로 본다. 파울러는 이 시기를 에릭슨의 신뢰와 피아제의 감각 동작기 이론을 토대로 설명한다. 그는 영아 시절에서부터 믿음의 순례 여행을 시작한다고 말한다.[16] 영아는 직관과 환상으로 가득차 있다. 행동은 동물과 비슷하다. 개념 이전의 시기로서 무無사고의 세계에 산다고 말한다. 그렇다고 해도 영아의 내면세계에 어떤 움직임도 없는 것은 아니다. 왜냐하면, 대상관계 이론에 의하면, 이 시기 영아가 양육자와의 상호교류로 경험하는 관계의 질이 영아기 이후의 믿음 발달의 중요한 토대가 형성되기 때문이다.[17] 만일 양육자와의 정서적 상호교류가 불충분하면 영아는 성장하여 너무 자기중심적인 믿음을 갖게 되거나 너무 자신에 대해

무관심한 믿음을 갖게 된다. 사고와 언어가 출현하면서 미분화된 믿음에서 1단계 믿음으로 나아간다.

제1단계: 직관적-투사적 믿음 (Intuitive-Projective Faith)

만 2세부터 7세의 시기에 걸쳐 있다. 이 시기 유아는 논리적 사고가 결여되어 있고, 자신이 경험한 현상을 유일한 관점으로 생각한다. 다른 사람과 대화해도 사고와 가치가 자기중심적이기 때문에 독백이 되기 쉽다.[18] 이 시기 유아의 믿음의 특징은 만 2세 이전의 미분화된 아동들과 마찬가지로 매우 환상적이며 모방적이다. 유아의 상상력은 경험의 세계를 이미지로 파악하고 통합시키는 능력이고 신성한 것에 대한 아동의 직관적 이해와 느낌을 나타낸다.[19] 만일 이때 아동이 성장 과정에서 무한대의 공포와 파괴적인 이미지에 사로잡히는 경험에 노출되거나, 도덕이나 교리를 강압적으로 강요받게 되면 상상력의 성장이 방해받게 된다.[20]

아동은 성인의 가시적인 믿음의 표현을 모방하고, 환상과 상상력을 발휘하여 믿음을 키워간다. 그리고 상징과 그림과 같은 시청각적 자료는 아동의 환상과 상상력을 키우는 데 크게 도움이 된다. 아동보다 더 힘있는 성인과의 애정관계나 의존관계, 권위에의 의존이 믿음의 닻을 내리는 기초가 된다.[21] 부모의 기분과 행동, 부모가 사용하는 언어는 아동이 선과 악을 구분하는 데 강력한 원천이 된다.

제2단계: 신화적-문자적 믿음(Mythic-Literal Faith)

만 7~8세부터 11~12세 정도의 연령에 해당되는 단계이다. 이 시기의 아동은 환상적으로 생각하던 세계를 차츰 문자적으로 이해하지만 여전히 신화적인 상태에 머무르고 있다. 논리적 사고로 인해 원인과 결과, 공간과 시간에 대해 이해하게 된다. 또한 타인의 관점을 이해하기 시작한다.

아동은 자신이 속한 공동체의 이야기, 교리, 관례적으로 해오던 것들을 자신의 것으로 답습하기 시작한다. 이야기 들려주기는 아동의 경험을 통합시키고, 그에 대해 가치를 부여하는 중요한 방식이다. 믿음의 대상이나 내용을 말해주는 교리나 신조들을 문자적으로 판단하여 자기 것으로 삼는다. 상징을 문자적이고 일차원적으로 이해한다. 부모의 권위는 또래들의 영향보다 막강하다. 주변의 의미있는 사람들에게 "착한 아이"라는 소리 듣기를 좋아하기에, 그런 소리를 들으려고 지나친 완전주의에 빠질 수도 있다. 타인에게 정당한 대우를 받지 못할 때는 객관적 상황을 평가하기보다 자신을 비난하고 비하하거나 상대를 무조건 거부하는 극단적 흑백논리의 형태를 보이기 쉽다.[22]

성인이 되어서도 이 단계에 속한 사람은 자신이 속한 종교 전통의 경전을 문자 그대로 받아들여 자신의 행동에 적용할 수 있다. 경전이 그 사람의 정신을 자유롭게 하는 디딤돌이 아니라 오히려 믿음의 성장에 걸림돌이 될 수도 있다. 경전의 문자적 의미보다 그 뒤의 담겨진 의미에 대해 개방적인 분위기 속에서 학습할 수 있는 안전하고 성숙된 분위기가 모든 종교에 필요하다.

제3단계: 종합적-인습적 믿음(Synthetic-Conventional Faith)

12세 이후부터 시작하여 청년기까지 포함하는 단계이다. 3단계로의 이동은 2단계 수준에서 지금까지 인식하지 못했던 이야기들에 포함된 모순들을 인식하고 그 의미를 반성하면서 가능해진다. 3단계는 주로 청소년기에 해당되나 파울러가 면담한 성인 가운데 상당수가 3단계의 모습을 나타냈다고 한다. 형식적, 조작적 사고가 나타남으로써 인간 상호간의 관점이 형성된다. 그러므로 이 단계의 믿음은 좋아하는 인습에 따라서, 그리고 중요하게 생각하는 사람이 말하는 지시와 표준에 따라 삶을 해석하고 의미를 부여하는 순응주의자(conformist)의 삶이 두드러진다. 관습적으로 행해오는 인습에 순응하는 삶의 자세를 갖고 있다. 이 시기의 권위는 전통적으로 권위의 역할을 하는 사람들이나 가치있는 것으로 생각되는 집단과의 일치감에 있다.

이 시기의 가장 중요한 점은 자기 정체성의 확립이다. 3단계에서는 경험 영역의 확장으로 자신의 상이한 모습과 역할을 통합하는 데 어려움을 겪게 된다. 그러면서도 주위 사람들의 기대에 호응하려고 애쓴다. 그래서 타인의 기대와 평가에 민감하게 반응하고 이를 지나치게 내면화하게 되면 자율성이 위태로울 수 있다.[23] 따라서 자신이 가치를 두고 있는 것들 사이에 심각한 모순을 경험하게 되고, 또 그 가치들이 서로 어떠한 관계를 맺고 있는지에 대해 성찰하게 되면서 다음 단계로의 이동을 준비하게 된다.

어떤 사람이나 종교의 믿음이 건전한가의 여부는 그 믿음이 인간의 내적인 자유를 성장시키고, 인간의 책임을 강화시켜 주는 방향으로 가고 있는가로 판단할 수 있다.[24] 또 죄와 용서를 어떻게 처리하고 있는가를 보면 쉽게 알 수 있다. 인간의 표면 행위에 주된 관심이 있는지, 아니면 인간의 인격에 관심이 있는지를 보면 짐작할 수 있다.

제4단계: 개별적-성찰적 믿음(Individuative-Reflective Faith)

이 단계는 18세부터 후기 청년기 사이에 시작되고 초기 성인기에 완성된다고 말한다. 그러나 파울러는 연구 과정에서 30~40대가 되어도 아직 이 믿음단계에 이르지 못하는 경우도 종종 발견하였다고 한다. 4단계는 비판적 성찰의 능력이 있으므로 여러 가치, 신념 체계들 중 옳다고 생각되는 것을 자율적으로 결정하게 된다. 또 자신과 타인과의 관계에서 구성되는 역할에 더 이상 매어 있지 않고 새로운 자아 정체성을 형성하게 된다. 이 단계의 믿음의 특징은 "이것이 아니면 저것이어야만 한다"고 자신의 관점에 동화시키려는 경향이 강하다.

외적인 권위에 대한 의존이 중단되고 성찰적 판단이 그 자리를 대신하게 된다. 성찰적 판단에 따른 책임을 감당하는 집행적 자아가 대두된다. 이런 선택 과정에서 다음과 같은 피할 수 없는 긴장을 겪게 된다. 자신의 입장과 그룹 회원에 의해 규정된 것 사이의 긴장,[25] 개인이 갖는 감정들의 힘과 비판적 성찰로 생긴 객관성 사이의 긴장, 자아실현을 해야겠다는 우선적 관심과 타자를 위해 봉사하겠다는 마음 사이의 긴장, 상대적인 것과 절대적인 것에 대한 가치 사이의 긴장들이다. 이런 긴장 가운데 있을 때, 신경증적인 믿음의 경향을 갖게 되면, 외적인 행동, 사소한 윤리 행위, 감정적이거나 충동적인 믿음 활동 등에 주로 관심을 두게 된다. 또한 이들은 종종 완벽주의적 경향으로 도달하기 어려운 높은 기준을 설정하고 달성하기 위해 초인적인 노력을 시도하게 된다. 노력하는 가운데 힘들어하고, 달성하기 어려운 목표 때문에 실패하게 되면 죄책감과 자학의 악순환의 굴레에 빠지게도 된다.[26] 어쩌다 성공하면 이에 만족하지 못하고 또 다른 목표를 향해 질주하게 된다.

이 단계의 또 다른 위험성은 실재와 타자의 관점을 자신의 세계관으로 지나치게 통합시키려는 경향이 있다는 점이다. 이런 시도는 쉽지 않은 과제이기에 주변의 상황이 협조적이지 않고 열악하면 믿음의 여정 자체가 위태로울 수 있다. 예를 들면, 자신을 지도하고 안내해줄 멘토같은 존재를 발견하지 못할 경우도 있다. 이럴 경우 믿음 여정에 대한 막연함과 어려움으로 주저앉을 수도 있다. 또는 소속 종교기관의 내적 문제나 갈등이 외부로 표출되어 보는 이로 하여금 눈살을 찌푸리게 할 수도 있다. 자신의 의지와는 상관없이 일어나는 이런 일들로 인해 믿음 생활 그 자체에 대한 회의로 해소되기 어려운 상처를 입고 고통당하기도 한다. 이런 개인적, 공동체적 상황에도 불구하고 자신의 삶에서 일어나는 긴장들을 통합시키려고 노력해 가는 과정에서 그 속에 통합되지 않고 나타나는 내적 음성을 자아가 인식하기 시작하면서 다음 단계로의 준비가 이루어진다.

제5단계: 통합적 믿음(Conjunctive Faith)

이 단계는 30세 초기부터 중년기 이후의 연령으로 보기도 하나, 어떤 이는 시기적으로 중년기 이전에 이 발달 단계에 이르는 경우는 아주 드물다고 보는 등 편차가 매우 심하다. 이 단계는 해당 연령이 중요하다기보다는 개인의 내적 상태로 평가할 수밖에 없다. 5단계의 믿음은 보다 성숙한 단계로 궁극적인 관심과의 대화 속에서 우주관을 세우는 발달단계이다. 이 단계 사고의 특징은 이성과 합리성이 기반으로 이분접적 사고를 넘어서서, 명백한 모순들 속에서 역설과 진실을 자신의 경험 속에 통합시키려고 노력한다는 점이다.

상징의 힘과 개념의 의미가 재결합한다. 과거에 대해 새롭게 재조명하고 심층적인 자아에서 울려오는 음성에 귀 기울이기 시작한다. 심리학자 융이 강조하는 무의식의 힘에 주목하기 시작한다. 4단계에서는 무의식적 요소에 별 관심을 두지 않으며, 자신의 성찰적 자아에 대한 지나친 신뢰로 이분법적 관점에서 실재의 다양한 측면을 자신의 세계관에 동화시키려고 시도한다.[27] 그러나 5단계에서는 이의 시도가 어느 정도 이루어져 타인이 갖는 진리도 받아들일 수 있는 여유를 갖게 되고, 종족이나 계급, 종교적 공동체 및 국가들이 갖는 한계로부터 자유로워진다. 4단계의 믿음이 상징을 개념적으로 분석하는 비신화화 단계인 반면 이 단계에서는 새로운 상상력이 나타남으로써 자아와 세계관이 상징 속에서 재통합이 이루어진다. 이 단계에서는 자신과 타인의 상징, 신화, 제의(ritual)를 인식하고 인간 공동체가 서로 분리되어 있다는 것을 생생하게 느끼지만, 자신이 이에 철저히 투신하지 못하고 괴리된 상태로 머무르고 있다는 자책의 마음이 들기도 한다. 자아와 세계관 사이에서 자기존재의 행복을 유지하려는 상태와 그것을 넘어서려는 경향 사이에 내적 충돌이 대두된다.

제6단계: 보편적 믿음(Universalizing Faith)

이 단계의 믿음 형태는 도덕적, 금욕적 실천을 통해 제5단계의 특성인 변증법적 분리에서 벗어나 이 역설을 상당 부분 극복한 상태이다. 자신의 존재와 행복을 유지하려는 욕구에 사로잡혀 있던 제5단계를 극복한 제6단계의 믿음의 특징은 우리가 정상 상태라고 인식하는 표현을 훨씬 넘어선다. 파울러는 이 보편화된 믿음을 세 가지 특성으로 설명한다. 첫째, 유대교, 기독교, 이슬람교의 특징인 "근본적 유일신"에 대한 굳건

한 믿음은 강력한 윤리성을 지닌다.[28] 둘째, 이 단계의 믿음은 초월적 신성의 특성에서 우러나와 개별 소유의 절대성에서 벗어나 비독점적으로 서로의 것을 나눈다.[29] 셋째, "우리와 모든 존재를 위해 약속된" 하느님의 미래를 위한 자신의 소명에 충실할 책임을 감당하며 다른 사람들을 존중하며 산다.[30] 그러나 이 단계 사람들도 자아실현을 완성했다거나 완전한 기능을 발휘할 수 있는 인간이 되었다는 뜻은 아니다. 그럼에도 불구하고 이 단계의 사람들은 그들의 자유와 희생적 사랑을 통해 우리가 공유하는 미래의 약속을 실현하며 다른 이들을 이런 삶으로 초대한다는 점에서 뛰어나다고 할 수 있다. 파울러는 이 단계에 도달한 사람이 그리 많지 않다고 한다. 파울러는 간디, 마더 테레사 수녀, 말년의 마틴 루터 킹 2세, 토마스 머튼 등과 같은 인물을 예로 들고 있다.[31] 물론 우리에게 알려지지 않은 많은 사람들이 있을 수 있다는 가능성을 열어놓고서 말이다. 그래서 필자는 한용운, 류영모, 함석헌 선생을 여기에 포함시키고 싶다.

파울러는 대개의 신자들이 3-5단계의 수준에 있다고 보는 듯하다. 6단계의 믿음발달이론은 각 단계의 인지적·도덕적 발달 특징을 기초로 하고 있다. 이런 발달단계는 다음에서 다루게 되는 구조적 특성과 결합되면서 각 단계의 믿음의 상태를 보다 분명하게 인식할 수 있게 한다.

3) 믿음 발달 단계의 구조적 특징

파울러는 자신의 발달이론을 발표한 후, 각계에서 긍정적 찬사뿐만 아니라 비판적 평가도 동시에 받았다. 그는 비판점들을 보완하기 위해 자신의 발달이론을 좀 더 세부적으로 다듬어 인간의 인식활동에서 드러나는 여러 지적, 심리적, 문화적 활동들을 아래의 그림 1과 같이 7가지 구조로 세분화하여 제시하였다.

파울러는 믿음에 대한 탐구를 구조주의적 관점에서 시도하였다. 믿음 활동을 하는 인간 능력이 지니는 법칙이나 과정에 대해 초점을 맞춘 것이다. 파울러는 7개의 구조적 요소로 구성된 믿음의 구조가 일평생을 통해서 연속적으로 질적 변화를 겪는다고 본다. 믿음의 발달이란 믿음의 구조 전체가 변해 새로운 단계로 나아감을 말한다. 새로운 믿음의 구조를 갖게 된다는 것은 7개의 각각의 요소에 새로운 의미와 삶의 모습을

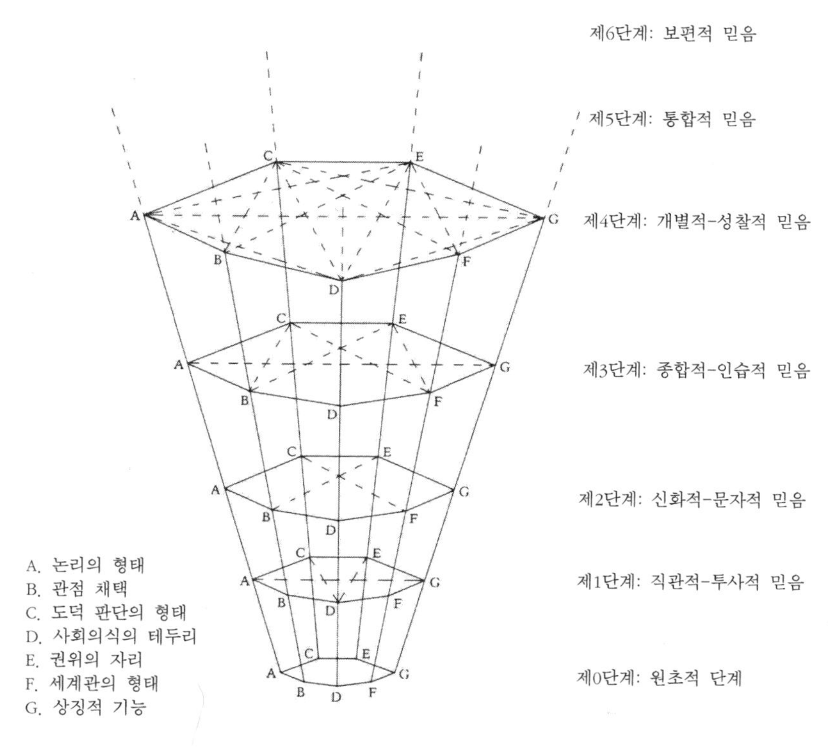

그림 1 파울러의 믿음의 발달 단계와 구조

경험함을 의미한다. 구조라는 말은 모든 구조 속의 요소들이 서로 유기적 관계 안에서 전체를 위해서 함께 행동한다는 뜻이다.

파울러는 자신의 믿음 연구에 구조 개념을 도입하면서 피아제의 논리 형태론, 콜버그의 도덕발달론, 또 에릭슨의 생애주기론, 셀만의 사회인식론 등을 자신의 연구에 적용하였다. 이러한 학자들의 연구를 자신의 믿음의 구조 안에 받아들인 7가지 구조적 요소는 A. 논리의 형태(Form of Logic), B. 관점 채택(Perspective Taking), C. 도덕 판단의 형태(From of Moral Judgment), D. 사회의식의 테두리(Bounds of Social Awareness), E. 권위의 자리(Locus of Authority), F. 세계관의 형태(From of World Coherence), G. 상징적 기능(Symbolic Functioning)이다.[32] 7가지 구조들은 이성적 확실성의 논리와 확신의 논리 크게 두 부분으로 구성되어 있다. 이성의 확실성이란 믿음의 객관성, 논리성을 담당하는 부분으로서, '논리의 형태', '관점 채택', '도덕 판단의 형태'가 담당하고 있다. 확신의 논리는 믿음의 감정성, 상징성, 초월성, 전체성에 대해 다루며, 7구조에서는 후반부 4가지 요소인 '사회의식의 테두리', '권위의 자리', '세계관의 형태', '상징적 기능'이 담당하고 있다.[33] 이 7가지 구조적 요소 중에서, 관점 채택, 도덕적 판단 형태, 사회의식의 테두리는 믿음의 수평적 차원을 말하고, 세계관의 형태와 상징적 기능은 믿음의 수직적 차원을 대표하고 있다. 믿음은 이 두 부분이 하나로 구성된 "하나의 전체 구조"라고 할 수 있다. 이제 7구조의 내용을 살펴보도록 하겠다.

먼저 논리의 형태는 피아제의 인지발달이론에 기초하고 있다. 믿음이 갖고 있는 사고와 판단의 형태에 초점을 둔다. 하나의 믿음의 단계가 충분히 나타나기 위해서는 사고 능력도 이에 부합되게 발달되어야 한다.

믿음이란 의미를 추구한다는 점에서 신자의 사고능력에 크게 좌우된다. 믿음에는 관련된 지식, 교리 같은 면들이 필요하다. 믿음의 초기에는 지적인 필요가 없을지 모르나, 정상적인 발달을 하기 위해서는 사고의 틀이라 할 수 있는 논리적 사고 능력이 요구된다. 이러한 측면은 믿음이 미신이나 주관적인 면에 휘둘리지 않고 감정적인 측면과 현실적인 측면이 조화와 균형을 유지하도록 인도한다. 파울러는 사고능력이 믿음 발달의 충분조건이라고 말하지는 않지만 적어도 필요조건이라고 말한다.[34]

관점 채택은 그림에는 역할 채택(role-taking)이라고 기록되어 있으나 이에 대한 실제 논의에는 관점채택으로 표현한다. 이 요소는 믿음이 발달함에 따라 나의 입장에서만 사고하고 행동하는 것이 아니라, 점점 남의 관점을 고려하게 됨을 말한다. 어린 아이는 "내 것도 내 것, 네 것도 내 것"이란 말처럼, 타인과 대상을 독립된 존재로 보기보다는 자신의 일부로 인식하는 경향이 있다. 그러다가 점점 다른 사람의 존재를 인식하여 이를 고려하고 인정하면서 관계 형성에로 나아간다. 나에게서 출발하여 너를 만나고 그래서 형성하게 된 집단이나 공동체의 객관적인 관습이나 규범을 수용하고 따르게 된다. 파울러는 이 부분을 셀만의 사회관점채택이론에 근거한다. 셀만은 그의 이론 3단계에서 개인의 의견을 표명한다. 그러나 파울러는 셀만과는 다르게 그들 자신의 관점보다는 자신들이 스스로 선택한 집단의 관점을 택하는 것이 3단계의 믿음을 넘어서서 4단계의 믿음에 속한다고 본다.

도덕적 판단 형태는 콜버그의 도덕발달이론의 영향을 받았다. 이 요소는 믿음에는 도덕적·윤리적 차원이 포함되어야 한다는 뜻이다. 믿음과 윤리가 동일시될 수 없으나, 그렇다고 윤리가 결여된 믿음 또한 바람직하지 않다. 콜버그의 도덕발달이론에 따르면, 똑같은 상황에 대해 똑같은 도덕적 판단을 내렸더라도 그 판단 근거에 따라 발달단계가 좌우된다. 예를 들어, "벌을 받아야 한다"는 대답은 같을지라도 그 이유는 다양할 수 있다. 곧, "남의 물건을 훔쳤기 때문에" 벌을 받아야 한다는 사람은 3단계 수준이며, "사회규범을 어겼기 때문에" 벌을 받는 사람은 4단계의 수준에 속한다고 본다. 이처럼 판단자의 수준에 따라 수준이 다양하게 나타날 수 있다.

사회의식의 테두리란 믿음이 발달함에 따라 자신의 정체성과 도덕적 책임성에 대한 근거를 결정하는 데 있어 작용하는 준거집단(reference group)의 범위를 말한다. 파울러는 믿음을 관계적인 행위로 이해한다. 그래서 믿음이 발달할수록 믿음의 준거집단의 외연이 확장되며, 더 새로운 의미로 이해하게 된다. 아이가 성장함에 따라, 자신의 준거집단이 자신이 속한 집단에서 점점 넓어져 보편적 집단 가치로 기준이 발달한다.

권위의 자리란 믿음의 의미의 토대를 말한다. 자신의 가장 중요한 의미에 대하여 누구 또는 무엇에게서 그 유용성이나 적법성을 찾는가이다. 자신의 판단에 대해 의미를 부여하는 처소를 말한다. 자아가 형성되는 중이거나 가치가 흔들리는 곳에서는 권위의 원천에 대한 신뢰나 충성이 합리적 확실성의 논리로서만 부여될 수 없다. 객관성을 넘어서는 열정, 감정적 요소가 개입하게 된다.

세계관의 형태란 믿음의 각 단계에서 통일된 의미의 포괄적 감각을 추구하고 유지하는 독특한 방식을 말한다. 인간은 의미를 찾기 위해서 다양한 경험과 지식을 통일된 전체로 묶으려고 한다. 곧 세계관을 갖으려고 한다. 한 문화 전통 안에서 어린 아이나 어른의 세계관이 같을 수 있으나, 소유하는 방식에는 차이가 있다. 곧, 어린 시절에는 무의식적이고 함축적이던 것이 점차로 표면적이고 의식적이며 구체적이 된다. 파울러는 '궁극적 환경'이라는 용어를 사용하여 각 개인이 처해 있는 가장 포괄적인 삶의 테두리 또는 의미의 영역을 표명한다.[35] 세계관이란 말 그대로 세계를 이해하는 전체적인 관점이다.

마지막으로 상징적 기능은 경험이나 논리의 영역으로 수용할 수 없는 무의식적이고 감성적인 상징들에 대한 인간의 반응과 이해를 말한다. 믿음의 상징들에 대한 반응과 이해는 믿음 발달 단계에 따라 다르게 나타난다. 믿음은 단지 논리적으로 생각하는 능력에 의존하는 것이 아니라 전체 정신 영역의 변화에 관심이 있다. 믿음의 활동 영역을 유추할 때 사고의 기능은 뇌의 좌반구 영역에서, 상상은 뇌의 우반구 영역에서 작동한다. 이것은 믿음의 발달 과정에서 정신분석가가 설명하는 것과 같이 정신이 과거의 안정된 영역으로 후퇴하는 '퇴행(regression)'이 뇌의 우반구의 영역과 관계가 있다. 또한 무의식의 영역이 의식의 영역으로 통합시켜야 한다고 주장하는 융학파의 입장도 또한 같은 맥락이다. 상징은 무의식의 영역과 관련되기 때문에, 파울러는 상징이 믿음의 영역에서 차지하는 중요성이 매우 크다고 주장한다.

이상의 7가지 구조적 요소는 파울러의 믿음을 이해하는 데 필수적이라고 할 수 있다. 이들은 서로 유기적 관계로 묶여 있다. 파울러는 '논리형태'에서 출발하여 오른쪽으로 '관점의 채택'의 순서로 나아가서 마지막인 '상징적 기능' 쪽으로 발전해 갈 것이라고 제안한다.[36] 그림 1의 각 발달단계 평면 위의 점선이 서로 연결됨은 각 구조적 요소가 서로 밀접하게 작용하는 과정을 보여준다. 믿음발달의 5단계가 되면 구조적 요소들간의 교류가 가장 왕성하게 일어난다. 믿음의 성장은 이 7가지 요소들이 일평생을 통해서 함께 질적으로 변화하고 성장하며 연속적으로 발달한다는 것이다. 물론 어느 한 요소가 다른 요소에 비해 차이가 있을 수 있으나 믿음의 성장은 이 7가지 요소가 함께 준비되었을 때 다음 단계로 나아간다.[37] 이 전체 구조의 요소가 변하는 것을 새로운 단계로 나아갔다고 말한다. 이런 파울러의 구조주의적 발달론은 그의 이론적 특성이자 한계도 된다.

4) 믿음 발달론의 특징과 평가

파울러의 믿음발달은 전체의 발달 과정을 연속성과 이들 상호관계를 나선형이라는 개념으로 설명한다. 전체 과정이 역동적으로 연결된 것으로 상정할 때 연속되는 각 나선형의 단계로 이전의 단계들에 연결되고 추가된다. 나선형의 발달은 위로 상승하면서 점진적으로 자신-타인-세계와의 친밀성에 있어서 질적인 증가를 이룩하면서 비전과 가치 평가의 폭이 넓어진다.[38] 여기에서 유념할 것은 하나의 나선형 단계에서 또 다른 나선형 단계로의 이동이 오래 걸릴 때도 있고, 때로는 고통과 혼란이 생기기도 하고, 성장이 중단되기도 한다는 점이다. 단계의 발달 정지는 어느 단계에서도 일어날 수 있다. 각 단계는 그 고유한 상승 시기를 갖고 있다는 사실을 기억하는 것이 필요하다. 그래서 삶에 주어진 단계에 도달한 사람이 해야 할 일은 다음 단계로 돌진하는 것보다는 도달한 단계의 힘과 은총에 대한 충분한 구현과 통합을 이루는 것이 필요하다. 파울러가 말하는 각 믿음 단계는 전체성, 은총, 통합성을 위한, 그리고 삶의 고난이나 축복에 대비하기에 충분한 잠재력을 소유하

고 있다는 존재 자체에 대한 근본적 믿음을 전제하고 있다.[39]

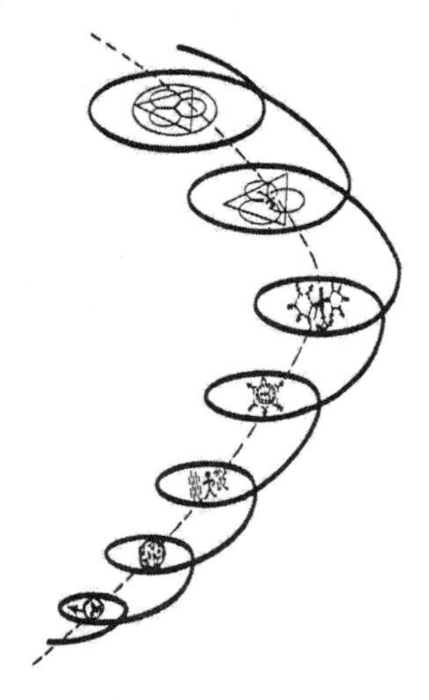

그림 2 믿음의 단계들

그림 2는 믿음단계와 변천 및 퇴행과 변화 과정에 대한 파울러의 이해를 잘 표현하고 있다.[40] 이 그림을 위나 아래에서 보면 "나선형"의 선은 부드럽게 나타나지 않고, 뒤틀리고 휘어버리고 파손된 곳을 노출시킨다. 각 단계들의 중앙을 관통하는 점선은 단계의 변천들을 횡단하는 주제들이며 확신적인 연속성을 시사한다. 다시 말하면, 의미를 구성하는 방법을 포기할 준비를 하게 되면서 단계 변화의 과정을 시작한다는 뜻이다. 주제적이고 확신적인 선들은 인간의 삶에서 두드러지게 확인된 의미들이 내포하고 있는 결함을 말한다. 그 의미란 믿음의 훼손된 이미지들이요 신뢰할 수 없는 궁극적 환경에 대한 확인들이다. 연속되는 각 단계의 새로운 구조적 특징들은 자신의 이전 믿음 단계의 내용들에 대한 재작업을 의미한다. 이를 거친 사람은 현재 그가 속한 단계에서

분명하게 다음 단계로 나아가도록 해주는 내적 통합의 기초를 소유하게 된다. 한 사람의 믿음 내용에 있어서 급격한 변화들은 구조적 단계 변화로 인도하거나 그로서 초래되는 결과이다. 이 점은 다음 장에서 다룰 로더의 '확신적 인식'에 의한 질적 변형과 비슷한 이해를 보이고 있다.

파울러가 말하는 단계 변화는 질적 변화(transformation)이다. 믿음발달은 인간발달의 과정과 병행하여 발달한다. 그래서 단계 변화는 믿음의 발달뿐만 아니라, 생물학적 성숙, 심리사회적 요소, 인지, 도덕 발달의 준비도와 관계가 있다. 그렇다고 해서 믿음발달이 앞의 과정이 일어난다고 해서 자동적으로 생기거나 필연적으로 야기되는 것은 아니다. 고려해야 할 또 다른 차원이 존재할 수 있다.

파울러는 믿음의 구조적 측면인 발달 단계를 강조하고 있지만 믿음의 내용이 되는 회심(conversion) 역시 중요하다고 본다. 파울러가 이해하는 회심의 의미는 "가치와 힘에 대하여 갖고 있던 이전의 의식적, 무의식적 이미지들에 대한 의미심장한 중심의 재형성이요, 새로운 해석과 행동의 공동체 내에서 자신의 삶을 재구성해야 하는 상황에서 새로운 주된 이야기들을 의식적으로 채택하는 것이다."[41] 파울러는 회심이 특정 단계 안에서나 혹은 믿음 단계들 사이에서도 발생할 수 있다고 본다. 그는 회심이 믿음 성장에 중요하다고 인정하나, 아쉽게도 더 이상 논의를 진전시키지 않았다.

파울러와 믿음발달단계 연구자들은 '회심자들'을 주의 깊게 관찰하였다. 그들은 회심경험자들이 회심경험으로 인해 믿음의 전망을 소생시켜 주는 정도의 강렬한 영향을 받았으면서도, 그러한 경험이 단계의 구조적인 요소의 변화를 가져오지 않는 경우가 많음을 발견하였다. 모슬리는 회심자들에 대한 그의 박사학위 논문에서 강화 경험(intensification experiences)이라는 용어를 썼다.[42] 이 말은 믿음의 전망을 갱신하거나 소생시켜주는 강한 경험을 했으면서도 믿음의 구조적 단계 변화나 내용 변화를 수반하지 않는 종교적 경험을 지칭하는 용어이다. 그래서 강한 종교 경험이 반드시 믿음의 단계 발달을 야기하지는 않는다는 것이다. 회심경험이 믿음의 도약 혹은 성장으로 연결되기 위해서는 그 경험 이후의 지원적 관리가 반드시 뒤따라야 한다는 점을 유념시키고 있다.[43] 믿음 발달을 추구하면서도 유종의 미를 거두기 위해서는 경험 자체도 중요하지만, 경험 전의 인내와 좌절 경험, 그리고 경험 후의 회심과 같은 큰 경험을 안내하고 지도해 줄 후원자나 집단, 공동체의 존재가 요청된다고 할 수 있다.

파울러 이론의 긍정적 측면과 약점

파울러의 믿음 발달론의 장점은 무엇보다 객관적으로 규명하기 어려운 인간의 믿음의 변천 과정을 파악하는 데 편리한 구조-발달적 접근의 체계를 확립해 놓았다는 점이다. 파울러의 이론이 인간발달의 각 단계에 드러나는 구조적 특징에 기초하여 모든 사람들에게 적용될 수 있는 보편성을 지니고 있다는 것이 큰 장점이다.

파울러는 믿음을 축적된 전통이나 신념체계(belief)와는 다른 그 너머의 초월자에 대한 신뢰와 충성으로 이해하여, 믿음을 전인적인 것으로 파악하였다. 따라서 믿음을 종교 전통 안에서의 문제라기보다는 세상에서 책임적 존재로의 삶으로 나아가는 발달로 이해하였다. 이런 관점이 믿음의 연속적 성장을 위한 양육이라는 관점에 입각한 종교교육 정책 수립의 토대가 되었다.

파울러는 믿음의 성장이란 한 순간의 강력한 체험으로 변화가 이루어지는 것이 아니라(로더의 입장에 대한 비판적 시각) 인간에게 주어진 가능성을 발판으로 출생부터 발달 단계를 거치며 연속적으로 발달과 변화가 이루어 간다고 주장한다. 그는 믿음의 성장을 위해서는 한 사람이 일평생 동안 믿음의 훈련을 받을 필요성이 있음을 부각시켰다. 그의 발달이론은 다양한 연령층의 믿음에 대해 예측하고 논의할 수 있는 공통적인 토대를 제공한다. 각 단계별 연령대의 사고, 수용능력 등을 예측하고 이에 대한 교육 방법의 강구에 중요한 참고자료가 되었다.

파울러의 발달단계이론은 점층되는 계단식 모형이라기보다 나선형 모델을 취하고 있다. 그의 이런 이해는 발달을 연속적이면서도 과정 지향적 관점을 포용하려고 시도하였음을 보여준다. 파울러의 발달이론은 발달 단계 사이의 중간(transition) 영역이 어떻게 연결되고 진행되는가에 대한 이해가 매우 중요하다. 파울러의 나선형 발달모델은 직선적 발달 단계의 약점을 극복하면서도 보편적 믿음의 성장을 설명하는 데 기여하고 있다.

파울러의 발달이론의 약점 중의 하나는 믿음의 개념을 지나치게 인지적이며 합리적인 차원에서 정의했다는 점이다. 파울러의 믿음발달이론은 발달심리학자들의 여러 가지 이론을 하나로 묶어 7가지 구조적 요소로 설정하고 이를 평가하여 객관적인 믿음의 형태로 규정하려고 한다. 그런데 이 7가지 구조적 요소 중 후반 4가지 요소인 사회적 테두리, 권위의 자리에 대한 인식, 세계관의 형태, 상징적 기능의 내용에 대한 이해는 각 개인의 믿음에 대한 측정이라기보다는 자아(ego) 발달에 관한 인간 능력과 직접적으로 관련이 있다는 비판이 존재한다. 다시 말하면, 믿음 발달과 자아 발달(일반 발달)의 개념적 구별이 분명치가 않다는 지적이다.[44]

파울러의 발달이론의 또 다른 약점은, 믿음 발달 단계의 자료 수집을 위해 사용한 통계조사법이 연구결과를 일반화하기에는 어려운 문제를 안고 있다는 점이다. 곧, 자료 수집 과정에 대한 문제, 설문 대상자가 백인 위주로, 그리고 미국인으로 한정되었다는 점이 그것이다. 문화상대주의적 시각과 지식 사회학적 시각에서 사회적 상황과 문화적 배경이 다른 국가나 사회에서는 그의 이론을 적용하는 데 유의해야 할 것이다. 다른 말로 하면, 사회과학 영역의 종교에의 무비판적 도입에 신중해야 한다는 점이다.[45] 이는 종교와 과학 간의 대화의 기본적 전제이기도 하다.

이상에서 파울러의 믿음발달이론의 단계와 구조에 대해서 분석하였다. 그리고 예기치 않은 종교경험인 회심체험으로 인한 변화에 대해서도 언급하였다. 이제는 믿음의 성장에 대해 파울러에 비판적 입장을 취하고 있는 제임스 로더의 질적 변형이론을 고찰하도록 하겠다.

3. 제임스 로더의 변형(transformation)이론

1) 로더의 변형이론의 배경

로더는 하버드 대학교에서 철학박사 학위를 받았다. 보스턴에 있는 매사추세츠 정신건강 클리닉에서 임상훈련을 받았으며, 매닝거 재단에서 신학과 정신의학 이론과의 관계를 연구하였다. 그리고 스위스 제네바에 있는 피아제 연구소에서 박사학위 이후 과정 연구를 마치고 프린스턴 신학대학교의 매리시노트 석좌교수로 임명되어 기독교교육학과 교육철학 분야에서 강의하였다.

그를 잘 이해하기 위해서는 그의 삶을 결정적으로 변화시킨 체험을 이해하는 것이 중요하다.[46] 1970년 9월 2일 토요일 오후 4시 30분경 캐나다의 퀘벡으로 그의 가족과 함께 여름휴가를 가는 중에 사고가 발생했다. 당시 그는 뉴저지주 프린스톤 근교의 고속도로 길가에 고장난 차를 세우고 손을 들고 도움을 요청하는 중년 여인을 보고, 그냥 지나치지 못하고 차를 세워 고장난 차를 둘러보고 수리 중이었다. 그러다 그곳을 지나가던 64년 동안 한 번도 사고를 내지 않았다는 노인의 차가 고장난 차와 자신의 차를 덮치는 큰 교통사고가 발생하였다. 그런데 고장난 차 근처에 있던 두 여인은 부상을 입었으나, 차 밑에서 수리하던 자신은 놀랍게도 그렇게 심하게 다치지 않는 기적적인 일이 벌어졌다. 그는 이 사고로 그 이후의 삶이 완전히 바뀌었다고 고백한다.

로더는 이 사고에서 두 가지 큰 경험을 하였다. 곧, 자신이 자기 주위에 있는 사람들, 특별히 그의 가족들을 강하게 사랑하고 있다는 것과 이 사고에는 어떤 목적이 분명히 있다는 생각이었다. 그는 자신의 무사함이 자신의 능력을 초월해서 일어났다고 확신하게 된다. 그리고 그는 이 사건을 통해 자신의 삶이 획기적으로 바뀌는 변화(transformation)가 일어남을 경험한다.

로더는 그의 학문의 토대를 키르케고르에게 두고 있다. 키르케고르는 진리에 대하여 근본적인 물음을 제기하고 그 물음에 대한 답을 찾기 위해 자신의 일생을 바친 철학자이자 신학자이다.[47] 그는 진리란 객관적으로 개념화되어 하나의 사상체계에서 완성될 수 있는 것이 아니고, 실존하는 인간의 주관적인 결단에 의하여 얻어지는 것이라고 믿었다. 그래서 그는 "진리는 주체성이다(The Truth is Subjectivity)"라는 유명한 주장을 제기하였다. 그에게 있어 인간 존재는 비합리적이고 비이성적인 요인의 지배를 받는 존재여서 불안, 절망, 죄책감과 같은 무거운 짐을 지고 살아갈 수밖에 없는 존재이다. 이런 인간 존재는 진리 안에서만 자신의 진정한 모습을 발견할 수 있다. 그에게 있어 진리는 자신이 속한 종교인 그리스도교를 의미한다. 그리고 자신의 진정한 모습은 절대 타자인 하느님 앞에 서는 단독자가 될 때에만 가능하다고 보았다.

키르케고르에게 진정한 인간이란 하느님과 절대적인 관계를 맺고 있는 사람이다. 그렇기에 그의 사상의 중심 내용은 진정한 인간이 되어가는 과정에 대한 탐구에 있었다. 그는 이 과정을 세 단계의 삶으로 정리하였다. 위계적 발달 단계들은 미학적 단계, 윤리적 단계, 종교적 단계이다. 가장 높은 단계, 즉 종교적인 단계로의 이동은 그리스도를 통한 믿음의 도약을 통해서만 도달할 수 있다고 보았다.[48] 그러나 이 단계의 이동은 어떤 단계에서도 정지될 수 있으며 그리스도인이라 할지라도 자동적으로 가장 높은 실존의 영역에 도달하는 것이 보장되지 않는 실존적인 문제가 존재한다. 이상과 같은 키르케고르의 실존주의 입장이 로더의 믿음의 핵심인 질적 변형 논리에 자리잡고 있다.

2) 변형 논리

로더가 변형의 논리(logic of transformation)를 연구하게 된 동기는 미국에서 1970년대에 일어났던 오순절 운동을 보면서, 이 경험들을 올바르게 이해하려고 시도한 것이다. 그는 이와 같은 생소한 영역에 대한 학문적 접근의 필요성을 절감하였다. 또한 자신이 1970년에 경험한 교통사고를 통해서 자신의 삶이 획기적으로 전환되는 경험을 계기로 확신(conviction)의 문제에 대한 학문적인 분석을 시도하였다. 왜냐하면, 로더는 확신 체험의 중요성을 몸소 발견하고 이에 대한 성찰을 시도하면서 확신적 경험 현상에 대한 본질적 탐구와 그 과정에 대한 연구가 너무 미흡함을 발견했기 때문이다.

(1) 변형의 의미

로더가 말하는 변형(transformation)이라는 용어는 "의도나 발달의 연속선을 따라서 삶의 낮은 차원에서 높은 차원으로 그 형태가 바뀌는 것"을 말한다.[49] 대표적인 예가 애벌레가 변해서 나비로 되는 것이다. 인간에게 있어서 변형은 단순한 지적 수용의 수준을 넘어서는 것으로서, 로더가 1970년 교통사고가 있은 후에 자신의 믿음이 획기적으로 변하는 것과 같은 변화를 의미한다. 다른 말로는 회심으로 표현할 수도 있다.

로더는 인간의 삶을 질적 변형으로 인도하는 획기적 사건의 인식에 관심을 집중하였다. 로더의 일차적 관심은 변형의 논리를 뒷받침해 주는 방법론의 설정에 있다. 그는 사람들이 "어떻게" 해서 믿음을 가지게 되는가, 또는 "어떻게" 해서 믿게 되는가의 유형들을 분류하고 고찰하고자 했다.[50] 로더는 이 연구에 있어 현대 인식론이나 철학, 심리학, 정신병리학, 인간 발달 이론을 폭넓게 검토하였지만, 이들의 방법론을 도입하지는 않았다. 그가 말하는 "어떻게"라는 방법론은 기존의 철학적 방법론과는 다른 상상력에 의해서 전개되고 있다. 그의 생각에는 인식이 상상력에 의해 도약으로 나아가며 반향을 불러일으킨다고 보았기 때문이다. 로더에게 있어 인간의 변형을 일어나게 하는 "확신 체험"의 중심에는 "확신적 앎"이 존재한다. 이러한 논리는 인문과학의 인식방법론이나 기존의 신학방법론에 기대할 수 없다. 왜냐하면 인문과학은 특정 체험이 가지고 있는 함축적인 의미를 과정적인 관점에서 관찰하지만, 관찰이 가능하게 된 그 궁극적인 근거에 대해서는 탐구하거나 설명하지 않기 때문이다.

로더는 이러한 태도가 신학에서도 비슷하게 일어나고 있다고 평가한다. 그는 그리스도교 신학방법론은 체험의 중요성, 또한 어떠한 체험을 가능하게 한 궁극적인 근거 및 그 체험의 내용에 초점을 맞추는 장점이 있다. 그러나 확신 체험의 특수한 성격을 해석하는 데 필요한 충분한 근거를 마련하지 못하고 있다고 로더는 비판한다. 이런 체험의 각 과정에서 찾아볼 수 있는 특수한 성격들을 제대로 분석해내지 못하고, 구체적으로도 설명도 못하고 있다는 것이다. 예를 들어, 그리스도교의 경우, 그리스도(구세주)를 "어떻게 믿게 되는가?"는 중요한 질문이다. 그런데 이 "어떻게"라는 질문에 대한 답변이 무엇에 관한 답변으로 바뀌거나 영(the Spirit)에[51] 관한 설명으로 변해버리는 경우가 종종 있음을 발견하였다. 영이 "어떻게" 우리들을 가르치고 위로하고 "온전한 길"로 들어서게 하는지에 관한 문제는 신학적으로 거의 설명되지 못하고 있는 사각지대임을 발견하였다.[52] 그래서 그는 새로운 인식방법론을 전개하게 된다.

로더는 인간의 질적 변형을 일어나게 하는 '확신의 체험'의 중심에는 '확신적 인식(knowing)'이 존재한다고 본다. 이러한 확신적 인식을 체험하는 것을 '인식 사건(event)'이라 말한다. 삶에서 경험하는 확신적 인식은 인간을 변형시키고 더 나아가 믿음이 성장하는 요인이 된다. 확신적 인식이란 인간의 내적인 모든 변화를 영(the Spirit)이 변화시키는 과정으로 볼 수 있다. 이런 확신적 인식은 그리스도에 의해 인식 사건이 시작되고 증대되고 결론지어지는 4차원적 사건으로 이해한다.[53] 여기서 말하는 확신이란 객관적 이성의 판단을 넘어 주관적 의지와 통합된 관념이다. 그러므로 로더가 생각하고 사용하는 확신의 변형논리는 객관적인 것과 주관적인 것을 초월하여 양자를 모두 포함하는 인식의 구조이며 과정이다.

(2) 변형의 과정

변형에는 확신적 인식(knowing)이 중요한 계기가 되는 하나의 근본적인 사건이 존재한다. 이런 인식 사건의 중심에는 확신하는 통찰력의 비합리적 요소가 자리하고 있다. 이 인식 사건은 상상(imagination)에 의해서 이루어지며, 하나의 인식적 도약이다.[54] 그리고 이와 비슷한 도약은 모든 확신 사건의 중심에서 발견된다. 이러한 사실을 확신케 하는 모든 사건은 인식 행위이고 인식의 모든 행위는 하나의 사건이라는 보편적인 양상을 띠고 있다.

인식 사건의 5단계

로더는 연구의 폭을 인간 변화 그 자체에 국한하지 않고, 인간 변화와 함께 그 변화의 과정에까지 고찰하였다. 로더에 의하면 확신적 인식을 경험케 하는 것이 인식 사건이다. 로더는 확신적 인식 사건에 "변형

논리"가 존재하며, 아래의 5단계를 통하여 진행된다고 주장한다.[55]

첫째로 갈등(conflict) 단계이다. 변형을 일으키는 인식은 먼저 상충되는 상황의 모순으로 말미암는다. 이 단계는 인식 행위의 맥락 속에서 일종의 단절을 의미한다. 이러한 모순의 영향 때문에 인식자는 갈등 상태에 있음을 경험하며, 그 갈등 상태에 기울이는 관심이 클수록 더욱 더 강한 인식 사건이 일어날 것이다.

둘째 단계는 상세하게 탐색하는 단계(interlude for scanning)이다. 갈등에 빠져 있다는 것은 의식적이든 무의식적이든 그 문제를 해결할 방도를 찾으려는 심리적 과정에 처해 있음을 의미한다. 따라서 의식적으로든 무의식적으로든 가능한 해결책을 찾기 위해 그 문제를 상세히 검토하는 심리적 과정으로서 기다리며, 생각하고 실마리를 찾아가는 과정이다. 다시 말하면, 이 단계는 인식의 사건을 형성하는 단계로서 기다리는 과정에서 여러 가지 의구심들에 휩싸이고 탐구하는 단계이며 가능성들을 검토하는 단계이다. 탐색의 기간은 단 몇 초 동안일 수도 있고 수년이 걸릴 수도 있다. 이 기간에 갈등요소가 새롭게 해결되기를 주의 깊게 기다리는 일이 필요하다.

셋째는 상상(imagination)이 창조적으로 발휘되는 단계이다. 상상이라는 건설적인 행위를 통해서 갈등의 해결을 위한 통찰이나 직관, 또는 비전이 출현하는 단계이다.[56] 이 상상의 행위는 처음에는 의식과 무의식 사이의 경계선상에서 나타나기 시작하지만, 곧 의식할 수 있는 형태로 바뀐다. 이때에 인식 사건의 전환점을 만들어주는 통찰력 때문에 새로운 지각, 관점, 세계관이 인식자에게 부여된다.

넷째 단계는 인식자의 에너지 이완과 개방 단계이다. 이 단계에서 우선 갈등 상태를 지탱하기 위해 묶여 있던 에너지가 방출되고, 인식자는 자기 자신과 상황에 대해 개방하게 된다. 에너지 이완은 무의식이 문제 해결을 위한 작업에 반응했다는 사실을 보여주며, 이 작업 속에서 개인적으로 투자됐던 에너지가 하나의 결론에 도달했다는 증거이다. 인식자의 내적 갈등 상황이 끝난 것이다. 인식자가 자기 자신의 상황에 대해 개방했다는 것은 그의 의식이 갈등 상황에서 해방되어 자기 초월의 수단에 향했음을 자각했다는 것이다. 이것은 다른 말로 하면, 문제 해결을 위한 의식이 확장된 것이다.

마지막 다섯째 단계는 해석(interpretation)의 단계이다. 이 단계는 상상력에 의해 도출해 낸 해결방안을 실제의 행동이라는 견지에서 해석한다. 또 그 문제 상황이 본래 가지고 있던 상황들로 이루어진 세계를 상징적으로 해석하는 단계이다.[57] 두 가지 해석 방법이 존재한다. 과거 지향적인 작업과 미래 지향적인 작업으로 나눈다. 과거 지향적 해석 작업은 일치화 작업(congruence)이라고 할 수 있다. 왜냐하면 원래의 상황과 지금의 상상에 의해 구성된 행위가 서로 일치하거나 관련되어 있는가를 명백히 하려 하기 때문이다. 또 다른 미래지향적 작업은 상응화 작업(correspondence)으로서, 이 작업은 앞의 일치화 작업을 거쳐서 생겨난 의미를 공공화시키며 합의를 도출해 내고자 하는 작업이다. 이러한 해석 작업은 새로운 해결의 가능성 아래에서 갈등 상황을 재검토하는 단계라고 할 수 있다.

이러한 인식 사건의 다섯 단계의 과정은 연속과 불연속의 혼합이라 할 수 있다. 이 과정의 연속이라 함은 이 과정들이 어떤 형식적인 논리로 이루어져 있지 않고, 인식 행위를 완성시키려는 인식자의 의도로 과정의 연속이 이루어진다. 그러나 이런 연속의 작용은 이에 대비되는 힘을 지닌 불연속 과정으로 나아가게 된다. 이때 불연속의 대비되는 힘이란 조정 작용을 하는 상상, 통찰, 직관, 비전 등을 지칭한다. 조정 작용으로서의 불연속이야말로 인식 사건의 핵심적인 요소로 기능한다.

로더는 이 조정 작용의 불연속성을 한층 더 심층적 표현을 사용하여 '신비의 힘'이라 부른다. 개인이 예민한 의식으로 용의주도하게 분석 작업을 빈틈없이 노력한다 해도, 갈등상황의 해결은 항상 선물로 갑자기 주어지기 때문이다. 곧, 갈등을 해결해주는 것은 갈등에 대해 전혀 예기치 못하게 일어나는 통찰이다. 이런 인식 사건이 진행되는 과정 속에서 로더는 두 가지 신비를 발견하였다. 곧 해결이 갑자기 주어지며, 다른 하나는 해결이 주어졌을 때 마치 정지했던 심장이 소생하듯 순간적으로 솟아나는 자기 초월이다. 그래서 그는 이러한 변형의 논리를 "인식 사건의 문법"이라고 불렀다.[58]

3) 인간 존재의 네 차원

로더에 의하면, 확신을 얻은 사람은 확신케 하는 존재가 자신의 존재의 본질을 변화시켰다는 사실을 인식한다는 것이다. 다시 말하면, 신적 존재가 변화를 일으키는 사건을 통해서 자신을 변화시겼다는 사실을 인식한다는 것이다. 그는 이러한 인간 실존의 질적 변형(transformation)에 네 차원을 언급한다. 곧, 인간의 삶이 영위되는 세계(the lived world), 자아(the self), 공허(the void), 거룩(the holy)이다. 그런데 이 네 차원이 모두 본질적인 것이며, 인간의 존재를 이해하려면 이 중 어느 차원도 무시해서는 안 된다고 강조한다. 왜냐하면 인간이 된다는 것은 위 네 가지 요인인 환경적 요인, 자아, 비존재의 가능성 및 새로운 존재의 가능성을 포함하고 있어서, 네 가지 차원이 인간 존재를 지탱하고 있는 기둥들이기 때문이다. 이 네 가지 차원은 인간 존재의 의식적이며 의도적인 차원이다.

첫 차원은 생존 세계(the lived world)이다. 로더는 인간의 삶이 영위되는 세계를 우리의 환경으로 본다. 이것은 그 환경이 지닌 건설적, 구성적인 성격을 강조하는 말이다. 이 세계는 인간에 의해서 창조되는 것이지 고정되어 있거나 규범적이지 않다. 진정한 인간의 존재는 구성되어진 상황 내부에서 그 자체로 관찰되어야만 한다. 인간의 진정한 존재는 영지주의적인 환상이라든지 형이상학적인 관조로 관찰될 수 있는 것이 아니다. 인간 존재의 본질적인 차원 중에서 일차적인 것은 구성되어진 환경에서 구체화된다. 그래서 인간이 구성해 놓은 현실을 떠나서는 어떤 현실도 파악할 수 없다. 변형 논리와 관련해서 '세계'는 그 안에서 변형이 시작되고 있는 상황적인 현장이다. 그래서 이 세계는 인식 사건이 시작되는 갈등을 체험하는 세계이다. 바로 이러한 살아 있는 '세계'가 변형적인 인식의 행위 속에서 재구성되고 있기에 우리는 변형 논리의 전개를 이 '세계'와 분리시켜 생각할 수 없다.

두 번째 요인은 자아(the self)이다. 자아는 계속적으로 자신의 세계를 재구성하기 위해 구체화되고 있는 인간됨을 초월하고자 노력한다. 변화를 일으키는 인식 사건에서 볼 때 이 자아가 바로 인식자(the knower)이다. 자아는 살아있는 세계 안에서 구체화되면서 동시에 그 세계의 밖으로 초월할 수 있는 존재이다. 자아의 최우선적이며 가장 중요한 측면은 자기 성찰 현상이다.[59] 올바른 인식이란 어떤 것이 인간다운 것이며,

어떤 것이 인간답지 못한 점까지를 아는 것이다. 자아의 두 번째 측면은 자아 관련성(self-relatedness) 속에 있는 자아이다. 다른 존재와 관계를 맺어가는 관계성 속에서 '양심'에 기반해서 자기 자신이 될 수 있도록 결단을 내리는 것 역시 자아가 행한다. 스스로를 초월해 감으로써 자아의 세 번째 단계인 "영으로서의 자아"에게로 나아간다. 영으로서의 자아는 성찰자로서의 자아와 양심으로서의 자아를 포함하면서도 그 속에서 존재 자체의 핵심 또는 기반에 비추어서 상대화시키는 행위를 한다. 영으로서의 자아는 존재 기반 자체(거룩한 것)를 확립하는 힘 속에 현존하고 있다. 존재의 거룩성은 사랑을 통해서 자아 대신 작용하며, 자아는 자신의 사랑 속에서 그 사랑의 행위를 반복하며 자아 자신으로 남아 있게 된다.

인간 실존의 제3의 차원인 공허(the void)는 위의 두 차원보다 훨씬 더 강력하다. 공허는 존재의 소멸 가능성을 말한다. 이것은 인간이 결국 불가피하게 맞을 수밖에 없는 자기 자신의 존재의 부재 상황을 가리킨다. 그래서 인간이 느끼는 가장 깊은 결핍감은 자아가 그 원천으로부터 분리됨에서 유래한다고 할 수 있다. 곧, 소외를 말한다. 공허는 여러 가지 얼굴을 갖고 있다. 곧, 궁핍, 상실, 부끄러움, 죄악, 증오, 외로움, 악마적 양상 등 신체적 죽음보다도 더 큰 의미를 지니고 있는 것들이다.[60] 말하자면 '세계'가 변형적 인식 사건의 상황이고 '자아'가 인식자라면, 공허는 자아와 세계라는 두 차원에 끼어들어 변형적 인식을 일으키는 갈등인 것이다. 이 공허야말로 모든 "무(nothingness)"의 경험이 지향하는 궁극적 목적으로 이해된다.

마지막으로 거룩(the holy)의 차원이다. 무의 위협 속에서도 인간은 왜 살고 있는가? 왜 자아는 자신의 '세계'를 만들어가며 새로운 의미를 부여하고 추구하며 살고 있는가? 이 같은 인간의 실존적 질문에 로더는 '거룩'을 답으로 제시한다. 우리 스스로를 실망시키고 공허 속으로 내몰고 있는 인간 내부의 성향 속에서도 살아가는 것은 그 정반대되는 성향을 체험하고 있기 때문이다. 그래서 키르케고르는 공허의 얼굴이 하느님의 얼굴이 된다는 사실을 여러 번 강조했다. 공허의 현실 속에서 새로운 존재로 변화될 가능성이 바로 "거룩"의 차원이다. 거룩을 경험하는 것은 실존적 존재 상태가 존재 그 자체로 명확히 나타나는 순간이라 할 수 있다. 예를 들어, 용서가 보복을 대신하고, 용기가 두려움을 이기는 상황에서 개인의 인격과 정신 건강을 초월해서 '어떤 존재'가 활동하고 있음을 짐작할 수 있다. 이러한 인간 영의 심오한 현현을 로더는 '거룩'이라 부른다. 이러한 '어떤 존재' 그 자체는 하느님으로 해석할 수 있다(폴 틸릭은 하느님을 '존재 그 자체' 또는 '존재의 토대'라 이름하였다). 결국 이 세계를 살아가는 자아가 갈등 속에서 공허의 경지에 깊이 빠져 들어 허무 속을 헤매게 되는 가운데서도 은총으로 거룩의 임재를 경험하게 된다.

로더는 확신적 체험의 인식 사건을 고찰하여 인식 사건의 5단계와 인간 실존의 4차원을 고찰하였다. 이러한 예기치 못한 확신적 인식으로 믿음의 경지에서 좀 더 확실함으로 진전되어 가는 질적 변형이 일어난다고 이해하였다.

4) 로더의 변형이론 평가

로더의 변형이론의 기여점은 첫째로 학문적으로 다루기 쉽지 않은 강력한 종교 경험의 순간적 현상을 학문 영역 안에서 확신적 인식 사건으로 분석하였다는 점이다. 그는 이에 '변형 논리'라는 이름을 붙였다. 인간 실존의 공허 속에서 좌절의 고통을 당할 수밖에 없는 존재에게도 희망의 실마리를 붙잡아 믿음의 눈으로 희망을 살려내고 보여주었다. 자아의 비움과 포기 속에서 거룩의 경험으로 변형되는 과정을 정밀하게 고찰하였다. 인간의 가능성과 노력을 넘어서는 은총을 동시적으로 균형있게 분석해내는 성과를 이루었다.

로더의 변형 논리는 심리역동과 구조주의적 관점을 통합하는 입장이다. 변형의 논리가 인간 발달의 모든 단계 속에서 변화의 과정을 지배하는 모형으로 자리 잡고 있다는 점을 강조하여 연속적 발달 단계론의 결정주의적 입장을 비판하였다. 곧, 로더는 인간 발달에 있어 일직선론, 결정주의적 입장, 환경론을 낮게 평가하고, 인간의 정상적인 발달을 환경과 인격 사이의 상호관계 가운데에서 드러나는 실재성으로 이해하였다.[61]

마지막으로 그의 변형 논리는 전인적 변화를 설득력있게 제시하고 있다. 그는 신비 체험과 인식적 변형 간에 깊은 관계가 있다고 밝혔다. 곧, 계시와 이성, 초월과 실존의 이분법적 분리가 아닌 통합적 시각을 제시하였다. 인간의 삶과 믿음을 전인적으로 이해할 수 있는 길을 제시해주었다.

로더의 질적 변형이론의 약점은 변형 상황에 대한 객관성의 문제에 있다. 로더가 제시하는 변형이론은 변형의 순간에 많은 관심을 기울인다. 하지만 그런 변형적 인식은 개별 상황에 대처하는 능력은 있으나, 질적 변형 현상을 평가할 수 있는 객관적인 근거가 약하다는 지적이다. 즉 그가 제시하고 있는 바를 전반적으로 고찰할 때, 어떤 변형 경험이 신뢰할 만하고, 어떤 변형 경험은 신뢰할 수 없는 경험인지에 대해서 판단할 수 있는 객관적 근거가 약하다는 점이다.

또 다른 약점은 로더가 변형 사건의 분석에 치중하여, 어떻게 이러한 인식사건을 일어나게 하는가에 대한 논의가 미흡하다는 점이다. 변형사건을 분석하여, 확신적 체험 사건의 인식이 중요한 만큼, 어떻게 변형적 사건을 일어나게 할 것인가의 논의도 필요하다. 물론 결과적으로 변형 사건은 은총으로 주어진다고 해도, 그에 이르는 인간적 노력과 자세에 대한 고려가 믿음의 성장을 도모하는 데 필요하다. 그런데 아쉽게도 로더의 입장은 이런 점에 대한 고찰이 미흡하다.

4. 파울러의 발달이론과 로더의 변형이론의 비교 및 통합 가능성 모색

지금까지 다뤄온 파울러의 발달이론과 로더의 변형이론은 인간 변화를 다루는 주제에서는 맥을 같이 하지만 두 사람의 주장은 많은 차이점이 있다. 양육을 통한 연속적 발달을 주장하는 파울러와 확신적 인식 사건을 통한 질적 변형이론의 논쟁은 역사가 오래된 주제로서 서로 통합하기 쉽지 않아 보인다. 파울러는 오랜 발달 과정 없이는 변형이 있을 수 없다는 입장이고, 로더는 조심스런 발달의 많은 양 없이도 질적 변형이 가능하다는 입장이다. 이제 이처럼 현격한 차이가 있는 두 이론을 비교해 보며 통합 가능성을 타진해 보도록 하겠다.

파울러의 믿음은 그리스도교 믿음만이 아니라 모든 종류의 믿음을 포괄코저 한다. 곧, 믿음을 삶에 대한 응답으로서 발달하는 구조나 과정으로 이해한다. 파울러는 무엇을 믿느냐보다 우리가 어떻게 사느냐에 관심을 두고 있다. 이에 비해 로더는 종교 체험과 삶이 변화하는 과정에 대해 정확하고 상세하게 기술하고 있다. 로더는 이 변화 과정의 설명에서 인간의 능력보다는 신의 은총과 초자연적 절대자의 은총이 중요한 매개가 될 수 있다고 강조한다.

파울러는 믿음을 인간의 발달적 측면에서 인간적 차원으로 이해하였다. 믿음이 은총으로 주어지지만, 이 은총에 대해 인간이 어떻게 응답하느냐가 주된 관심이다. 믿음이란 보편적이면서 관계적인 앎의 행위이며 상상력으로의 믿음을 말한다. 이에 비해 로더는 믿음이란 일반적이거나 추상적인 것이 아니라 인간 실존적 체험으로서 구체성을 통해 존재의 확실성을 얻게 된다는 것이다. 비록 인간이 나약하고 삶이 불확실하다고 할지라도 신의 능력에 참여하는 것이 믿음이라는 것이다.

이렇게 믿음에 대한 이해의 차이뿐만 아니라 믿음의 역동성에 대해서도 차이가 존재한다. 로더의 관심은 질적 변형의 과정과 역동성에 있다. 자신의 주 저서인 『삶이 변형되는 순간』에서 변형의 과정과 역동성에 대한 논의를 심층적으로 수행한다. 로더는 믿음의 성장에 있어서 질적 변형이 핵심이지 환경의 연속적 양육이 아니라고 본다. 교육을 통한 믿음의 성장은 머리의 영역에서 수긍하는 정도일 가능성이 있기 때문이다. 로더는 인간 실존의 4차원 중 세 번째 차원인 인간의 죄와 공허의 차원에 관심을 두고 어떻게 이를 극복하여 네 번째 차원인 거룩으로 도약하는가에 집중하고 있다.[62] 로더는 이 가능성의 근거를 존재 속에 내재된 도약(leap) 가능성과 변형 과정에서의 초월성으로 제시하였다. 그는 공허의 3차원에서 거룩의 4차원으로의 이행은 인간의 노력의 산물이라기보다는 인간 노력을 초월한 위로부터의 은총이라고 본다.

로더는 믿음의 성장에 관한 한 단계보다는 발달 단계 사이의 중간 단계(transition)가 변형의 주된 처소임을 밝힌다. 인간의 삶이나 성장은 특정 발달 단계에 도달하여 머무르려는 경향보다는 끊임없이 내면과 외면의 환경의 영향에 노출되어 성장의 방향으로든 퇴행의 방향으로든 나아가려는 역동성 속에 있는 경우가 대부분이기 때문이다. 인간이 어느 발달 단계에 도달했다 하더라도 갈등이나 긴장이 부재한 평형 상태를 유지하는 것이 아니라, 그 속에서 생명현상으로 내적인 역동적 움직임 속에 있을 수밖에 없다는 것이다.[63] 그래서 로더는 인간의 삶의 발달과 성장은 단계보다는 단계 사이의 중간 단계(transition)에서 이루어진다는 것이다. 그는 "대부분의 삶과 성장은 단계들이 아니라 단계들 사이에서 이루어지기 때문에 단계 사이의 중간 단계야말로, 아마 가장 적게 연구되었음에도 불구하고, 인간 발달의 가장 뚜렷한 부분"이라고 주장한다.[64] 왜냐하면 발단 단계 사이의 지점들이 갈등으로 말미암아 위험스런 상황이 많이 발생하고 그로 말미암은 질적 변화의 역동성이 가장 강하게 일어날 수 있기 때문이다. 이러한 로더의 통찰은 믿음의 성장에 대해 중요한 시사점을 제시한다. 곧, 믿음의 성장은 연속적인 전진의 발달만 일어나는 것이 아니라 전진과 후퇴, 방황을 반복하는 과정에서 경험하는 갈등을 어떻게 이해하고 접근하느냐가 관건이라는 점이다.

이에 비해 파울러는 변화의 단계(stage)의 기술과 연속적 발달에 주된 노력을 기울이고 있다. 믿음의 성장이 일평생을 통해서 일어나며, 특히 7가지 구조적 요소가 근본적 변화를 겪으며 나타난다고 한다. 곧, 단순한 믿음의 외적 변화가 아니라 믿음의 요소에 대한 질적 변화를 말한다.

특히 파울러는 인생 후기에 변화 과정에 대한 논의를 다루면서 그의 구조주의적 발달심리학자의 '변화'에 대한 입장이 발달론적 측면의 설명을 넘어서고 있음이 볼 수 있다.[65] 그는 세 가지 종류의 변화(change)를 말한다. 첫째는 발달적 변화이다. 유기체가 환경과의 관계에서 평형 상태를 잃게 될 경우, 기존의 평형 상태를 회복하는 과정에서 오는 변화이다. 여기에는 신체적, 감정적, 도덕 사회의 발달을 포함할 수 있다. 파울러의 믿음 발달도 이 변화의 패턴을 따른다고 말할 수 있다.

두 번째는 재구성적 변화이다. 변형과 재구성, 붕괴와 재건설, 회복과 치유, 또는 회개와 삶의 새로운 방향 설정과 같은 개인적 변화를 의미한다. 첫 번째의 발달적 변화가 비교적 예측할 수 있는 변화라면 두 번째 범주는 예기치 못하나 기대하지 못한 사건에서 오는 변화이다. 그렇기에 첫 번 변화보다 타격이 심각하고 근본적인 변화가 일어난다.

세 번째 변화는 침입하는 사건에 대한 응답으로서의 변화이다. 우리의 삶이 결코 이전과 동일하게 될 수 없는 분명하게 표지를 남기는 사건(marker event)으로 인한 변화를 말한다. 졸업, 직장 해고, 가족의 이별, 자녀 결혼 등 목록을 수없이 나열할 수 있다. 이처럼 개인에게 의미있게 다가올 수 있는 사건은 당사자의 내면에 충격과 상실의 흔적을 남기는 변화를 가져온다.

파울러는 윌리엄 브리지스William Bridges의 이론을 사용하여 변화(change)의 역동성을 설명하고 있다. 브리지스에게 있어 변화는 구조적인 과정으로서 강력하고도 변화적인 과정이다. 그리고 삶에서의 중요한 변화에는 세 단계가 존재한다고 본다.[66] 곧, 단절(ending) 단계, 중립지역(the Neutral Zone), 새로운 시작(New Beginning)이란 세 단계이다. 먼저 단절 단계는 어떤 계기로 지금까지의 사고나 생활에서 경험하는 단절이다. 중립지역은 인간이 시간과 공간에서 자기를 상실하고 이로 말미암아 의미의 구조가 부서지고 공허화된다. 비록 시간 안에 존재하면서도 시간을 떠나고, 특정 공간 안에 있으면서도 그 공간과 접촉을 상실한다. 이런 어둠의 과정을 거치면서 드디어 새로운 시작의 단계가 도래한다. 이때는 내면의 깊은 음성을 듣고 그에 대한 구체적 행동을 보인다. 파울러는 이상과 같은 변화 과정이 너무 복잡하기에 이에 대한 규칙이나 지침을 설정하는 것은 쉽지 않은 일이라고 평가한다. 바로 이 점에서 파울러는 로더의 변화의 문법을 의식하며 비판하고 있다.

이상과 같이 파울러가 논의하는 변화(change)는 로더의 변형(transformation)과는 차이점이 드러난다. 파울러가 말하는 변화는 존재를 뒤흔드는 것과 같은 변형이 아니라 어쩐지 강도가 좀 떨어지는 변화(change)를 말하는 듯하다. 발달론자 파울러는 자신의 연속적 발달단계론의 약점을 보완하는 노력을 통해 자신의 이론과 대척점에 있는 변형이론과의 연결점이 충분히 있음을 간접적으로 시사하고 있다. 파울러의 이런 시각은 깊은 내면의 질적 변형의 경험에 대한 공식, 지침이나 규칙을 만드는 것이 간단치 않다는 사정을 부각시킨다.[67]

이제까지 논의를 정리하면, 파울러는 믿음의 단계적 양육의 측면을, 로더는 믿음의 계시적 질적 변형 측면을 강조한다. 하지만 두 사람은 각기 다른 이론의 입장을 무시하기보다는 자신의 이론의 자리를 더 강조한 듯이 보인다. 믿음의 성장에 있어 생의 발달주기에 따른 발달단계가 필요하고, 그러나 특정 시기에는 생의 심한 갈등으로 인해 획기적인 내면세계가 뒤흔들림으로써 질적 변형의 순간이 올 수도 있다. 두 이론은 서로 각자에게 자신의 부족한 점을 보완해 줄 수 있다. 이런 면에서 연속적 발달이론과 질적 변형이론은 상호보완적 관계에 있다고 할 수 있다. 즉 영적 존재에 의한 변형적 인간 변화를 강조하는 로더는 변화의 단계를 언급한다. 곧, 로더는 발달 단계 사이의 중간 단계로서의 변형은 분화 단계, 특수화 단계, 통합 단계, 일반화 단계를 말하며, 믿음의 성장은 단계에서보다 단계 사이의 중간 단계에서 위의 과정을 거친다고 주장한다.[68] 또한 믿음의 연속적 발달 단계를 강조하는 파울러도 하느님의 주도적 역사로 인한 회심을 부정하지 않고 그의 저서 『신앙의 발달단계』 후반부에서 다루고 있다.

5. 나가며: 상호보완의 필요

로더는 각 발달 단계의 사이에 존재하는 과도기에서 의미있고 인식가능한 변형적 체험이 믿음의 성장에 기여한다는 입장이다. 이런 인식 체험이 경험 당시 갖고 있는 믿음의 상태를 한 차원 진전시킨다. 경험 당사자가 발달이론의 어느 단계에 속해 있든 그 단계 안에서 질적 변형(transformation)을 이루어가며 그 수준의 삶을 살아갈 것이다. 이런 측면에서 파울러의 발달이론은 로더의 변형적 관점의 보완점으로서 필요하다.

불교의 명상 수행을 통한 믿음의 경험도 이 두 이론의 관점에서 시사점을 얻을 수 있다. 로더의 질적 변형 이론은 수행자의 의미 있는 깨침의 경험 당시의 현상을 이해하는 데 유익하다. 곧, 로더의 이론은 깨침이 일어나는 실존적 삶의 순간에 대한 중심적 관찰과 점검 요소를 제공한다.

또한 파울러의 발달단계이론은 수행자의 믿음과 인식 수준이 믿음의 여정에 어느 지점을 지나고 있음을 판단할 수 있는 지도(map)의 기능을 할 수 있다. 신자가 수행에 정진하여 의미 있는 변형 경험을 하게 될 경우, 그 경험의 순도와 경험 당사자의 삶에 어떤 의미가 있는지를 이해하기 위해서는 객관적이면서도 신뢰도 있는 외적 평가 지침이 필요하다. 왜냐하면 존 웰우드가 말하듯이 종교인의 영적 수행을 통한 경험 속에는 영적 우회(spiritual bypass)라는 불순물이 본인도 모르게 함유되어 있을 수 있기 때문이다.[69]

파울러와 로더의 이론에 대한 비교를 종합하면, 믿음의 성장을 다룸에 있어서 가장 이상적인 방법은 상호보완적이어야 한다는 것이다. 둘 중 어느 한 쪽에 치중하는 것이 아니라, 양쪽의 장점을 선용하여 자신들의 약점을 보완하는 "변증법적 관계"가 요청된다.[70] 이런 통합의 입장을 잘 정리한 모란의 글로서 마무리한다.

> 발달과 회개〔변형〕는 서로 양립될 수 있을 뿐 아니라 서로를 필요로 한다. 분리될 때 서로가 위험하다. 만일 발달의 개념이 회개〔변형〕의 움직임을 그 자체에 포함하지 않는다면, 발달은 스스로 파괴적이다. 이는 어느 한계점에 도달케 하거나 아니면 끊임없는 성장으로 자신을 진력하게 한다. 직선으로 이해되는 발달은 개인의 죽음의 경우에서 보듯 지지될 수 없다. …… 반면에 회개〔변형〕는 발달적으로 일평생의 과정으로 이해될 수 있다. 그렇지 않으면, 회개〔변형〕는 일회적인 하느님의 경험이 된다. 이러한 수직적 이해는 '인간의 발달'을 정지키거나 이를 이층 건물의 지하실로 밀어내 버린다."[71]

표층 믿음에서 심층 믿음으로

오강남(캐나다 리자이나대학교 명예교수 비교종교학)

1. 들어가는 말

믿음은 모든 종교에 가장 기본적인 공통적 요소라고 할 수 있다. 믿음이 없는 종교는 없을 것이다. 심지어 바하이교 같은 종교는 스스로를 "Bahá'í Faith"라 부르고, 학자들 중에는 종교 자체를 'faith'와 동의어로 사용하기도 한다.[1] 그러기에 그 믿음이라는 것이 도대체 어떤 것인가를 규명하는 것은 종교를 더욱 깊이 이해하기 위해, 나아가 우리의 종교 생활을 더욱 건전하게 영위하기 위해 거쳐야 할 필수 과업이 아닐 수 없다. 그렇다면 믿음이라는 것은 어느 경우에 우리의 영적 성장을 위한 디딤돌 노릇을 하고, 어느 경우에 우리의 영적 성장을 저해하는 걸림돌의 역할을 하는가?[2]

필자는 이 논문에서 '믿음' 일반에 대해서, 특히 '표층 믿음'과 '심층

믿음'의 문제와 관련되어 필자가 평소 염두에 두었던 생각들을 정리해 보겠다.[3]

2. 자라나는 믿음

1) 표층과 심층

믿음이나 신앙을 이야기할 때, '표층'과 '심층'으로 나누어 생각해 보는 것이 좋다. 필자가 지금껏 비교종교학 전공자로서 세계 종교들을 붙들고 살펴본 바에 의하면, 세계 거의 모든 종교에는 표층表層이 있고 심층深層이 있다는 것을 확인할 수 있었다. 기독교에도, 불교에도, 힌두교에도, 이슬람에도, 유교에도 모두 표층과 심층이 공존하고 있다. 또한 어느 종교에서나 일반적으로 표층이 심층보다 상대적으로 더 두꺼운 것이 사실이다. 물론 종교 전통에 따라 어느 종교는 표층이 심층보다 어느 정도 더 두껍고, 어느 종교는 표층이 심층보다 압도적으로 더 두꺼울 수는 있다. 그러나 거의 모든 종교는 표층과 심층을 같이 가지고 있다고 보아도 틀릴 것이 없다.

표층 믿음과 심층 믿음의 근본적인 차이는 무엇일까? 어떻게 다루느냐에 따라 그 차이를 수십 가지로 열거할 수도 있지만 지금 당장 가장 뚜렷한 것으로 생각되는 것 몇 가지만 손꼽아 보겠다.

첫째, 무엇보다 큰 차이점은 표층 믿음이 변화되지 않은 지금의 나, 다석 유영모 선생님의 용어를 빌리면 탐진치에 찌든 '제나', '몸나'를 잘되게 하려고 애쓰는 것에 반하여, 심층 믿음은 지금의 나를 부정하고 나를 죽여 새로운 나, 참나, 큰나, '얼나'로 다시 태어나는 것을 강조한다.

교회나 절에 다니는 것, 헌금이나 시주를 바치는 것, 열심히 기도하는 것 등도 표층 믿음에 머무르고 있는 사람들은 그것으로 자신이 복을 많이 받아 이 땅에서 병도 들지 않고 돈도 많이 벌어 남보란 듯 살고, 죽어서도 지금의 자신 그대로 어디에 가서 영생 복락을 누릴 것을 염두에 둔다. 그러나 똑 같은 일을 하더라도 심층 믿음에 속한 사람들은 그런 일을 내 욕심을 줄여 가고, 내 자신을 부인하고, 나아가 남을 생각하기 위한 정신적 연습이나 훈련 과정으로 생각한다.

둘째, 표층 믿음은 무조건적인 '믿음'을 강조하는 반면 심층 믿음은 '깨달음'을 중요시한다. 표층 믿음에서는 자기 종교에서 주어진 교리나 율법을 무조건 받아들이고 따르면 거기에 따른 보상이 있을 것이라 믿는다. 심층 믿음에서는 지금의 나를 얽매고 있는 선입견이나 고정관념에서 벗어나 지금의 내가 죽고 새로운 나로 태어날 때 필연적으로 따라오는 깨달음을 믿음에서 가장 중요한 요소로 여긴다. 모든 종교적인 의례나 활동도 이런 깨달음에 이르기 위한 수단으로 생각한다. 이런 깨달음을 좀 거창한 말로 표현하면 '의식의 변화', 혹은 '주객초월적 의식의 획득'이나 '특수인식능력의 활성화'라 할 수 있다. 이런 깨달음이 있을 때 진정한 해방과 자유가 있을 수 있다고 보는 것이다.

셋째, 표층 믿음은 '신은 하늘에 있고 인간은 땅에 있다'는 식으로 신과 나 사이에 '영원한 심연'만이 있을 뿐이라고 생각한다. 신과 인간이 관계를 맺으려면 신이 그 심연을 뛰어 넘어 인간에게로 오거나 인간이 하늘을 향해 큰 소리로 외쳐야 된다고 믿는다. 즉 신의 초월을 강조하는 것이다. 이와 대조적으로 심층 믿음은 신이 내 밖에도 계시지만 내 안에도 계시다고 생각한다. 신의 초월과 동시에 내재를 주장하는데,

이를 '범재신론(panentheism)'의 입장이라 한다.

넷째, 셋째 차이와 직접적으로 관련된 것이지만, 표층 믿음에서는 신이 '저 위에' 계시기 때문에 자연히 신을 내 밖에서 찾으려고 하는 데 반해, 심층 믿음에서는 신이 내 속에 있고, 이렇게 내 속에 있는 신이 나의 진정한 나, 참 나를 이루고 있기에 신을 찾는 것과 참 나를 찾는 것이 결국은 같은 것이라 본다. 이런 생각을 연장하면 신과 나와 내 이웃, 우주가 모두 '하나'라는 생각을 하게 된다. 자연히 내 스스로도 늠름하고 의연한 삶을 살 수 있는 자유를 누리게 되고 내 이웃도 하늘 모시듯 하는 사랑과 자비의 마음을 가지게 된다.

다섯째, 의식의 변화를 통해, 깨침을 통해, 내 속에 있는 신을 발견하는 일, 참 나를 찾는 일—이런 경험은 너무나 엄청나고 놀라워서 도저히 말이나 글로 표현할 수가 없다. 그래도 표현한다면 그것은 어쩔 수 없이 '상징적(symbolical)', '은유적(metaphorical)', '유추적(analogical)' 수단을 사용할 수밖에 없다. 보통 말은 인간사에서 일어나는 보통의 경험을 표현하기 위한 것이기에 이런 엄청난 경험은 이런 보통 말로 표현할 수가 없다는 것이다. 따라서 심층 믿음의 사람들은 종교 전통에서 내려오는 경전들의 표피적인 뜻에 매달리는 '문자주의'를 배격한다. 표층 믿음에서 경전을 '문자대로', '기록된 대로', '그대로' 읽고 받아들여야 한다고 할 때 심층 믿음은 문자 너머에 있는 '속내'를 알아차려야 한다고 가르친다.

사실 모든 종교인들은 특별한 경우를 제외하고 거의 대부분 표층에서 시작한다. 시대적으로도, 역시 특별한 경우의 예외는 있지만, 옛날에는 이런 표층 종교인들이 절대다수를 이루었다. 문제는 이제 많은 종교인들이 개인적으로도 머리가 커졌고, 시대적으로도 인지가 고도로 발달한 상태라 위에서 지적한 것과 같은 표층적 믿음 양태로는 만족할 수가 없다는 점이다. 나이가 40이 되었는데 아직도 산타 할아버지가 굴뚝을 타고 내려 올 것을 문자대로 믿고 크리스마스 때마다 굴뚝을 쑤신다는 것은 보통 사람으로서는 하기 힘든 일이기 때문이다. 요즘은 병이 나면 병원에 가고 돈이 필요하면 은행에 가야 하는 것으로 생각하는 것이 보통인 세상이 되었다. 종교를 이렇게 개인적, 집단적 이기심을 충족시키기 위한 마술방망이 쯤으로 생각할 수가 없어졌다는 뜻이다.

그러면 이제 종교란 완전히 무의미한 것인가? 오늘날 많은 사람들이 종교에서 떠나는 것은 대부분 표층적인 믿음이 종교의 전부라고 오해하기 때문이라 볼 수 있다. 문제는 종교에서 심층 차원을 찾는 것이다. 오늘날 많은 사람들이 목말라하는 것은 이런 심층 차원이 가져다 줄 수 있는 시원함이다. 종교의 이런 '심층' 차원을 종교사에서 보통 쓰는 말로 바꾸면 '신비주의(神秘主義, mysticism)'이다.

'신비주의'라고 하면 일반적으로 부정적인 시각으로 보기 일쑤다. '신비주의'라는 말의 모호성 때문이라 할 수 있습니다. 똑같은 말은 아니지만 신비주의라는 말 대신 '영성'이라는 말이라든가, 독일 철학자 라이프니츠가 창안한 '영속철학(perennial philosophy)'이라는 말을 쓰는 이도 있고 '현교적(顯敎的, exoteric)' 차원과 대조하여 '밀의적(密意的, esoteric)' 차원이라는 말을 쓰기도 한다. 그러나 이런 말들도 모호하기는 마찬가지다.[4]

이런 아리송함을 덜기 위해 독일어에서는 신비주의와 관련하여 두 가지 말을 사용하고 있다. 부정적인 뜻으로서의 신비주의를 'Mystismus'

라 하는데, 일반적으로 영매, 육체이탈, 점성술, 마술, 천리안 등 초자연 현상이나 그리스도교 부흥회에서 흔히 발견되는 열광적 흥분, 신유체험 등과 같은 것을 지칭하는 말이다. 이런 일에 관심을 보이거나 거기에 관여하는 사람을 'Mystizist'라 한다. 이와는 대조적으로 종교의 가장 깊은 면, 인간의 말로 표현할 수 없는 순수한 종교적 체험을 목표로 하는 신비주의는 'Mystik'이라 하고 이와 관계되거나 이런 일을 경험하는 사람을 'Mystiker'라 한다.

신비주의에 대한 정의로 중세 이후 많이 쓰이던 'cognitio Dei experimentalis'라는 말이 있다. '신을 체험적으로 인식하기'이다. 하느님, 절대자, 궁극실재를 몸소 아는 것이다. 그러나 이때 '안다'고 하는 것은 이론이나 추론이나 개념이나 논리나 교설이나 문자를 통하거나 다른 사람이 전하는 권위 있는 말을 믿는 믿음을 통해서 아는 것이 아니라, 내 자신의 영적 눈이 점점 크게 열림을 통해, 내 자신의 내면적 깨달음을 통해, 의식의 변화를 통해, 직접적으로, 그리고 체험적으로 안다는 것을 의미한다. 사실 "종교에서 이런 신비주의적 요소가 없는 믿음은 진정한 의미에서 종교라 할 수 없다."고 볼 수 있다.[5] 그래도 '신비주의'라는 말이 거슬린다고 생각하면, 일단 그것을, 우리가 여기서 하는 것처럼, '심층 종교' 혹은 '심층 믿음'이라 부르는 것이 좋으리라 생각한다.

20세기 가톨릭 최대의 신학자 칼 라너(Karl Rahner, 1904~1984)는 미래의 그리스도인은 신비주의자(mystic)가 되지 않으면 더 이상 존재하지 못하게 되고 말 것"이라고 예견했다.[6] 독일 신학자로서 미국 뉴욕에 있는 유니온 신학대학원에서 오래 가르친 도로테 죌레(Dorthee Soelle,

1929~2003)도 최근에 펴낸 『신비와 저항』이라는 책에서 신비주의 체험이 역사적으로 특수한 몇몇 사람들에게만 가능한 무엇이 아니라 이제 더욱 많은 사람들에게서 있을 수 있는 일이 되어야 한다고 역설하면서 이른바 '신비주의의 민주화(democratization of mysticism)', 대중화를 주장했다.[7] 여기서 이 두 대가들이 거론하는 '신비주의'라는 말은 물론 우리가 상식적으로 생각하는 그런 의미의 '신비주의'가 아니라 여러 종교 전통들을 관통해서 흐르는 종교의 가장 깊은 '심층'의 믿음을 의미하는 것이다.[8] 이런 의미에서 불교의 경우도 똑 같이 21세기 불교가 표층 믿음에서 심층 믿음으로 심화되지 않으면 더 이상 그 존재가치를 잃고 말 것이라 해도 지나치지 않으리라 생각한다.

이제 어떤 믿음이 표층적 믿음이고 이런 표층적 믿음이 어떻게 심화될 수 있는가 하는 문제를 구체적으로 살펴보기로 하자.

2) 표층 믿음

'하물숭배(荷物崇拜, cargo cults)'라는 것이 있다. 이는 종교사나 종교사회학, 문화인류학을 연구하는 사람에게는 잘 알려진 이야기로서, 1890년대에 영국과 프랑스가 남태평양 뉴기니 등 멜라네시아Melanesia 도서島嶼를 식민지로 지배하기 시작하면서 원주민 사이에서 새로 생겨난 일종의 신흥 종교 형태를 말한다.

섬사람들은 유럽인이 화물선에서 하물을 내려 거기서 여러 가지 물건들을 꺼내 쓰는 것을 보게 되었다. 깡통에 든 음식이라든가 농기구라든가 라디오 같은 신기한 물건을 생전 처음 본 사람들은 이런 물건이 당연히 신으로부터 온 것이라고 믿었다. 전통 종교에 의하면 자기들이 상용하는 토로(토란) 같은 채소라든가 여러 가지 곡식이 모두 신으로부터 온 것이기 때문이다. 이 물건은 공장에서 만들어 가지고 온 것이라고 말해주어도, 공장이 뭔지도 모르는 원주민들은 백인들이 그것을 자기네만 쓰려고 거짓말하는 것이라고 생각했다. 그러고는 자신들의 신은 왜 이런 물건을 가져다주지 않는지 의아해했다. 이것을 발단으로 온갖 교리와 실천 사항이 생겨나기 시작했다.

섬사람들은 이 물건들이 사실은 백인의 신이 아니라 자기 조상신에게서 온 것이라는 믿음에 충실했다. 조상신이 화산 꼭대기나 다른 섬에 살면서 자신들을 위해 이런 물건을 만들었는데, 백인이 이를 가로채서 쓰는 것이라 보았다. 1919년 뉴기니 섬의 바이랄라Vailala라는 마을에서 생긴 '바이랄라 광기'는 이런 믿음의 가장 두드러진 예라 할 수 있다. 이들은 자기 조상신이 음식이나 담배나 기계나 무기 같은 것을 배에 싣고 곧 올 것이라 예언하고, 그러기 전에 백인을 몰아내고 지금껏 해오던 종교 의례를 모두 버려야 할 것으로 믿었다. 이런 예언과 믿음에 따라 사람들은 농사나 기타 생계를 위한 일에서 모두 손을 떼었다. 이제 곧 조상신이 오면 일하지 않고도 잘 먹고 잘 살 수 있기 때문이었다. 유럽 사람의 건물을 본떠서 소형 신전도 짓고, 깃대나 안테나를 본떠 장대도 세웠다. 성경 읽는 흉내도 내고, 새로운 규례와 의식절차를 채택하기도 했다.

물론 배에 하물을 싣고 오겠다던 조상신은 오지 않았다. 그럴 때마다 사람들은 새 날짜를 정하거나, 자기들의 준비가 철저하지 못해 못 오는 것이라고 하거나, 이미 안 보이는 어디에 도착했다고 하거나, 백인이 타고 온 배가 사실은 자기들이 기다리던 배요 그 선원들이 바로 조상신이라는 등의 주장으로 자신의 믿음을 지켰다.

2차 대전이 일어나고 미군이 들어오면서 이런 하물숭배는 더욱 기승을 부리기 시작했다. 화물을 비행기에 싣고 오는 것도 그러했지만 물건도 그전보다 더욱 놀라운 것이었기 때문이다. 이런 하물숭배 사례 중 한 가지 잘 알려진 예가 존 프럼John Frum과 관련된 것이다.

프럼의 역사적 실재성은 불확실하지만 탄나Tanna라는 섬사람들의 말에 의하면 프럼은 1930년대 말쯤 비행기로 그 섬에 도착했다. 원주민어를 유창하게 구사했던 그는 떠나면서 하물을 많이 싣고 다시 오겠다고 약속했다. 그러면서 오기 전에 준비 작업으로 이런저런 일을 해야 한다고 일러주었다.

프럼이 떠난 후 섬사람들은 그가 돌아오면 착륙할 수 있는 비행장을 만들고, 나무로 비행기 모양을 만들어 비행장에다 갖다 두고, 컨트롤 타워 같은 모형도 만들고, 대나무로 된 안테나에 나무 이어폰도 설치하고, 깡통 쪼가리로 만든 모형 스피커를 장치하기도 하는 등 만반의 준비를 하고 기다렸다. 이들은 지금도 매년 2월 15일이면 그가 돌아올 것이라고 믿고 특별한 종교행사를 행한다. 프럼이 나타나지 않아도 이런저런 이유를 들어 언젠가는 그가 돌아와 섬을 낙원으로 만들어 주리라는 희망을 버리지 않고 있다. 1999년 「토론토 스타」 기자가 방문해서 어찌 그런 일이 있을 수 있는가를 묻자 섬사람 중 하나가 말했다. "그리스도인은 예수가 오기를 2천 년이나 기다리고 있다. 우리는 존 프럼을 겨우 60년 기다렸다. 왜 우리를 보고 이상한 사람들이라고 하는가?"[9]

물론 우리는 이런 섬사람들의 믿음을 무조건 비웃거나 무시해서는 안 된다. 이런 믿음이 그들에게는 희망과 용기의 원천이 되고 삶을 의미 있게 살아가게 하는 원동력이 될 수도 있기 때문이다. 그러나 누군가가 우리에게 이런 믿음을 받아들이라고 강요한다면 우리는 사절하지 않을 수 없다. 원하든 원하지 않든, 우리는 이미 이런 신에 대한 이런 믿음이 우리에게 희망과 용기의 원천이 되지 못한다는 것을 알아버렸기 때문이다.

이제 우리가 지금 가진 믿음이라는 것도 만에 하나 이런 것은 아닌가 살펴볼 필요가 있지 않을까? 믿음이란 물론 누가 우리에게 강요한다고 받아들이거나 버릴 수 있는 성질의 것이 아니다. 믿음이란 궁극적으로 이론이나 논리의 문제가 아니다. 그런 것을 훨씬 넘어서는 것이다. 그러나 지금 가지고 있는 믿음이라는 것이 이론이나 논리에도 못 미치는 무엇이 아닌가 우리 스스로 한 번 깊이 살펴보는 것 역시 중요하다. 그러고 나서도 확신이 더욱 굳어진다면 훌륭한 일이다. 그러나 우리가 지금 가진 믿음이라는 것이 어처구니없게도 화물을 가져다주는 그런 신에 대한 믿음과 본질적으로 다른 것이 없음을 발견하게 된다면, 어쩔 수 없이 '이런 표층 믿음은 이제 우리와 상관이 없다'고 선언할 수밖에 없다. 이런 종류의 별종 믿음이 불교에 있건, 기독교에 있건, 다른 어느 종교에 있건, 이런 믿음을 바람직한 믿음의 전부라 할 수는 없다.

3) 믿음의 여섯 단계

믿음은 어느 면에서 자전거 타기와 같다. 앞으로 나가지 않으면 그 자리에 서 있을 수조차 없이 쓰러지고 만다. 그리스도교의 제2인자 사도 바울도 "너희 믿음이 더욱 자라"기를 바란다고 했다. 함석헌 선생도

"신앙은 생장기능生長機能을 가지고 있다. 이 생장은 육체적 생명에서도 그 특성의 하나이지만, 신앙에 있어서도 그러하다. 신앙에서 신앙으로 자라나 마침내 완전한 데 이르는 것이 산 신앙이다."[10]고 했다.

믿음이 자란다는 사실을 실증적으로 보여준 사람으로 제임스 파울러 James Fowler 교수를 들 수 있다. 하버드 대학교를 거쳐 애틀랜타에 있는 에모리 대학교 윤리연구소 및 신앙과 윤리 발달 연구소 소장으로 있는 파울러 교수는 『신앙의 발달단계(Stages of Faith)』라는 책을 냈다. 그는 인간의 인지 능력이 발달하는 것을 관찰한 스위스 발달심리학의 거장 피아제와 인간이 자라면서 도덕적 의식이 발달한다고 주장한 미국의 콜버그의 방법론을 받아들여 인간의 신앙심이 어떻게 발달하는가를 연구하는 데 적용했다. 연구 대상이 모두 서양인들이긴 하지만 이것은 어느 한 종교에서의 발달 단계를 의미하는 것이 아니라고 주장한다.

파울러의 연구 결과에 따르면, 인간이 살아가면서 신앙적으로 완전히 자라게 된다면 모두 6단계를 거친다고 한다. 그 여섯 단계를 요약하면 대략 다음과 같다.[11]

먼저, 첫 단계에 들어가기 전의 단계로 '전단계(prestage)'라는 것이 있다. 이것은 갓난아기가 배가 고프면 울고 먹을 것을 주거나 안아주면 그냥 좋아하는 것처럼, 아직 지적 능력 같은 것과 상관없이 엄마나 다른 보호자를 향한 무조건적인 신뢰의 단계로 이때와 같은 믿음을 '무분별적 믿음(undifferentiated faith)'라 한다.

제1단계는 '직관적-투영적 믿음(intuitive-projective faith)'의 단계이다. 2세에서 6, 7세 어린이에게서 나타나는 믿음인데, 이때 아이들은 상상과 환상의 세계에 살면서 이에 걸맞는 믿음을 키워간다. 이때 처음으로 자의식을 가지고 되고, 죽음과 성性과 금기사항 등을 알기 시작한다.

제2단계는 '신화적-문자적 믿음(mythic-literal faith)' 단계로서, 초등학교 학생들에게서 볼 수 있는 신앙형태다. 자기가 속한 공동체가 전통적으로 가지고 있는 설화, 신화나 의식儀式을 문자적으로 받아들인다. 이런 것들의 상징적 뜻에는 관심이 없고 세상이 이런 이야기들이 말하는 것처럼 문자적으로 그렇게 굴러간다고 믿는다. 예를 들어 세상이 신에 의해 창조되었다는 이야기를 들으면 그것을 문자 그대로 역사적 사실이라 믿는 것과 같은 것이다.

제3단계는 '종합적-인습적 믿음(synthetic-conventional faith)'이다. 사춘기 때 형성되는 단계로서 자기가 지금껏 문자적으로 믿어오던 자기 공동체의 이야기나 믿음내용, 의식을 문자적으로만 받아들일 때 감지되는 모순을 의식하게 되는 단계다. 이럴 경우 이런 모순을 해결하고 지금까지의 정체성을 확보해 줄 수 있는 종합적-인습적 신앙 형태를 받아들이게 된다. 그러나 이 단계에서는 아직도 독립적인 사고에 의해 스스로 결정할 수 있는 능력이 생기지 않았기 때문에 주위에 있는 다른 사람들의 인정과 외적 권위에 의존하게 된다. 그리하여 다른 사람들의 사고와 행동에 맞추려는 획일적 사고가 강하게 나타나고, 또 주어진 이데올로기에 따라 모든 것을 설명하려 한다. 그리고 그 테두리에서 벗어나 그것을 객관적으로 성찰해보는 기회를 갖지 못한다. 소위 자기 종교에서 가르쳐주는 것을 그대로 받아들이고 그것을 사수하겠다고 애를 쓰는 열성파 사람들 대부분은 이 단계에서 주저앉은 사람들이다.

제4단계는 '개성화-성찰의 믿음(individuative-reflective faith)'의 단계이다. 20대 중반의 청년기, 경우에 따라서는 30대 후반이나 40대 초반에

도 형성되는데, 자기 자신의 믿음내용이나 가치관에 대해 심각하게 반성하고 통찰하는 단계이다. 반드시 기억해야 할 사실은 많은 사람들이 이 단계에조차 이르지 못하고 한평생을 마치는 수가 많다는 것이다.

그런 의미에서 제4단계는 아주 중요한 단계이다. 우리가 지금까지 속했던 집단의 구성원으로 집단이 주는 가치관이나 믿음내용이나 이데올로기에 그대로 안주하느냐, 혹은 스스로 하나의 독립적 인격체로 자유롭고 비판적인 사고와 태도를 가질 것이냐 하는 것이 결정되는 단계이기 때문이다. 이 단계에 성공적으로 진입하게 되면 자신과 세계를 보는 눈이 새롭게 열리고, 지금까지 검토되지 않던 상징체계가 의미 있는 것으로 보이기 시작한다.

제5단계는 '접속적 믿음(conjunctive faith)'이다. 이 단계는 주로 중년기 이후에 생기는 것으로서, 이분법적 양자택일이나 이항대립적 사고방식을 넘어서서 '양극의 일치(coincidentia oppositorum)'를 인정하고 받아들이는 단계이다. 우리가 말하는 "이것이냐 저것이냐"의 '냐냐주의'에서 "이것도 저것도"의 '도도주의'로 넘어가는 단계, 변증법적 사고, 대화적 태도, 역설의 논리 등을 이해할 수 있는 단계이다.

빛이 파장도 되고 동시에 입자도 된다는 것을 아는 것처럼, 한 가지 사물의 양면을 동시에 볼 줄 아는 마음이다. 자기가 지금까지 가지고 있던 선입관으로 사물을 보는 대신 사물을 있는 그대로 보려는 마음이다. 내 편이냐 네 편이냐, 내가 어디 속했느냐에 따라 각각 다른 말을 하는 것이 아니라 어디까지나 진리 그 자체가 전해주는 것에 따라 소신을 가지고 말한다.

마지막 제6단계는 '보편화하는 믿음(universalizing faith)'이다. 이 단계는 극소수의 사람만 도달할 수 있는 것으로서, 자아를 완성한 이른바 '성인'의 경지다. 어떤 외적 걸림이나 거침이나 울타리에 구애되지 않는 자유과 무애의 사람이 되는 것이다. 사랑과 자비와 껴안음의 사람, 그러면서도 세상을 변화시키기 위해 정의와 공평함을 위해 헌신하는 사람이다.

파울러는 구체적으로 근래 우리 주위에서 발견할 수 있는 이들 중, 마하트마 간디, 마틴 루터 킹, 테레사 수녀, 전 유엔사무총장 다그 함마숄드, 히틀러 암살 기도에 실패해 처형당한 독일 신학자 디트리히 본회퍼, 유대인 사상가 에이브라함 헤쉘, 미국의 신비사상가 토마스 머튼 같은 사람이 이에 속할 것이라고 했다.

한 가지 기억해야 할 것은 이런 경지에 도달한 사람이 도덕적인 면을 포함해 모든 면에서 완벽한 것은 아니라는 사실이다. 간디가 비폭력을 삶의 원칙으로 삼았지만, 자기 부인에게는 거칠게 대한 것과 같은 예이다. 루돌프 오토가 말한 것처럼 성聖의 경지는 근본적으로 도덕적 차원이 다르기 때문이다. 성의 경지는 무엇보다 '인식의 전환' 혹은 앞에서 말한 것처럼 '특수인식능력의 활성화'를 이룬 사람을 일컫는다.

이런 경지에 도달한 분들은 일반적으로 인습적 사고방식, 가치체계, 사회질서에 대해 '뒤집어엎는(subversive)' 태도를 취한다. 이 단계는 또 그리스도교적 용어로 하면 '하느님의 나라'라고 하는 보편적 가치를 위해 다른 모든 일상적 가치를 거기에 종속시키라는 뜻이기도 하다. 그러나 보편적 가치를 위해 구체적 전통이나 윤리체계를 완전히 무시하거나 버려야 한다고 가르치지 않는다. 이 단계에 속한 사람들은 모든 것을 감싸 안을 정도로 큰 그릇이 된 것이다. 이들의 사랑과 희생,

열림과 감싸 안음으로 당사자 개인의 미래뿐만 아니라 인류 역사에 미래와 희망이 있다.

4) 문자주의에서 벗어나는 것

그런데 믿음에서 자라난다고 하는 것, 믿음이 심화된다고 하는 것은 무엇보다 경전 등 종교적 상징을 문자적으로 받들려고 하는 문자주의에서 벗어나 그것의 속내를 알아보려고 하는 진지한 노력이 뒷받침되어야 한다. 함석헌 선생도 이런 말을 했다.

> "경전의 생명은 그 정신에 있으므로 늘 끊임없이 고쳐 해석하여야 한다. …… 소위 정통주의라 하여 믿음의 살고 남은 껍질인 경전의 글귀를 그대로 지키려는 가엾은 것들은 사정없는 역사의 행진에 버림을 당할 것이다. 아니다, 역사가 버리는 것이 아니라 자기네가 스스로 역사를 버리는 것이다."[12]

종교적 진술을 '문자적으로' 이해하려는 것을 '근본주의'라 할 수 있는데, 이런 근본주의적 믿음이야말로 종교의 더욱 깊은 뜻을 이해하는 데 가장 큰 걸림돌이 된다. 이런 근본주의적 문자주의는 어느 종교에나 다 있는 일이지만 특히 유대교, 그리스도교, 이슬람에 두드러지게 나타나는 현상이다.[13] 신학자 폴 틸리히가 적절히 지적한 것처럼, "성경을 문자적으로 읽으면 심각하게 받아들일 수 없고, 심각하게 받아들이려면 문자적으로 읽을 수 없다"는 것이 사실이다.

미국의 종교 심리학자 윌리엄 제임스(William James, 1842~1910)는 신비 체험의 네 가지 특징 중 하나가 '말로 표현할 수 없음(ineffability)'이라고 하였다.[14] 『도덕경』 1장 첫머리에 언급된 것처럼 "말로 표현한 도는 진정한 도가 아니라"는 것이다. 궁극 실재나 진리는 말로 표현할 수 없으므로 말의 표피적이고 문자적인 뜻에 사로잡히지 말고 그야말로 '불립문자不立文字'의 입장을 취해야 한다는 것이다. 세계의 여러 종교 심층에서는 언제나 표피적인 의미와 심층적인 의미를 분간하고 표피적인 의미를 지나 심층적인 뜻을 간파하라고 가르친다. 가장 잘 알려진 예로 경전이나 의식 등 외부적인 것들은 결국 "달을 가리키는 손가락"이라고 강조하는 선불교의 가르침을 들 수 있을 것이다.

필자가 여기서 특히 소개하고 싶은 것은 종교적 진술의 뜻을 좀 더 세분하여 네 가지 차원이 있다고 하는 초기 그리스도교 영지주의(Gnosticism)의 가르침이다.[15] 그리스도교 영지주의, 혹은 영지주의적 그리스도교에서는 모든 종교적 진술에는 적어도 다음과 같은 네 가지 차원이 있다고 주장한다.

① 물리적(physical, hylic, 땅) 차원,
② 심리적(psychological, psychic, 물) 차원,
③ 영적(spiritual, pneumatic, 공기=영) 차원,
④ 신비적(mystical, gnostic, 불) 차원이다.

첫 번째 차원은 종교와 별로 관계가 없는 일상적 차원이다. 이른바 육지나 땅에 속한 사람들이 종교와 상관없이 살아가면서 눈에 보이는 데 따라 극히 표피적으로 이해하는 세상이다. 이들이 종교에 관심을

갖고 물로 세례를 받으면 둘째 차원으로 들어가는데, 이 단계에서는 예수의 죽음, 부활, 재림 등의 종교적 진술이나 이야기를 '문자적'인 뜻으로 받아들이고 이런 문자적인 의미에서 일종의 심리적 기쁨이나 안위를 얻는다. '그리스도교의 외적 비밀(the Outer Mysteries of Christianity)'에 접한 것이다. 여기서 나아가 영으로 세례를 받으면 예수의 죽음과 부활과 재림 등의 이야기가 전해주는 셋째 차원의 뜻, 곧 '은유적(allegorical)' 혹은 '신화적(mythical)' 혹은 영적 의미를 파악한 영적 사람이 된다. 이들이 바로 그리스도교의 내적 비밀(the Inner Mysteries of Christianity)에 접한 사람들이다. 이들이 더 나아가 최종적으로 불로 세례를 받으면 그리스도와 하나됨이라는 신비 체험에 이르고, 더 이상 문자적이나 은유적이나 영적인 차원의 뜻이 필요 없는 경지에 이르는 것이다.

필자는 이를 쉽게 이해할 수 있도록 하기 위해서 크리스마스와 산타크로스 이야기를 즐겨 사용한다. 어릴 때는 내가 착한 어린이가 되면 크리스마스 이브에 산타 할아버지가 굴뚝을 타고 내려와서 벽난로 옆에 걸린 양말에 선물을 잔뜩 집어넣고 간다는 것을 문자 그대로 믿는다. 산타 이야기는 그 아이에게 기쁨과 희망과 의미의 원천이다. 일년 내내 산타 할아버지의 선물을 위해 착한 아이가 되려고 애를 쓴다.

나이가 들면서 자기 동네에 500집이 있는데, 산타 할아버지가 어떻게 그 많은 집에 한꺼번에 찾아와 선물을 주고 갈 수 있는가, 우리 집 굴뚝은 특별히 좁은데 그 뚱뚱한 산타 할아버지가 어떻게 굴뚝을 타고 내려올 수 있는가, 학교에서 배운 바에 의하면 지금 호주에는 여름이라 눈이 없다는데 어떻게 썰매를 타고 갈 수 있을까 하는 등의 의심이

들기 시작한다. 앞에서 말한 파울러의 신앙 발달 단계로 보면 1단계에서 2단계로 넘어가는 어디쯤일 것이다. 아무튼 그러다가 어느 날은 자기 아빠 엄마가 양말에 선물을 넣는 것을 보게 되었다. "아, 크리스마스는 식구들끼리 서로 사랑을 나누는 시간이구나. 나도 엄마 아빠, 동생에게 선물을 해야지." 하는 단계로 올라간다. 산타 이야기의 문자적 의미를 넘어선 것이다. 예전처럼 여전히 즐거운 마음으로 똑같이 "징글벨, 징글벨"을 불러도 이제 자기가 산타 할아버지에게서 선물을 받는다는 생각보다는 선물을 서로 주고받는 일이 더욱 의미 있고 아름다운 일이라는 생각을 하게 된다.

좀 더 나이가 들어 크리스마스와 산타 이야기는 온 동네 사람들, 나아가 전 세계의 불우한 사람들에게 사랑을 나누며 사회적 유대를 더욱 강화하는 것이 산타의 정신이라는 것, 혹은 사랑만 나누는 것이 아니라 공평한 사회, 평화로운 세계가 되도록 하는 것이 산타 이야기에서 얻을 수 있는 교훈이라는 것을 깨닫게 된다. 좀 더 장성하면, 사실 장성한다고 다 이런 단계에 이르는 것은 아니지만, 아무튼 더욱 성숙된 안목을 갖게 되면 크리스마스 이야기는 하느님이 땅으로 내려오시고 인간이 그를 영접한다는 천지합일이나 신인합일의 신비적 의미를 해마다 경축하고 재연한다는 의미도 있을 수 있구나 하는 것까지 알게 된다.

물론 이 예화에서 산타 이야기의 문자적 의미, 윤리적 의미, 사회공동체적 의미, 신비적 의미 등 점진적으로 심화된 의미를 알아보게 되는 과정이 영지주의에서 말하는 네 가지 발전단계와 완전히 일치하는 것은 아니지만, 적어도 성숙한 믿음, 심층 믿음이란 문자주의를 극복하고 이를 초월함으로써 가능하다는 것을 말하는 점에서 맥을 같이 한다고 볼 수 있을 것이다.

이처럼 참된 믿음은 문자주의를 극복함으로 종교의 진수에 접하는 것이다. 불경이든 성경이든 종교적 문헌이나 예식을 대할 때 문자주의의 제한성을 넘어서 이런 것들을 "상징적으로", "은유적으로" 받아들인다는 것을 의미한다. 이렇게 문자주의를 극복할 때 우리의 믿음은 계속 자라나 그 깊이를 더하게 되는 것이다.

5) 믿음이냐 깨달음이냐

서양 종교, 특히 기독교에서는 믿음을 강조한다. 성경에서 가장 많이 암송되는 『요한복음』 3장 16절에 "저를 믿는 자마다 멸망치 않고 영생을 얻게 하려 하심이라."고 한 것이 이를 단적으로 말해주고 있다. 현재 기독교의 경우 "예수 믿고 구원을 얻으라" 하는 것이 일종의 기본 공식이라 해도 과언이 아닐 것이다.

그렇다면 기독교에서 믿으라는 것은 무엇인가? 일부 기독교에서는 예수가 하느님의 아들이라는 것, 그가 동정녀의 몸을 빌려 인간으로 태어나시고, 우리 죄를 위해 피를 흘렸다는 것 등의 교리를 믿어야 구원을 얻을 수 있다고 가르친다.

그러나 가만히 생각해 볼 일이다. 지금 기독교에서 강조하는 이런 식의 믿음이 왜 그렇게 중요할까? 물론 믿음이라는 것이 중요하다. 후론하겠지만, 우주의 근원으로서의 궁극실재나 우주에 편만한 법리, 진리, 원칙을 믿고 거기에 우리를 턱 맡기는 믿음, '신뢰'로서의 믿음, 내면에서 오는 확신으로서의 믿음 등은 삶에 방향과 힘을 주는 원동력이 될 수 있다.

그러나 예수가 하느님의 아들이라든가 동정녀 탄생을 했다든가 하는 식으로 자기와 상관이 없는 일을 남이 내게 말해 주어서 그대로 받아들이는 '믿음' 같은 믿음은 이른바 '한 다리 건넌 정보(second-hand information)'에 불과한 셈이 아닌가?

최근에 기독교에서도 초대교회에 '믿음'이 아니라 '깨달음'을 강조한 흐름이 있었다는 사실이 새삼 드러났다. 1945년 12월 어느 날 무함마드 알리라는 이집트 농부가 나일 강 상류 나그함마디Nag Hammadi라는 곳 부근 산기슭에서 땅을 파다가 땅 속에 토기 항아리가 있는 것을 발견했다. 이 문서가 들어 있는 그 항아리가 금으로 가득한 항아리보다 더 귀중하다는 사실을 알 턱이 없던 그는 이 문서를 시장에 가지고 나가 오렌지, 담배, 설탕 등과 맞바꾸었다. 그러다가 그 문서가 학자들의 손에 들어가게 되었다.

이것이 바로 '나그함마디 문서'의 발굴 경로다. 나그함마디 문서 뭉치들 속에는 지금 성경에 포함되지 않은 여러 가지 복음서를 포함하여 모두 52종의 문서가 들어 있었는데, 그 중에서 가장 많은 사람들의 관심을 끈 것이 바로 『도마복음』이다. 앤드류 하비Andrew Harvey 교수 같은 이는 1945년 12월에 발견된 『도마복음』이 같은 해 8월 일본 히로시마와 나가사키에 투하된 원자폭탄에 버금가는 폭발력을 가진 문헌이라 평가했다.

『도마복음』이 공관복음과 다른 가장 큰 특징은 공관복음에서 많이 언급되고 있는 기적, 예언의 성취, 재림, 종말, 부활, 최후 심판, 대속 등에 대한 언급이 전혀 없고, 그 대신 내 속에 빛으로 계시는 하느님을 아는 것, 이것을 깨닫는 '깨달음'을 통해 내가 새 사람이 되고 죽음을 극복할 수 있다는 것을 강조한다는 것이다.

이런 점으로 볼 때 『도마복음』을 세계 종교 전통 어디서나 심층 깊이에서 거의 보편적으로 발견되는 '신비주의'적 차원에 초점을 맞추었던 복음서로 보아 무방할 것이라는 생각이 든다. 사실 한문으로 '영지靈知'라 번역하고 영어로 보통 'knowledge'라 옮기는 그리스어 'gnōsis'란 말은 산스크리트어 프라즈냐prajñā, 곧 반야般若에 해당하는 말로서, 통찰, 꿰뚫어 봄, 직관, 깨침과 같은 계열의 말이다. 불교에서 반야를 통해 성불과 해탈이 가능해짐을 말하듯, 『도마복음』도 이런 깨달음을 통해 참된 '쉼'이 가능하게 된다고 주장하고 있다. 의미 있는 일이 아닐 수 없다.[16]

3. 살아 있는 믿음

1) 생각하는 종교인

종교는 믿는 것이지 생각하는 것이 아니라고 말하는 사람들이 많다. 심지어는 '덮어놓고' 믿어야지 생각하고 따지고 해서는 안 된다고 주장하는 사람도 있다. 얼른 보아 일리 있는 말 같기도 하다. 그러나 아무리 그렇게 '덮어놓고' 믿고 싶지만 우선 "덮어놓고" 믿는다는 것이 뭔지라도, 어떻게 해야 그런 믿음을 가질 수 있는지라도 알아야 그렇게 할 수 있는 것이 아니겠는가?

함석헌 선생은 "생각하는 백성이라야 산다."고 했다. 소크라테스도 "검토되지 않은 삶은 살 가치가 없다."고 했다. 미국의 저명한 신학자 존 캅John Cobb도 최근 『생각하는 그리스도인 되기』라는 제목의 책을 냈는데, 스스로 생각하는 그리스도인이어야 살아날 수도, 또 이렇게 독립적으로 사고하는 평신도가 많아야 그리스도교도 산다고 했다. 미국 성공회 주교 존 쉘비 스퐁 신부는 "머리로 이해할 수 없는 것은 가슴으로도 사랑하지 못한다."는 명언을 남겼다.

사실 그리스도인들뿐만 아니라 어느 종교인이든 각성도 없고 검토도 없는 믿음을 '덮어놓고' 받아들일 경우 그것은 헛된 믿음일 수도 있고, 또 많은 경우 우리의 짧은 삶을 낭비하게 하는 극히 위험한 믿음, 굴레가 되는 믿음일 수도 있다. 보라. 우리 주위에 횡행하면서 사람들을 죽음과 패망으로 몰아넣은 저 많은 사교 집단들을. 그리고 비록 신흥 사교집단은 아니라 하더라도 일부 잘못된 지도자에 의해 변질되어 그 신도들을 속박하고 질식시키고 있는 저 많은 기성 종교 집단들을. 이렇게 파리 끈끈이 같은 데 가까이 가거나 수렁 같은 데 잘못 발을 들여놓았다가 패가망신하는 사람들이 얼마나 많은가?

극히 최근세에 이르기까지 어느 사회나 인구의 절대 다수가 문맹이었다. 그런 시대에는 대부분의 사람들이 대부분의 경우 어쩔 수 없이 '덮어놓고' 믿을 수밖에 없었다. 예를 들어 중세 시대 어려운 신학적 문제는 오로지 성직자들 사이에서 라틴말로만 논의되고, 일반인들은 이들이 그림으로 그려 준 그림책 정도를 보고 그대로 믿고 따르는 '그림책 신학'에 만족할 수밖에 없었다.

그러나 이제 시대가 바뀌었다. 이런 바뀐 시대를 반영하여 존 캅은 '일반 평신도들은 모두 신학자들'로서 스스로 생각하고 거기에 책임을 지는 그리스도인이 되어야 한다고 선언하였다. 사실 오늘 같이 일반인들의 지식이나 의식 수준이 높은 시대에 우리는 어쩔 수 없이 '만민 신학자직'

을 주장해야 할 것이다.

믿음은 '이성을 넘어서는 것(supra ratio, beyond reason)'이지 '이성을 거스르는 것(contra ratio, against reason)'이 아니다. 사리를 분별하고 판단하는 일은 건전한 종교적 삶을 위해 필요한 전제 조건이다. '무조건'이니 '덮어놓고'니 하는 말은 사실 인간에게 천부적으로 주어진 독립적 사고력이나 분별력을 포기하거나 몰수당하는 일이다.[17]

종교인이라고 생각 없이 덮어놓고 믿어야 하는 것이 아니라 종교인일수록 오히려 더욱 깊이 생각해야 한다. 그러고 나서 자기 생각에, 지성에 한계가 있음을 깨닫고 그 한계를 넘어서는 것—이것이 참된 믿음이 지향해야 할 영성적 경지가 아니겠는가.

2) 믿음은 당연하게 여기는 마음에서 벗어나는 것

중학교 때 과학 시간이 생각난다. 물이 끓으면 왜 수증기가 됩니까? 자석에 어떤 쇠붙이는 붙고 어떤 것은 안 붙는 이유가 무엇입니까? 하는 등 좀 이상스럽고 까다로운 질문을 하면, 과학 선생님은 늘상 그야 당연한 거지, 이치가 다 그런 법이야 하는 말로 받아넘겼다. 그러면 우리는 어쩔 수 없이 뒤통수를 긁으며 제자리에 앉아버리곤 했다.

뉴턴(Isaac Newton)이 여느 다른 사람처럼 나무에서 사과가 떨어지는 것을 보고 '그저 그런 법이려니' 하면서 당연한 것으로 여겼다면 만유인력의 법칙을 발견할 수 있었을까. 아인슈타인(Albert Einstein)이 다른 모든 사람들처럼 뉴턴의 역학을 당연한 것으로 받아들였다면 그가 상대성 원리를 알아낼 수 있었을까.

잘 믿는다는 이들에게 종교에 대한 질문을 하거나 좀 깊이 있는 대화를 하려고 하면, 그저 덮어놓고 믿으라고 당부하는 경우가 많다. 당연한 것을 그대로 받아들이고 믿으면 되지 왜 따지냐는 것이다. 예수님이 그 당시 유대 전통이나 종교 지도자들이 가르쳐주는 것을 모두 당연한 것으로 여기고 '그저 덮어놓고 믿으셨다면' 역사가 어떻게 바뀌었을까? 루터Martin Luther가 그 당시 교회에서 일어나던 일을 당연히 여기고 눈감았더라면, 역사가 지금보다 더 좋은 방향으로 흘렀을까?[18]

아직 왕자 신분이었을 때, 부처님은 어느 날 공원을 산책하다가 늙은 사람, 병든 사람, 죽은 사람, 수도승, 이 네 종류의 사람을 보고 큰 충격을 받았다. 이른바 '사문유관四門遊觀'이다. 이후 그는 산다는 것이 무엇인가를 골똘히 생각하다가 드디어 삶의 문제를 근본적으로 해결해 보겠다는 결심에서 왕궁을 떠나 수도의 길에 오른다. 다른 사람처럼 '산다는 것이 다 그런 거겠지' 하고 자기가 본 것을 당연한 것으로 취급해 버렸다면, 세상이 더 밝아졌을까?[19]

슈바이처(Albert Schweitzer) 박사는 갓 스물한 살이 되던 성령 강림 주일 아침, 창문을 통해 침대 머리로 들어오는 아침 햇살을 받으며, 그리고 멀리서 울려오는 교회의 종소리를 들으며, 말할 수 없이 벅찬 행복감에 젖었다. 이렇게 행복할 수 있을까? 행복한 젊음, 훌륭한 건강, 활동력, 이렇게 큰 행복을 나 혼자만의 것으로 당연하게 여길 수 있을까를 생각하던 그는 앞으로 10년, 즉 서른 살까지만 학문과 예술에 시간을 바치고, 그 후에는 직접 인류를 위한 봉사에 헌신해서 '세상의 고통'을 나누어지겠다는 결심을 하기에 이른다.[20]

이런 예에서 찾을 수 있는 교훈이라면, 역사적으로 위대하고 창조적인 것들은 모두 우리 주위에서 일어나는 일들을 당연히 여기지 않는 태도에서 얻어진 성과임을 알 수 있다.

우리는 어릴 때부터 대부분의 것을 당연히 여기며 살도록 훈련받아왔다. 어릴 때는 모든 것이 신기하고 이상해서 오만 가지 질문을 다 한다. 엄마, 왜 달이 자꾸만 우리를 따라오고 있어? 비는 왜 와? 구름은 어디로 자꾸 가는 거야? 아기는 어디서 나와? 엄마가 아빠도 낳았어? 하느님은 누가 만들었어? 등등, 별의별 과학적·사회학적·윤리적·철학적 질문들이 다 있다.

엄마는 아는 한도 내에서, 그리고 아이가 납득할 만한 범위 내에서 적당히 '설명'해 주든가, "그런 건 아직 몰라도 돼!" 하고 억눌러 버린다. 그러면 아이는 '그런가 보다' 생각하고 한참 동안은 같은 질문을 안 한다.

세월이 가고 머리가 커가면서 계속 질문이 생기지만 그때마다 아빠가 해주는 설명, 선생님이 해주는 설명, 사회가 해주는 설명, 종교에서 해주는 설명 등의 '설명'으로 길들여지면서 만사를 '그런가 보다' 하는 식으로 보는 눈을 기른다. 그러다가 마침내 어느 단계에 이르면, 웬만한 의문이 생기더라도 지금까지 자기에게 주어진 설명들을 이리 붙이고 저리 합해서 자기대로의 해답을 얻는다. 말하자면 일종의 '설명 체계,' '의미 체계'를 형성하는 셈이다.[21]

이렇게 자기 나름대로 의미 체계를 형성하고 거기에 만족하면, 이제 만사가 '그저 그렇고 그런 것'으로 이해되고 대수로울 것이 없는 것으로 보인다. 누가 무슨 문제로 이상하게 여기는 것을 보면, '그거 뭐, 다 그런 거지' 하며 콧방귀를 뀐다. 그런 것을 가지고 이상히 여기는 것이 좀 이상할까, 다른 것은 모두가 다 아는 사실이다. 따라서 비가 오는 것을 보아도 전혀 새롭거나 경이로울 것이 없다. 모든 것이 '당연지사'다. 무신경, 무감각의 상태가 되는 것, 심리학적 용어로 '자동화', '습관화'가 되는 것이다.

이렇게 모든 게 '당연한 것으로 보이는 세계'를 종교사회학자 피터 버거Peter Berger라는 사람은 영어로 'taken-for-granted-world'라 표현했다. 그는 이렇게 세계를 당연하게 보도록 하는 데 가장 중요한 역할을 하는 것이 종교라고 강조한다.[22]

사실 각 종교는, 우주의 기원은 무엇인가? 산다는 것이 무엇인가? 인간은 어째서 고통을 당하고 있는가? 죽음은 모든 것의 끝인가? 등의 궁극적인 질문에 대해 자기 나름대로의 설명을 해준다. 말하자면 우주와 삶에 대한 나름대로의 '설명 체계'를 제공하는 셈이다. 세상은 이렇게 만들어졌다, 지금은 이렇게 돌아가고 있다, 우리가 이 지경인 것은 그것 때문이다, 죽으면 천당에 가거나 지옥으로 굴러 떨어진다, 윤회가 있다, 없다 등등 우리의 문제들에 척척 대답해주는, 어느 면에서는 지극히 편리한 설명인 셈이다. 우리 스스로 골치를 썩여가며 알아보겠다고 애쓸 것도 없고, 그래 봐야 별 신통한 해답이 나올 것 같지도 않을 판이니, 이것은 그저 주어진 떡이다.

그뿐 아니라 누구나 다 같이 같은 설명 체계를 받아들인다면, 모든 사람이 같은 생각, 같은 행동 규범, 같은 목적을 가지고 사는 셈이므로 '질서 있는' 사회, 가치 체계가 일목요연하게 나타나고 모두 일사불란하게 움직이는 '안정된' 사회가 된다. 그래서 모두 이 주어진 설명에 만족하며 조용히 살아가는 것이다.[23]

그러다가 혹시 이 체계를 당연한 것으로 받아들이지 않는 누군가가 다른 소리를 하면, 그는 안정된 질서를 교란하고 파괴하려는 이질 분자로 낙인 찍혀 여러 면으로 혼이 난다. 바보나 정신이 나간 사람으로 조롱당하기도 하고, 심하면 파문까지 당하며, 심지어 예수님같이 죽음을 당하기도 한다. 그래서 우리는 모두 '찍' 소리 하지 않고 '복지부동!' 가만히 엎드려 의식적으로든 무의식적으로든 모든 것을 당연한 것으로 받아들이며 사는 것이다. 설혹 정말로 당연히 여길 수 없는 일들이 가끔씩 보인다 하더라도 웬만한 용기가 아니면 얼른 그런 생각을 무의식 심층 아래로 억눌러 버리고, 사회에서 모든 사람이 생각하고 행동하는 데 따라 그대로 발맞추어 살아가는 것이 상책이라 여긴다.

훌륭한 사회에서 산다는 것은 물질적이나 경제적 혜택 때문이기보다 모든 것을 당연히 여기지 않을 수 있는 자유, 곧 양심과 신앙과 학문의 자유 등이 상대적으로 다른 곳보다 많이 신장된 사회에서 산다는 뜻이다. 아직도 그 사회에서 세워놓은 정치 제도, 교리 체계, 가치관, 사고방식, 윤리규범 중 시시콜콜한 것 하나라도 거절하면 무조건 온갖 조소와 박해를 당해야 하는 폐쇄된 정치 집단이나 종교 집단이 이 세상에는 얼마나 많은가 생각할 때 가슴이 아프다.

3) 믿음과 방법론적 회의

그리스 사람들은 '철학하는 것', 즉 문자 그대로 '지혜를 사랑하는 것(philo+sophia)'의 시작은 무엇에든 '놀라워하는 것(thaumazein)'이라고 했다. 모든 창조적인 것의 시작은 주어진 사물에서 새로운 의미를 찾으려는 부단한 탐구 정신에서 비롯된다는 뜻이다. 모든 것을 일단은 의심하는 것으로 시작한다는 데카르트(R. Descartes)의 '방법론적 회의'도 이에 해당되는 것이 아닌가 여겨진다.

나치 정권에 의해 순교당한 젊은 독일 신학자 디트리히 본회퍼Dietrich Bonhoeffer는 '주여, 주여' 하기만 하면 다 되는 것처럼 '값싼 은혜'나 팔며 살아가는 종교, 이런 종교가 제공하는 천박하고 시대착오적이며 비그리스도적인 '설명'을 이제 '성년이 된 세상'에서는 걷어치워야 한다고 주장했다. 옛날 연극을 할 때 이야기가 흘러가다가 도저히 앞뒤가 잘 안 맞는 대목이 생기면, '하느님'이 등장하도록 해서 이야기의 전후가 그럴 듯하게 넘어가도록 적당히 '설명'하는 일이 있었는데, 이렇게 뚱딴지처럼 툭 튀어나오는 하느님을 라틴어로 'Deus ex machina'라 했다. '기계에서 나온 신'이라는 뜻이다. 본회퍼는 이제 성숙한 세계에서 이런 종류의 신으로 세계를 설명하고 그것을 당연한 것으로 받아들일 필요는 조금도 없다고 역설했다.

우리는 흔히 '믿음'이란 모든 것을 그대로 받아들이는 것이라 생각하는 경우가 많다. 그러나 진정한 믿음(faith)은 이와 반대로 일반적으로 아무 반성 없이 그대로 따르는 신조(beliefs)나 의미 체계를 무조건 그대로 수납할 수 없음을 확신하는 일이다. 칸트(Immanuel Kant)는 이런 태도의 믿음을 '회의적 신앙(doubtful faith)'이라 하고 이것만이 참다운 의미의 믿음이라고 했다.[24]

남이 다 장에 간다고 나도 지게를 지고 덩달아 어슬렁어슬렁 따라가는 것이 훌륭한 믿음이겠는가? 왜 가야 하는가를 살펴 가야 할 일이 있으면 누가 뭐라 해도 가고, 갈 필요가 없으면 안 가는 뼈대 있는 행동, 이것이 바람직한 믿음의 결과가 아니겠는가? 믿음은 '남들이 다 그렇다고 하니까' 그저 그런 줄로 알거나, '남들이 다 그렇게 하니까' 그대로 하거나,

'여태까지 다 그랬으니까' 으레 그래야만 된다고 생각하는 '맹신'이 아니라는 것이다.

예루살렘 성문 어귀에서 오가는 사람들에게 구걸하며 앉아 있던 앉은뱅이를 향해 베드로는 은과 금은 내게 없거니와 내게 있는 것으로 네게 주노니 곧 나사렛 예수 그리스도의 이름으로 걸으라(사도행전 3:6)고 했다. 그 앉은뱅이는 일어나 걷고 뛰었다고 한다. '나면서부터' 앉은뱅이였던 사람은 결코 갑자기 일어나 걸을 수 없다는 '보편타당한 진리'를 당연한 것으로 여겼더라면, 아마도 그는 웃기지 마시오 하면서 그 자리에 그대로 앉아 있었을 것이다. 그러나 이른바 일반적으로 받아들여진 '정설'을 깨고 '예수 그리스도의 이름'을 의지해서 박차고 일어나는 것, 바로 이것이 참된 의미의 믿음이 아니겠는가? "믿음을 옹호한다고 하던 많은 사람이 진리를 거역하는 사람들이었다"고 한 라다크리슈난(S. Radhakrishnan)의 말은 실로 정곡을 찌르는 말임에 틀림없다.[25]

전통이니 관습이니 상식이니 체제니 원칙이니, '그런 법'이라느니, 뭐니뭐니 해서 움직일 수 없는 만고불변의 진리처럼, 숙명처럼 믿어오던 것, 떠받들던 것을 이제 당연한 것으로만 생각하지 않고 다시 한 번 두드려보는 마음, 뒤집어보는 태도, 이것이 기독교적 용어를 빌리면 '예수 그리스도의 이름'을 받드는 자세요, 참된 진리, 실재의 더욱 깊은 차원을 향해 열린 참 믿음이다.

4) 독단적 불신도 경계해야

그렇다고 물론 모든 것을 다 당연하지 않은 것으로만 여기며 살 수는 없다. 쉰 밥을 먹으면 배탈이 난다는 것을 꼭 먹어보고 확인해야 하는 것은 아니다. 돌다리도 두드려보고 건너기는 해야겠지만, 그 돌다리를 쓸데없이 하나하나 두드리며 어물쩍거리다가는 해가 지기 전에 개울을 다 건너지 못할 것이다. 이럴 경우, 우리는 우리 앞에서 먼저 밟고 지나간 사람이 알려주는 정확한 지식, 사심 없는 마음으로 가르쳐주는 말을 지침 삼아 나아가는 결단이 필요하다. 우리에게 참다운 의미의 선각자, 선구자, 목자, 스승이 필요한 것은 바로 이런 까닭이다.[26]

모든 사람이 이 흉흉한 세파에 혼자 조각배를 띄우고 스스로 노를 저어갈 것을 기대할 수는 없다. '길벗'을 만나 서로 공동의 노력을 기울이든가, 진정으로 훌륭하고 노련한 선장에게 항해를 맡겨 거친 풍랑을 함께 헤쳐가는 것이 보통이다.[27]

그러나 이때 조심해야 하는 것은, 우리 모두를 도매금으로 팔아넘길 악한 선장의 노예선 같은 것을 타는 경우다. 배가 엉뚱한 방향으로 가는 것을 발견하게 되면 우리 스스로 방향을 돌리도록 힘쓰든가, 그것이 불가능하면 배를 버릴 수밖에 없다. 올바른 선장을 만나는 것, 그런 선장을 선택하기 위한 노력은 결국 우리 스스로의 몫이다.

한 가지 덧붙이고 싶은 것은, 당연한 것으로 여기지 않는다는 것이 무조건 모든 것을 반대하라는 뜻은 아니라는 점이다. 사실 어떤 것을 무조건 거절하는 것도 따지고 보면 그 자체가 일종의 '당연히 여기는 일'이다. 어떤 생각의 반대쪽을 무조건 그대로 받아들이는 일이기 때문이다. '독단적 불신'이라는 것이다. 이것도 똑같은 '맹신'으로 똑같이 무서운 결과를 가져온다

당연한 것으로 여기지 말라는 것은 무엇이나 '판단하라'는 의미도 아니다. 예수님이 판단하지 말라'고 하셨을 때의 그 '판단'은 이미 설정된

기준, 고정관념에 따라 어떤 것이 거기에 맞고 안 맞고를 가려내는 것이다. 내가 이미 '당연한 것으로' 여겨서 세워놓은 그 기준을 무조건 '당연한 것으로' 받아들여, 거기에 따라 나는 옳고 남은 그르다는 결론을 얻어내면 이것 또한 '당연한 것으로' 취급하는 태도다. '판단'한다는 것은 이렇게 온통 '당연한 것으로 여기는 태도' 투성이다. 나의 기준, 나의 법, 내가 본 것을 절대적인 무엇으로 삼고 양과 염소를 가리려 한다는 의미에서, 이것은 나를 하느님의 자리에 앉히려는 찬탈 행위라고도 할 수 있다.

5) 비판정신을 함양하라

당연히 여기지 말라는 것은 사물을 '비판적'으로 받아들이라는 것을 의미한다. 이것은 남을 험구하거나 욕하고 반대하는 것을 능사로 삼자는 것이 아니라 사물을 바로 가려보자는 태도이다. 이런 의미에서 분별, 식별, 감정鑑定이라 할 수 있을까. 아무튼 비판적으로 본다는 것은 사물을 관찰할 수 있는 모든 관점에서 다 관찰하는 것을 의미한다. 어느 한 가지 관점에서 얻어진 결론을 절대화하거나 거기에 달라붙지 않고 사물을 계속 더 큰 빛 아래서 보도록 부단히 노력하는 일이다.

북미 대학에서는 거의 모두, 이름은 약간씩 틀리지만 교양필수로 '비판적 사고(Critical Thinking)'라는 과목을 부과한다. 대학이 진정으로 'university'가 되려면 학생들이 이런 'universal(보편적)' 시각에서 사물을 보도록 도와주어야 한다고 생각하기 때문이다.

비판적 시각이라는 것은 모든 것을 새롭게 신기하게 보고 끊임없이 물어보는 자세다. '인습적 지혜(conventional wisdom)'에 의문을 제기하고 모든 것을 일단 '뒤집어엎음(subversiveness)'다. 습관화되고 익숙해져서 아무렇지도 않게 여기던 태도를 벗어버리는 '탈습관화'의 작업이다. 통상적 '고정관념'을 두드려 깨고 일체의 선입관을 비우는 일이다. 주어진 설명에 대해 '그게 전부인가?' 하는 태도로 계속해서 더 높고 넓고 깊은 차원의 안목을 위해 물어가는 것이다. 이것이 곧 '진리의 길'에서 우리가 지녀야 할 올바른 마음가짐이요 전제조건이라 믿는다.[28]

4. 어떤 믿음인가

1) Faith와 Belief의 차이

여기서 믿음이라고 할 때 생길 수 있는 혼선 중 하나를 분명히 할 필요가 있을 것 같다. 영어로 '믿음'이나 '신앙'이라고 할 때 'faith'라는 말과 'beliefs'라는 말이 쓰인다. 한국말을 주로 쓰는 한국인들에게 직접 관계가 없는 것 같지만 우리의 신앙생활 전반에 중요한 의미를 지닐 수 있기에 분명히 할 필요가 있다.

일반적으로 faith는, 그 건실한 측면을 볼 경우, 우리가 인간인 이상 어쩔 수 없이 느낄 수밖에 없는 인간으로서의 한계성을 깨닫고 이를 초극하려는 기본적 마음가짐이나 결의, 결단 같은 것이다. 반면 beliefs는 이런 faith를 문화적·사회적 환경과 지적 능력에 따라 나름대로 이해하고 그것을 표현한 일종의 특수 설명체계 내지 신념체계라 할 수 있다.

따라서 faith를 우리말로 '믿음'이나 '신앙'이라고 한다면 beliefs는 구체적으로 '믿고 있는 것들' 혹은 '신념'이라 할 수 있다. 나와 내 형제들이 우리 어머니에 대해 느끼는 절대적 사랑과 신뢰가 faith라고 한다면 이런 사랑과 신뢰를 각자 나름대로 구체화하거나 해석하거나 설명해 놓은 것들이 beliefs이다. 따라서 나와 내 형제들은 다 같이 어머니에 대해 공통적으로 faith를 가지고 있지만 각자가 가지고 있는 beliefs는 각자의 나이나 기타 처지에 따라 각각 다를 수 있고, 또 다를 수밖에 없다. 예를 들어 나는 어머니를 착한 일을 하면 머리를 쓰다듬고 사탕을 주시는 분으로, 내 형제 중 하나는 어머니가 자기의 결혼을 걱정하시는 분으로, 또 다른 형제는 어머니가 우리 형제를 묶고 있는 열쇠고리 같은 분으로, 각자 다른 beliefs를 가지고 있다. 어느 한 쪽의 특수한 beliefs를 받아들여야 faith가 있고, 그런 것을 받아들이지 않으면 faith가 없다고 하는 것은 faith와 beliefs의 차이를 모르기 때문이다.[29]

따라서 기독교를 예로 들면, 성경 무오설, 동정녀 탄생설, 예수의 기적, 예수의 육체적 부활, 예수의 재림 같은 근본주의자들이 주장하는 '근본적' 교리를 문자 그대로 받아들이지 않으면 기독교인으로서의 믿음이나 신앙이 없는 것이라 주장하는 것은 무리라는 이야기다. 물론 어느 특수 교리가 그동안 적지 않은 사람들에게 용기와 희망의 원천이 되어 주었음을 인정하지 않을 수 없다. 그러나 그런 교리 자체가 영원불변하는 진리는 아니다. 어느 특수한 시대적 배경과 요구에 따라 형성된 이런 설명체계를 진리 자체라고 여기고 여건이 완전히 바뀐 오늘날에도 그것을 금과옥조처럼 그대로 받들고 있어야 참 그리스도인이라고 주장하면 곤란하다는 이야기이다.

2) 네 가지 종류의 믿음

그러면 '믿음'이란 과연 무엇인가? 믿음이라는 말의 다중성多重性을 이해하기 위해 또 다른 분류법을 적용해 볼 수도 있다. 그리스도교에서 전통적으로 말하는 믿음의 네 가지 종류가 그것이다. '믿음'이라고 할 때 거기에 주로 네 가지 각이한 뜻이 있다고 이야기한다. 가장 잘 알려진 것에서부터 가장 덜 알려진 것에 이르기까지 그 하나하나를 살펴보고 우리가 무의식 중에라도 가지고 있는 생각 중에 바람직하지 못한 믿음을 믿음이라 오해하고 있는 경우라면, 그것을 바로 잡는 것이 우리의 믿음생활에 크게 도움이 되는 일이라 생각된다.[30]

① 승인으로서의 믿음

첫째 종류의 믿음이란 "남의 말을 참말이라 혹은 정말이라고 받아들이는 것"이다. 우리가 누구를 믿는다고 할 때 그가 서울 남대문에 문턱이 있다고 하면 정말로 문턱이 있는 것으로 받아들인다는 뜻이다. 내가 직접 서울에 가서 남대문에 문턱이 있는가를 확인하고 그 유무를 알았으면 믿을 필요가 없는데, 내가 가보지 않았기 때문에, 그래서 내 스스로 알지 못하기 때문에 남이 하는 말을 듣고 그것을 사실로 받아들이는 것이다. 이런 식의 믿음은 남이 가지고 있는 지식에 의존한다는 의미에서, 앞에서도 지적한 것처럼, '한 다리 건넌 앎(second-hand knowledge)'이라 할 수 있다. 좀 더 거창한 말로 표현하면, "우리가 직접 경험하거나 확인할 길이 없는 것에 대한 진술이나 명제를 사실이라고 인정하는 것"이다. 이런 식의 믿음을 좀 더 전문적 용어로 하면 "faith as assensus"라 한다. assensus라는 라틴어 단어는 영어 assent의 어근이다. 우리말로 '승인承認'이라 옮길 수 있을 것이다.

현재 대부분의 그리스도인들은 믿음이라고 하면 우선 이런 '승인으로서의 믿음'을 제일 먼저 머리에 떠올린다. 이런 식의 믿음이 지금 그리스도인들에게 제일 강조되는 가장 보편적인 믿음의 형태이기 때문이다. 거의 모든 경우에 교회에서 믿음이 좋은 사람이라고 하면, 우리가 알지 못하지만 교회에서 가르치는 것이면 무조건 모두 사실인 것으로 믿고 받아들이는 사람을 의미하는 것이 보통이다.

사실 이런 종류의 믿음이 그리스도교에서 가장 중요한 것도 아니고, 또 처음부터 가장 보편적 형태의 믿음으로 내려 온 것도 아니다. 그리스도교 역사에서 아주 후대에 와서야 이런 형태의 믿음이 하나의 '믿음'으로 나타나고 강조되기 시작하다가 근래에 와서는 급기야 믿음이라면 바로 이것이 전부인 것처럼 생각되는 지경에 이른 것이다.

그 이유가 뭔가? 거기에는 역사적으로 두 가지 큰 원인이 있다. 하나는 종교개혁이고 다른 하나는 계몽주의 사상이다. 첫째, 16세기 종교개혁이 생기면서 여러 개혁자들은 자기들을 가톨릭 교회나 다른 개혁자들과 차별화하기 위해 자기들만의 '믿는 바'를 천명하기 시작했다. 루터는 무엇을 믿고, 칼뱅은 무엇을 믿고, 쯔빙글리는 무엇을 믿고…. 이렇게 하여 이들을 중심으로 하여 생긴 교파들은 자기들만의 '신조(信條, creeds, beliefs)'를 가지게 된 것이다. 그리고 믿음이라고 하면 우선 이런 신조나 교리를 받아들이고 고백하는 것이라고 이해하게 된 것이다.

둘째, 17세기 계몽주의와 더불어 과학사상이 발전하면서 진리를 '사실(factuality)'과 동일시하는 경향이 생기게 되었다. 그러면서 성경에서 실제적인 사실이라 인정할 수 없는 것을 배격하기 시작했다. 이렇게 되자 그리스도교 지도자들은 그리스도인들에게 성경에 있는 것들을 '사실'이라 받아들일 것을 강조하고, 결국 믿음이란 이처럼 성경에 나오는 이야기 중 사실이라 받아들이기 힘든 것을 정말로 사실이라 받아들이는 것과 같은 것이라 여기기 시작한 것이다.

이런 두 가지 사건 때문에 '믿음'이란 어떤 교리나 성경에 나오는 이야기들을 참말로, 정말로, 사실로 받아들이는 것과 동일시되게 된 것이다. 교회에서 흔히 듣는 대로 "무조건 믿으라"고 하는 것은 사실 이런 종류의 믿음이다. 이런 종류의 믿음이란 모르기 때문에 믿는 것, 순리로 받아들일 수 없기 때문에 믿는 것, 이른바 지성의 희생이 없이는 인정할 수 없는 것을 '억지로'라도 인정하는 것이다. 이런 종류의 믿음을 참된 믿음이라고 하고, 이런 종류의 믿음이 없는 상태를 '의심'이나 '불신'으로 취급하고, 그것은 그대로 죄라고 여긴다.

이런 식의 믿음도 물론 믿음이다. 그리고 이런 식의 믿음도 중요하다. 우리 스스로 모든 것을 다 경험할 수 있는 것도 아니고 다 알 수도 없기에, 남의 말을 듣고 그 중에 받아들일 것이 있으면 받아들여야 한다. 그러나 이런 식의 믿음만이 믿음이 아니다. 이런 식의 믿음만 가지고는 그리스도교에서 가르치는 믿음의 실체를 이해할 수가 없다. 믿음은 이런 믿음 그 이상이다. 이런 믿음은 좀 더 정확히 말하면 위에서 지적한 faith와 beliefs 중 beliefs에 가까운 믿음이라 볼 수 있다. 믿음은 beliefs를 수납하는 것 이상이다.

예를 들어, 믿음이 이런 '승인으로서의 믿음'만을 의미한다면, 예수님은 하느님을 믿으셨을까? 믿음이 이런 뜻이라면 물론 예수님은 하느님을 믿지 않으셨다. 믿을 필요가 없었다. 그는 하느님과 하나가 됨으로서 하느님의 아버지 되심을 체험하고 알았을 뿐이지 구태여 하느님에 대한 무슨 진술이나 명제를 받아들일 필요가 없었던 것이다.

예수님만이 아니다. 물론 좀 다른 맥락에서이긴 하지만, 초대교회로부터 종교개혁 시대나 계몽 시대 이전에 살던 사람들에도 이런 종류의 '믿음'이라는 것이 전혀 필요가 없었다. 그들이 가지고 있던 '믿음'은 이와 전혀 다른 것이었다. 생각해보라. 계몽주의 이전 사람들이 성경에 나오는 이야기들을 억지로 '믿을' 필요가 있었겠는가. 땅이 판판하다고 하면 그대로 받아들였고, 해가 움직인다고 했으면 그렇게 믿었을 뿐이다. 그들이 말하는 믿음은 이성이나 지성의 희생에 의해서 받아들이는 믿음이 아니었다. 따라서 그 이전 그리스도인들이 '믿음'이라고 말할 때는 그것이 '승인으로서의 믿음'을 특별히 강조할 필요가 없었고, 그것이 예수를 믿은 것과 직결된다고 생각하지 않았다.

뿐만 아니다. 이런 종류의 믿음이 지금 우리의 믿음생활에 그렇게 중요한가 하는 것도 문제다. 교리를 다 믿고 모두 그대로 받아들인다고 우리의 삶이 바뀌어지는가? 우리의 삶이 신나게 되는가? 우리의 삶이 남을 위한 것으로 옮겨 가는가? 그리고 하느님께서 우리가 우리의 머릿속에 무슨 교리를 넣고 다니는가 하는 것을 그렇게 중요시 여기실까? 심판에서 양과 염소를 가를 때, 네가 삼위일체를 받아들였는가? 예수가 물위를 걸었다는 것을 역사적으로 믿었는가? 하는 등 우리의 '믿는 바'에 대해 물어보시겠는가?

② 맡김으로서의 믿음

둘째, 형태의 믿음이란 무엇인가? '믿고 맡기는 것'이다. 내가 곤경에 처했을 때 내가 내 친구를 보고 "나는 자네만 믿네." 할 때의 믿음이다. 이때 그 친구를 믿는다는 것은 그 친구가 한 말을 참말로 받아들인다는 것과 거의 관계가 없다. 이런 식의 믿음은 어떤 사물에 대한 진술이나 명제, 교리나 신조 같이 '말'로 된 것을 믿는 것이 아니라 상대방의 신의와 능력을 믿는 것이다. 전문 용어로 'faith as fiduncia'라고 하는 것이다. 우리말로 하면 '신뢰로서의 믿음', '턱 맡기는 믿음'이라 할 수 있을 것이다. 영어로 'trust'라는 말이 가장 가까운 말이다.

따라서 '하느님을 믿는다'고 하는 것은 하느님에 대한 교리나 이론, 성경을 하느님의 직접적인 말씀으로 알고 문자대로 받아들인다는 것이 아니라, 하느님께 나의 모두를 턱 맡기고 의탁한다는 뜻이다. 이런 믿음은, 실존 철학자 키르케고르가 표현한 대로, 천만 길도 더 되는 깊은 바닷물에 나를 턱 맡기고 떠 있는 것과 같은 것이다. 잔뜩 긴장을 하고 허우적거리면 허우적거릴수록 더욱 더 빨리 가라앉고 말지만, 긴장을 풀고 느긋한 마음으로 몸을 물에 턱 맡기면 결국 뜨게 된다는 것이다. 하느님을 믿는 것은 하느님의 뜨게 하심을 믿고 거기에 의탁하는 것이다. 일종의 '신심信心'같은 것이라고 할까.

이런 식의 믿음의 반대 개념은 무엇인가? 그것은 의심이나 불신이 아니라 바로 불안, 걱정, 앙달함이다. "주 안에 있는 나에게 딴 근심 있으랴" 하는 찬송처럼 우리에게 이런 믿음이 있을 때 우리는 근심걱정에서 해방되는 것이다. 이런 믿음이 없을 때 우리는 근심하고 걱정하게 된다. 예수님이 우리에게 가장 강조해서 가르치려 하신 믿음도 바로 이런 믿음이었다. 그러기에 예수님은 우리에게 하느님의 무한하고 조건 없는 사랑을 믿고 무엇을 먹을까 무엇을 입을까 걱정하지 말라고 하셨다.

"공중의 새를 보아라. 씨를 뿌리지도 않고, 거두지도 않고, 곳간에

> 모아들이지도 않으나, 너희의 하늘 아버지께서 그것들을 먹이신다. 너희는 새보다 귀하지 아니하냐? …들의 백합화가 어떻게 자라는가 살펴보라. 수고도 하지 않고….”(마6:25~32 참조)

이런 믿음은 어떤 신학적 진술이나 교리를 믿거나, 성경에 나오는 사건들을 역사적으로 과학적 사실로 믿는 것과 완전히 다른 믿음이다. 자기를 완전히 맡기고 신뢰하는 이런 믿음은 어떤 신학적 입장을 고수하는가와 직접적인 관계가 없다. 그러기에 예수님도 야훼 하느님도 모르고 예수의 신성이냐 인성이냐가 뭔지도 모르던 이방인 로마의 백부장에게 이런 신뢰의 마음이 있음을 보시고 “이런 믿음”이라고 인정하여 주신 것 아닌가?

믿음을 이런 것으로 이해하면, 우리가 교리를 수납하느냐 하지 않느냐에 따라 믿음의 많고 적음이 저울질 되는 것이 아니라, 느긋하고 평안한 마음을 가지느냐 불안하고 초조한 마음을 가지느냐에 따라 믿음의 크고 작음이 측정되는 것이다. 믿음이 있다고 하면서 노심초사하는 마음은 아직 완전한 믿음에 이르지 못했다는 증거다.

오늘처럼 불안과 초조, 근심과 걱정, 스트레스와 긴장이 많은 사회에서 우리에게 이런 신뢰로서의 믿음, 마음 놓고 턱 맡김으로서의 믿음은 어떤 진술에 대한 승인이나 동의로서의 믿음보다 더욱 중요하고 필요한 것이 아닌가. 하느님에 대한 이런 믿음, 예수의 대한 이런 믿음은 이런 면에서 우리를 이 모든 어려움에서 풀어주는 해방과 자유를 위한 믿음이다.

③ 믿음직스러움으로서의 믿음

'믿음'이라고 할 때 어떤 말을 받아들이는 '승인으로서의 믿음'(faith as assensus)과 남에게 나를 턱 맡기는 '신뢰로서의 믿음'(faith as fiducia)에 이어, 그 세 번째 뜻은 '믿음직스러움', '믿을 만함'이라고 할 때의 믿음이다. 내가 믿음을 갖는다고 하는 것은 내가 믿을 만한 사람, 믿음직스러운 사람이 된다는 것이다. 라틴어로 'faith as fidelitas'라 한다. '성실성'으로서의 믿음이다. 영어로 faithfulness라 옮길 수 있다.

믿음을 이렇게 생각할 경우 내가 그리스도인으로서 믿음을 갖는다고 하는 것은 내가 하느님과 맺은 관계에서 계속 믿음직스러움, 믿을 만함, 성실함, 충성스러움을 견지한다는 뜻이다. 물론 이때 조심해야 할 것은 하느님에 대해 성실함을 지킨다고 해서 하느님에 대한 어떤 '교리'나 '진술'이나 '신조'에 대해 그렇게 한다는 뜻이 아니라는 사실이다. 우리의 충성과 성실함의 대상은 하느님 자신일 뿐이다. 하느님에 대한 생각이나 개념은 시대에 따라, 개인의 신앙 성숙도에 따라 어쩔 수 없이 바뀔 수밖에 없다.

내가 어머니에 대해 자식으로서의 도리에 성실하고 믿음직스러움을 유지한다는 것은 내가 어머니에 대해 가지는 나의 생각이 변하지 않는다는 것이 아니다. 어릴 때 내가 가지고 있던 어머니에 대한 생각은 내가 잘못했을 때는 꾸짖으시고, 잘 했을 때는 칭찬하시는 분이셨다. 크면서 이런 생각이 바뀌어 어머니는 이제 무엇보다 우리 형제들을 서로 묶어주는 열쇠고리 같으신 분이다. 어머니에 대한 나의 생각은 이처럼 바뀌지만, 나와 어머니 사이에 있는 끈끈한 부모 자식으로서의 유대에는 변함이 없다는 뜻이다.

믿음직스러움으로서의 믿음이 없다는 것을 성경적 용어로 말하면 하느님을 떠나 우상숭배하는 것, 심지어 간음하는 것이다. 우상숭배는 참 하느님을 떠나 하느님 아닌 것에 우리의 절대적 충성을 다 하는 것을 의미한다. 상대적인 것을 절대적인 것으로 떠받드는 것이다. 예수님이 "사악하고 음란한 세대"라고 하셨을 때 그 당시 사람들의 간음이나 스와핑하는 것을 꾸짖으신 것이 아니라 하느님에 대한 그들의 배신과 불성실을 꾸짖으신 것이다.

이런 의미에서의 믿음은 하느님 아닌 일체의 것, 예를 들어 돈이나 명예나 출세나 성공이나 권력이나 교회나 교리나 교단이나 국가나 사회주의니 공산주의니 하는 무슨 주의나 사상 같은 가짜 하느님을 하느님처럼 절대적인 것으로 떠받드는 일을 금한다는 뜻이다. 특히 하느님이 아니라 하느님에 대한 교리를 절대화하는 것은 하느님을 떠나 교리를 우상화는 것, 하느님이 아닌 가짜와 간음하는 행위에 해당하는 '믿음 없음'일 수밖에 없다.

그러므로 하느님에게 성실하다는 의미로서의 믿음은 결국 하느님만을 절대적으로, 마음과 뜻과 정성을 다하여 사랑한다는 뜻이다. 하느님만을 사랑하는 것은 또한 그가 사랑하시는 것, 우리의 이웃과 그가 만드신 이 세계를 사랑하는 데 성실하다는 뜻이기도 하다.

④봄으로서의 믿음

이제 마지막으로 앞에 예거한 것들과 약간 성격을 달리하는 것이지만, 그래도 일종의 믿음이라 할 수 있는 "봄으로서의 믿음"에 대해 생각해 볼 차례다. 이른바 "faith as visio"이다.

이런 믿음에서 가장 중요한 요소는 사물을 있는 그대로 봄(seeing things as they really are)이다. 좀 어려운 말로 하면 사물의 본성(nature)이나 실재(reality), 사물의 본모습, 실상, 총체적인 모습(the whole, totality), 여여함(tathatā)을 꿰뚫어 봄이다. 이런 믿음은, 말하자면, 이런 직관, 통찰, 예지, 깨달음, 깨침, 의식의 변화 등을 통해 자연스럽게 얻어지는 일종의 확신(conviction) 같은 것이다. 일종의 세계관이나 인생관이나 역사관 같이 세계와 삶에 대한 총체적 신념 같은 것이다.

우리가 가지게 되는 확신을 꼴지우는 봄에도 크게 두 가지가 있을 수 있다. 첫째는 모든 것을 이분법적 '적대 관계'로 보는 것이다. 우리를 둘러싸고 있는 모든 것이 우리에게 위험하고 위협적인 것으로 보는 태도이다. 상극相克의 세계관이다.

세상을 이런 식으로 보는 믿음은 결국 우리를 방어적인 사람, 일종의 피해망상증 환자로 만들기 쉽다. 이런 믿음을 가지게 되면 심지어 하느님마저도 우리를 위협하는 공포의 대상이 될 수 있다. 하느님의 율법을 범하는 것이 아닌가, 그의 형벌을 받는 것이 아닌가, 노심초사하며 사느라 믿음생활이라는 것이 한없이 고달프게 되고 만다. 세상을 있는 그대로 보지 못한 데서 온 비극적 삶이라 할 수 있을 것이다.

세상을 보는 두 번째 방법은 세상을 아름다운 것, 좋은 것으로 보는 것이다. 세상의 모든 것이 우리를 위해 있는 것, 우리를 '살리기 위한 원리'에 따라 움직이고 있는 것으로 믿는 것이다. 상생相生의 세계관이다. 성경적 용어로 말하면, 세계를 신묘막측한 것으로, 은혜스러운 것으로, 선한 사람이나 악한 사람 모두에게 때를 따라 비를 주시고 햇빛을 주시는 사랑의 하느님이 보살피시는 세계로 보는 태도다.

이런 세계관, 이런 실재관을 가지고 있으면 넉넉해질 수 있다. 자유와 기쁨과 평화와 사랑으로 특징지워지는 삶을 살 수 있다. 나 외의 다른 사람이나 사물을 나를 위해 존재하는 것으로, 나도 남을 위해 존재하는 것으로, 상호의존, 상호연관의 원리로 세계를 바라보므로, 화해와 조화의 삶을 즐길 수 있다. 사실 이런 믿음, 확신, 세계관이 있을 때 하느님께, 혹은 우주의 원리에 나를 턱 맡길 수 있는 신뢰로서의 믿음도 가능하다고 볼 수 있다.

어떻게 이런 적극적 세계관에 입각한 올바른 확신을 가질 수 있게 될까? 여기에 기도라든가 성경 공부라든가 예배 등과 같은 종교적 실천과 수행의 문제가 등장하게 된다. 이런 것들을 통해 우리는 사물을 바르게 보는 '관(visio)'을 얻을 수 있기 때문이다.

대략 이렇게 믿음에 기본적으로 네 가지 종류가 있다는 사실을 살피면서 정리해 보았다. 우리가 '믿음'이라고 할 때 무조건 교회에서 가르치는 교리나 목사님의 말을 그대로 받아들이는 것이라고 생각하던 것이 올바른 태도였던가 우리 스스로 자문해볼 수 있는 실마리가 생긴 셈이다.

다시 말하지만 우리의 믿음은 자라나야 한다. 자라나지 않는 믿음은 믿음이라 할 수 없다. '처음 믿음'을 고수하겠다고 하는 것은 참된 믿음을 포기하겠다는 것과 같다. 우리 모두 이처럼 자라나는 믿음을 가지게 될 때 믿음이 줄 수 있는 청복을 누리며 살 수 있게 되는 것이다.

5. 나가면서

지금껏 믿음과 관련된 문제들 중 몇 가지를 살펴보았다. 이제 믿음이 성장의 디딤돌인가 걸림돌인가 하는 질문에 어느 정도 답할 준비가 되었다고 생각한다. 지금까지의 논의에서 동서양을 막론하고 믿음 중에도 우리의 발목을 잡는 믿음도 있고 우리에게 더 높은 차원의 종교적 경지에 이르게 하는 디딤돌이 되어주는 믿음도 있다는 사실을 알게 되었다. 표층 믿음과 거기에서 심화된 심층 믿음이 있고, 결의나 결단으로서의 믿음과 그 믿음을 역사적·문화적 맥락에 따라 나름대로 표현한 설명체계를 받아들이는 믿음이 있으며, 신뢰로서의 믿음, 충성하고 신실한 자세로서의 믿음도 있다. 약간 일반화의 위험성이 따르기는 하지만, 대체로 동양이 인간의 내적 태도나 결단으로서의 믿음을 이야기하고 있는 것과 대조적으로 서양에서는, 특히 계몽주의 시대 이후 지금까지, 주로 일정한 교리나 학설을 그대로 받아들이는 것을 믿음 중 가장 중요한 요소로 강조하고 있다고 보아도 무방하다고 생각된다.

동서양을 막론하고, 무엇보다 중요한 것은 신앙인을 맹신, 미신, 광신으로 이끄는 믿음 아닌 믿음이 아니라, 신앙인의 눈을 뜨게 하여 실재의 다른 차원을 보게 함으로써 새로운 사람, 깨친 사람, 자유롭고 의연하고 늠름하고 당당하고 의젓한 사람으로 만들어 주는 믿음이 있다는 사실에 주목할 필요가 있다.

지금 나는 나를 활기차고 넉넉하며 부드러운 신앙인으로 만들어 줄 수 있는 믿음을 가지고 있는가? 우리 모두 내가 지금 가지고 있는 믿음이 어떤 것인가 깊이 성찰해 볼 필요가 있다. 우리가 가지고 있는 믿음이 건강하고 아름다운 믿음, 심층적 '믿음'이 될 때 이런 믿음은 우리를 성숙한 개인, 성숙한 공동체의 일원으로 들어서게 하는 디딤돌이 될 것이다.

참고문헌

- PTS Pāli Texts의 약어는 Pāli English Dictionary(PED)의 약어(Abbreviation) 기준을 따랐다.

경전

Aṅguttaranikāya. 5 vols. ed. R. Morris and E. Hardy. London : Pali Text Society (PTS), 1985-1990

Dīghanikāya. 3 vols. T.W. Rhys Davids and J.E. Carpenter. London : PTS, 1890-1911

Dhammapada. ed. S. Sumangala Thera. London : PTS, 1914

Itivuttaka. ed. Ernst. Windisch, London : PTS, 1889₩1975

Jātaka 7 vols. ed. V. Fausboll. London : PTS. 1962.

Majjhimanikāya. 3 vols. ed. V. Trenkner and R. Chalmers. London : PTS, 1948-1951

Manorathapūraṇī 5. vols. ed. Max Walleser and Hermann Kopp. London : PTS, 1967

Mahāniddesa ed. L.DE LA Vallee Poussin & E.J Thomas. London : PTS, 1978

Milinda-pañha ed. V. Trenckner. London : PTS, 1986

Papañcasūdanī 5 vols. ed. J. H. Woods and D. Kosambi. London : PTS, 1977

Petavatthu ed. N. A. Jayawickrama. London : PTS, 1977

Saṃyuttanikāya. 6 vols. ed. M. Leon Feer. London : PTS, 1884-1904

Sumaṅgalavilāsinī 3. vols. ed. T.W. Rhys Davids and J. Estlin Carpenter. London : PTS, 1968

Sutta Nipāta. ed. D. Anderson and H. Smith. London : PTS, 1948₩1965

Therī-gāthā ed. Hermann Oldenberg. London : PTS, 1990
Vinaya Piṭaka 5. vols. ed. Hermann Oldenberg. London : PTS, 1969
Visuddhimagga ed. C.A.F. Rhys Davids and D. Litt. London : PTS, 1975

Bhikkhu Bodhi. *A Comprehensive Manual of Abhidhamma* Buddhist Publication Society(BPS), 1993
____________. *The Connected Discourses of the Buddha. A New Translation of the Saṃyutta Nikāya*. 2 vols. Boston : Wisdom Publications, 2000.
Bodhi, Bhikkhu. and Ñāṇamoli, Bhikkhu. trans. *The Middle Length Discourses of the Buddha. A New Translation of the Majjhima Nikāya*. Kandy : BPS, 1995
Ñāṇamoli, Bhikkhu. trans. *The Path of Purification*. (Visuddhimagga). London : Shambhala Publications, 1976
N.A. Jayawickrama. *Suttanipāta Text and Translation*. PGIPBS, 2001
Nārada, Mahā Thera. *The Dhammapada*. Taiwan : The Corporate Body of the Buddha Educational Foundation, 4th edition 1993
Norman. K. R. *The Word of the Doctrine*. PTS, 1997
Rhys Davids T. W. *Dialogues of The Buddha*. Pali Text Society. 1997
Walshe, Maurice. trans. *The Long Discourse of the Buddha. A Translation of the Dīgha Nikāya*. Kandy : BPS, 1996
각묵, 『디가니까야 1』, 초기불전연구원, 2006
대림, 『청정도론』, 초기불전연구원, 2004
대림·각묵, 『아비담마 길라잡이』, 초기불전연구원, 2004
______, 『앙굿따라니까야』, 초기불전연구원, 2007
백도수, 『위대한 비구니』, 열린경전 불전주석연구소, 2007
전재성, 『맛지마니까야』, 한국빠알리성전협회, 2002
______, 『숫타니파타』, 한국빠알리성전협회, 2004
______, 『쌍윳따니까야』(개정판), 한국빠알리성전협회, 2006
______, 『앙굿따라니까야』, 한국빠알리성전협회, 2007
______, 『담마파다』, 한국빠알리성전협회, 2008
______, 『디가니까야』, 한국빠알리성전협회, 2011

참고사전

Andersen, Dines and Helmer, Smith. ed. *A Critical Pali Dictionary.* Copenhagen : The Royal Danish Academy Pub, 1924~1948

Buddhadatta. A. P. Mahathera. *Concise Pali-English Dictionary.* Delhi, Motilal Banarsidass Pub, 1989

__________. *English Pali Dictionary.* London, Pali Text Society, 1979

Caesar Chilbers, Robert. *A Dictionary of the Pali Language.* Kyoto Rinsen Book Company, 1987

Cone, Margaret. *A Dictionary of Pāli.* Oxford : PTS, 2001

Hare. E. M. *Pali Tipiṭakaṃ Concordance.* London : PTS, 1953

Malalasekera. G. P. ed. *Encyclopedia of Buddhism.* Vols. Colombo, Government of Sri Lanka.

Ñāṇamoli, Bhikkhu. *A Pali-English Glossary of Buddhist Technical Terms.* Kandy. BPS, 1994

Nyanatiloka Thera. *Buddhist Dictionary.* The Corporate Body of the Buddha Educational Foundation, 1987

Rhys Davids, T. W. and Stede, William. *Pali-English Dictionary.* Delhi : Motilal Banarsidass Pub, 1986

Williams Monier. *Sanskrit-English Dictionary.* Oxford, 1899. Reprint 1951

이기문 감수, 『동아 새국어사전』, 두산동아, 2004

전재성, 『빠알리어사전』, 한국빠알리성전협회, 2012

雲井昭善, 『パーリ語佛教辭典』, 山喜房佛書林, 1997

출판 및 연구물

Asanga Tilakaratne. "Saddhā : A Prerequisite of Religious Action" p.593~611. *Recent Researches In Buddhist Studies. Essays in Honour of Prefessor Y. Karunadasa.* Y.Karunadasa Felicitation Comittee Pub. Colombo. 1997

Barua, B.M. 'Faith in Buddhism' in Buddhist Studies, ed. B.C.Law, Calcutta. 1931

Endo Toshiichi. *Buddha In Theravada Buddhism.* Buddhist Cultural Centre. 1997

Frank J. Hoffman. *Rationality and Mind in Early Buddhism.* Motilal Banarsidas. 1987

Hick John. '*Faith*' Encyclopaedia of Philosophy. ed. Paul Edwards.

________, *Faith and Knowledge*, 2nd ed., Ithaca, NY: Cornell University Press. 1966

________, *An Interpretation of Religion: Human Responses to the Transcendent*, New Haven, CT: Yale University Press. 1989

Oldenberg H. *Religion des Veda*. Magnus Verlag. 1923

Jayatilleke K.N. *Early Buddhist Theory and Knowledge*. Motilal Banarsidass. 1980

藤田 宏達, 「原始仏教における信」, 『仏教思想 11 信』, pp.93-142. 1992

이수창, 「자등명 법등명의 번역에 대한 고찰」, 『불교학연구』 제6호(서울 : 불교학연구회), 2003

정준영, 「두 가지 해탈의 의미에 대한 고찰」, 『불교학연구』 14호, 2006

정준영, 「몸, 놓아야 하는가 잡아야 하는가」, 『몸, 마음공부의 기반인가 장애인가』, 운주사. 2009

대승불교 | 출발점인가 도달점인가

(원전, 저술, 논문 순/ 원전은 대정신수대장경 수록순, 저술 및 논문은 가나다순)

불타발타라(佛馱跋陀羅) 역, 『대방광불화엄경(大方廣佛華嚴經)』(60권본), 대정신수대장경(대정장) 9

실차난타(實叉難陀) 역, 『대방광불화엄경』(80권본), 대정장 10

법천(法天) 역, 『대방광총지보광명경(大方廣總持寶光明經)』, 대정장 10,

담무참(曇無讖) 역, 『대방등대집경(大方等大集經)』, 대정장 13

당(唐) 보리유지(菩提流志) 역, 『대보적경(大寶積經)』, 대정장 11

불타발타라(佛馱跋陀羅) 역, 『대방등여래장경(大方等如來藏經』, 대정장 16

용수보살(龍樹菩薩) 지음, 구마라집(鳩摩羅什) 역, 『대지도론(大智度論)』, 대정장 25

세친(世親) 지음, 현장(玄奘) 역, 『아비달마구사론(阿毘達磨俱舍論)』, 대정장 29

호법(護法) 等 지음, 현장(玄奘) 역, 『성유식론(成唯識論)』, 대정장 31

마명보살(馬鳴菩薩) 지음, 진제(眞諦) 역, 『대승기신론(大乘起信論)』, 대정장 32

원효(元曉), 『起信論疏』, 대정장 44

의상(義湘), 『화엄일승법계도(華嚴一乘法界圖)』, 대정장 45
『법계도기총수록(法界圖記叢髓錄)』 대정장 45

지눌(知訥) 지음, 보조사상연구원 編, 『진심직설』, 『보조전서』, 불일출판사, 1989
가지야마 유이치 저, 김재천 역, 『대승과 회향』, 여래, 2002
나카무라 하지메(中村元) 외, 석원욱 옮김, 『화엄사상론』, 운주사, 1988
다마키 고시로 지음, 이원섭 옮김, 『화엄경』, 현암사, 1971(2001년 개정2판)
류제동, 『하느님과 일심』, 한국학술정보, 2007
木村清孝, 『華嚴經をよむ』, NHK出版, 1997.; 김천학·김경남 옮김, 『화엄경을 읽는다』, 불교시대사, 2002
柏木弘雄, 『大乘とは何か-『大乘起信論』を讀む』, 일본 春秋社, 1991.
안성두 편, 『우리의 가장 위대한 유산 대승불교의 보살』, 씨아이알, 2008
은정희 역주, 『원효의 대승기신론소·별기』, 일지사, 1991
이평래, 『신라불교여래장사상연구』, 민족사, 1996
폴 윌리엄스 지음, 조환기 옮김, 『서양학자가 본 대승불교』, 시공사, 1989
폴 윌리엄스, 앤서니 트라이브 지음, 안성두 옮김, 『인도불교사상』, 씨아이알, 2011
海住, 『화엄의 세계』, 민족사, 1998
히라카와 아끼라(平川彰) 외 편, 종호 역, 『여래장사상』(강좌 대승불교 6), 경서원, 1996
히라카와 아끼라(平川彰) 외 편, 정순일 역, 『화엄사상』(강좌 대승불교 3), 경서원, 1988

김인덕, 「대승신행의 본질」, 『원효학연구』 2, 원효학연구원, 1997
문을식, 「대품반야경에서 선남자·선여인의 성격」, 『불교학연구』 2, 2001
정호영, 「여래장의 존재와 그 존재근거의 문제」, 『불교연구』 3, 한국불교연구원, 1987
정호영, 「보성론의 불타에 대한 이해」, 『불교연구』 8, 한국불교연구원, 1992
졸고, 「디지털시대의 패러다임과 화엄연기론」, 『불교평론』 52, 2012년 9월

『理入四行論』, 達磨.

『楞伽師資記』, 淨覺.

『舍利弗阿毗曇論』

『大毘婆沙論』 권제27, 『한글대장경』 118권.

宗寶本『壇經』, 慧能.

『都序』, 宗密.

『節要』. 普照.

『馬祖道一禪師語錄』, 馬祖.

『傳心法要』, 黃蘗.

『涅槃經』「獅子吼菩薩品」.

『眞心直說』, 普照.

『宗鏡錄』 卷第一, 延壽.

『悟性論』. 『달마대사의 소실육문』, 仁海 역주, 민족사.

『血脈論』. 『달마대사의 소실육문』, 仁海 역주, 민족사.

『宛陵錄』, 黃蘗.

『白丈廣錄』, 百藏.

『古尊宿語錄』 卷一, (宋)賾藏.

『圓頓成佛論』, 普照.

『百日法門』 下, 性徹, 藏經閣.

『원통불법의 요체』, 淸華, 광륜출판사.

宗寶本, 六祖大師『法寶壇經』, 慧能.

『荷澤神會大師語』, 神會.

『雜徵義』. 神會.

『頓悟無生般若頌』. 神會.

『萬善同歸集』, 延壽.

『쟁점으로 살펴보는 간화선』, 인경, 명상상담연구원.

『無心論』, 『大正藏』 제85권.

『圓悟心要』 上下, 圓悟.

『參禪驚語』, 無異.
『圓覺經要解』, 『원각경관심석』, 학담 해석, 큰수레.
『圓覺經』「普覺菩薩章」.
『宗鏡錄撮要』. 延壽지음, 曇賁엮음, 송찬우 옮김, 세계사.
『證道歌 彦琪註』, 통광 역주, 불광출판사.
『壇語』, 神會.
『看話決意論』, 普照.
『大慧語錄』, 大慧宗杲.
『禪要』, 高峰.

종교심리학 | 연속적 발달인가 질적 변형인가

토마스 H. 그룸 저, 이기문 옮김, 『기독교적 종교 교육』, 한국교회 100주년 기념 기독교교육연구 시리즈 3, 대한예수교장로회총회 출판국, 1983. 268.05 G876c0. Thomas H. Groome. *Christian Religious Education: sharing our story and vision.* San Francisco: Harper & Row, c 1980.

대담. 권길자 옮김, 「파울러의 신앙단계에 관한 로더의 고찰」, 『기독교와 교육』(90년 3월호), "Conversations on Fowler's Stages of Faith and Loder's The Transforming Moment," *Religious Education*, vol. 77, No. 2(March-April 1982).

제임스 E. 로더 저, 이기춘, 김성민 공역, 『삶이 변형되는 순간: 확신체험에 대한 이해』, 한국신학연구소, 1988. 후에 『삶이 변형되는 순간: 확신체험에 대한 이해』로 바뀌 출판되었음. James E. Loder. *The Transforming Moment: Understanding convictional experiences.* San Francisco: Haper & Row, c1981.

박원호. 「변화(transformation)와 발달(development)의 통합」, 『장신논단』 10집(94년 2월).

윌프레드 C. 스미스 저, 길희성 옮김, 「신앙」, 『종교의 의미와 목적』, 분도출판사, 1991. Wilfred Cantwell Smith. *The Meaning and end of religion: a new approach to the religious traditions of mankind.* London: Haper & Row, 1978.

존 웰우드 저, 김명권·주혜명 공역, 『깨달음의 심리학: 불교, 심리치료 그리고 개인적, 영적 변용의 길』, 학지사, 2008.

이정효, 「성인신앙교육에 관한 한 연구」, 이화여자대학교 대학원 박사학위 청구논문, 1987.

제임스 W. 제임스 저, 사미자 역, 『신앙의 발달단계』, 기독교교육연구시리즈 8번, 한국장로교출판사, 1987. James E. Fowler. *Stages of Faith: The Psychology of Human Development and the Quest for Meaning.* San Francisco: Harper & Row, Pub., 1981.

Fowler, James E. Faith and The Structuring of Meaning. *Faith Development and Fowler.* Craig Dykstra and Sharon Parks eds. Birmingham, Alabama: Religious Education Press, 1986: 15-42

Fowler and Loder. Conversations on Fowler's Stages of Faith and Loder's The Transforming Moment. Religious Education, vol. 77, No. 2(March-April 1982): 133-148.

Smith, Wilfred Cantwell. *Faith and belief: the difference between them.* Oxford, England: Oneworld, 1998(Princeton University Press, 1979).

Wulff, David M. *Psychology of Religion: Classic and Contemporary.* 2nd ed. John Wiley & Sons, Inc., 1997.

비교종교학 | 표층 믿음에서 심층 믿음으로

오강남, 『불교, 이웃종교로 읽다』, 현암사, 2006

_____ , 『예수는 없다』, 현암사, 2001

______, 『종교, 심층을 보다』, 현암사, 2011

______. 『종교란 무엇인가』. 김영사, 2012

이찬수, 『믿는다는 것』, 너머학교, 2012

이태하, 『종교적 믿음에 대한 몇 가지 철학적 반성』, 책세상, 2000

Barrett, William ed., *Zen Buddhism: Selected Writings of D. T. Suzuki.* New York: Doubleday, 1996.

Berger, Peter L. *A Rumor of Angels: Modern Society and Rediscovery of the Supernatural.* Anchor, 1970.

_______. *The Sacred Canopy: Elements of a Sociological Theory of Religion.* Ancor,

1990.

Butler-Bowdon, Tom. 50 Spiritual Classics. Nicholas Brealy, 2005. 한국어 번역, 오강남 옮김, 『내 인생의 탐나는 영혼의 책 50』, 흐름출판, 2009

Buckman, Robert. *Can We Be Good Without God?: Behaviour, Belonging and the Need to Believe*. Toronto: Penguin Books Canada, 2000.

Cox, Harvey. *The Future of Faith*. San Francisco: HarperOne, reprint 2010. 한국어 번역: 김창락 옮김, 『종교의 미래』, 문예출판사, 2010

Durkheim, Émile. *The Elementary Forms of the Religious Life*. New York: The Macmillan Company, 1915. 한국어 번역, 노치준, 민혜숙 옮김, 『종교 생활의 원초적 형태』, 민영사, 1992

Ferré, Frederic. *Basic Modern Philosophy of Religion*. London: Allen & Unwin, 1968.

Fowler, James W. *Stages of Faith: The Psychology of Human Development and the Quest for Meaning*. New York: Harper Collins, 1981. 한국어 번역, 『신앙의 발달단계』, 한국장로교출판사, 1987

Freke, Timothy & Peter Gandy. *The Laughing Jesus*. New York: Harmony Books, 2005. 한국어 번역, 유승종 옮김, 『웃고 있는 예수』, 어문학사, 2009

Huxley, Aldous. *The Perennial Philosophy*. New York: Harper & Row, 1944.

James, William. *The Varieties of Religious Experiece*. New York: Collier Books, 1961. 한국어 번역, 김재영 옮김, 『종교경험의 다양성』, 한길그레이트북스, 2000

King, Karen L. *What Is Gnosticism?* Cambridge, MA: Harvard University Press, 2003.

Lindstrom, Lamont. *Cargo Cult: Strange Stories of Desire from Melanesia and Begond*. Hawaii: University of Hawaii Press, 1993.

Macquarrie, John. *Two Worlds Are Ours: An Introduction to Christian Mysticism*. Minneapolis: Fortress Press, 2004.

Pals, Daniel L. *The Eight Theories of Religion*. Oxford: Oxford University Press, 2006.

Radhakrishnan, S. *Religion in a Changing World*. London: Macmillan, 1967.

Schuon, Frithjof. *The Transcendent Unity of Religions*. New York: Quest Books, 1984.

Smith, Wilfred Cantwell. *The Meaning and End of Religion*. Fortress, reprint 1991.

Smoley, Richard. *Forbidden Faith: The Gnostic Legacy*. San Francisco:

HarperSanFranscico, 2006.

Tillich, Paul. *Dynamics of Faith* (San Francisco: HarperOne, reprint 2001), 한국어 번역: 최규택 옮김, 『믿음의 역동성』, 그루터기하우스, 2005

주

초기불교 | 감성을 벗어나 이성으로

1 藤田 宏達(1992),「原始仏教における信」,『仏教思想 11 信』pp.93~142.

2 Asanga Tilakaratne(1997) "Saddhā : A Prerequisite of Religious Action" pp.593~611. *Recent Researches In Buddhist Studies. Essays in Honour of Prefessor Y. Karunadasa.* Y.Karunadasa Felicitation Comittee Pub. Colombo. 본고에 이 논문의 일부가 인용되고 있음.

3 V. Trenckner(1924) *A Critical Pāli Dictionary*(CPD). vol. II The Royal Danish Academy. p.8 : 'ākārava(t)' – 'having a cause', 'founded', 'confirmed', 'solid' ; M. I. 320 ; M. I. 401.

4 T. W. Rhys Davids(1986) *Pali English Dictionary*(PED), (London : Pali Text Society) p.675 ; A. P. Buddhadatta(1979) *English Pali Dictionary* (London : Pali Text Society) p.44, p.190.

5 PED p.446.

6 PED p.497.

7 PED p.472.

8 PED p.446.

9 PED p.321.

10 PED p.581.

11 PED p.642.

12 이기문 감수(2004),『동아 새국어사전』제5판, 두산동아, p.894.

13 Monier Williams(1988) Sanskrit English Dictionary Oxford Clarendon Press. p.1095

; 전재성(2012), 『빠알리어사전』, 한국빠알리성전협회, p.701, p.1771, √śrambh ; 또한 saddhā는 信心, 信樂, 正信, 淨信, 敬信 등으로 많이 번역하고 있다.

14 H. Oldenberg(1923) *Religion des Veda*. Magnus Verlag. p.566.

15 D. I. 63 ; D. III. 164 ; S. I. 172 ; Sn. 76 ; S. V. 196 : Dh. 144 ; A. I. 150, 210 ; A. III. 4.

16 이는 '여래십호如來十號'를 나타내는 것으로 세존의 10가지 칭호를 말한다. 여래(如來 : Tathāgata) : ① 응공(應供, 阿羅漢), ② 정등각자正等覺者, ③ 명행구족자明行具足者, ④ 선서善逝, ⑤ 세간해世間解, ⑥ 무상사無上士, ⑦ 조어장부調御丈夫, ⑧ 천인사天人師, ⑨ 불佛, ⑩ 세존世尊.

17 여기서 '지와 행'으로 번역된 'vijjā-caraṇa'는 계, 정, 혜 삼학三學에 완벽한 것을 의미한다. 비고) D. I. 100.

18 Vism. 208. '무상사無上士'와 '조어장부調御丈夫'를 한 문장으로 보고 있다. 예) '사람을 훈련하는 위없는 지도자이시며' 비교) Walshe. p.133 : unequalled trainer of men to be tamed, Davids. p.145 : unsurpassed as a guide of mortals willing to be led.

19 M. I. 356 ; 참고) 전재성(2009), 『맛지마니까야』, 한국빠알리성전협회, p.619 : A. III. 65.

20 Vin. I. 7, D. II. 39, M. I.169, S. I. 138 ; 참고) 각묵(2006), 『디가니까야』 2권. 초기불전연구원. p.89 ; 전재성(2011), 『디가니까야』, 한국빠알리성전협회, p.623 ; Bhikkhu Ñāṇamoli and Bhikkhu Bodhi(1995) *The Middle Length Discourse of the Buddha*. Buddhist Publication Society. p.262 ; 비고) pamuccantu saddhaṃ에 대하여 '예전의 잘못들은 믿음을 버리라'는 의미로 번역할 수도 있다.

21 Sn. 182, 184 ; 참고) 전재성(2004), 『숫타니파타』, 한국빠알리성전협회, p.151f.

22 참고) Vism. 464 ; 비고) Miln. 34~36.

23 A. III. 65.

24 Dh. 144 ; 참고) 전재성(2008), 『담마빠다』, 한국빠알리성전협회, p.124.

25 Sn. 77 : saddhā bījaṃ tapo vuṭṭhi paññā me yuganaṅgalaṃ hirī īsā mano yottaṃ sati me phālapācanaṃ 주석서의 설명에 따르면 이렇게 생긴 믿음을 통해 생긴 확신(okappana, pasāda)과 결심(adhimokkha)은 윤회의 홍수를 건널 수 있도록 밀어준다고 한다. ; 참고) 전재성(2004), 『숫타니파타』, 한국빠알리성전협회, p.103.

26 D. III. 239, 278 ; A. II. 149 ; S. V. 193, 377 ; 믿음(saddhā)은 노력(viriya), 주시(sati), 집중(samādhi), 지혜(paññā)와 함께 오근을 구성하고 있다.

27 S. V. 220 : "믿음의 기능은 곧 믿음의 힘이고, 믿음의 힘은 곧 믿음의 기능이며 … 비구들이여, 다섯 가지 기능이 곧 다섯 가지 힘이고 다섯 가지 힘이 곧 다섯 가지 기능이다." 이처럼 믿음의 능력과 믿음의 힘은 함께하며 오근과 오력 역시 동일시되기도 한다.

28 A. III. 12 ; D. II. 120 ; M. II. 12 ; S. III. 96 ; 믿음(saddhā)은 노력(viriya), 주시(sati), 집중(samādhi), 지혜(paññā)와 함께 오력을 구성하고 있다. 따라서 오근과 오력의 요소는 같다고 볼 수 있다. 오근과 오력은 불교 이전에 형성된 수행의 요소이다. 그러나 오근과 오력이 열반으로 이끄는 것이 아니라 오근과 오력을 통한 지혜가 열반으로 이끄는 것이다.(S. V. 220) 오력이 붓다의 가르침이냐 그 이전의 인도의 사상이냐에 대한 구체적인 논의는 후반부에서 다루기로 하겠다.

29 D. III. 163 ; 참고) 전재성(2011), 『디가니까야』, 한국빠알리성전협회, p.1293.

30 S. II. 32 : 참고) 전재성(2006), 『쌍윳다니까야』 2권, 한국빠알리성전협회, p.162.

31 M. I. 320.

32 K.N. Jayatilleke(1980) *Early Buddhist Theory and Knowledge*. Motilal Banarsidass. pp.382~401.

33 A. I. 188f ; 참고) 대림(2006), 『앙굿따라니까야』 1권, 초기불전연구원, p.466 ; 전재성(2007), 『앙굿따라니까야』 3권, 한국빠알리성전협회, p.198.

34 믿음에 대해서는 어느 시각에서 보느냐에 따라 다르게 해석될 수 있다. 인식론자의 입장과 철학자들의 입장이 달라질 수 있다. 따라서 본고에서의 믿음은 불교와 심리적인 위치에서 정신적으로 믿는 것으로 한정하고자 한다.

35 M. II. 169 : idaṃ saccaṃ mogham aññan ti.

36 S. II. 104.

37 Itivuttaka. p.122 : "〔여래는〕 말한 것 그와 같이 행위하고, 행위한 것 그와 같이 말한다." iti yathāvādi tathākāri yathākāri tathāvādi.

38 M. I. 318 ; 비고) 전재성(2009), 『맛지마니까야』, p.561.

39 M. I. 320 ; 비고) 전재성(2009), 『맛지마니까야』, p.564.

40 초기경전은 '위대한 사람(Mahāpurisa, Great Man, 大人)'에 대해서도 설명하고 있다. 일반적으로 '위대한 사람'은 육체적인 면뿐만 아니라, 정신적으로 높게 진보된

사람으로 아라한(arahant)을 의미한다. 붓다는 위대한 사람에 대해 묻는 바라문 띠싸 멧떼야(Tissa Metteyya)의 질문에 대해 '근심과 걱정을 버리고 갈애로부터 벗어나 마음챙김(sati, 주시)을 지니고 고요한 자'라고 설하고 있다.〔Sn. 1041〕 또한 사리뿟따(Sāriputta)의 질문에는 '마음으로 해방된 자'를 의미한다고 설하고 있다.〔S. V. 158〕 하지만 시간의 흐름에 따라 '위대한 사람'은 아라한의 의미에서 붓다(Buddha)나 전륜성왕(cakkavatti)이 될 운명을 지닌 특별한 사람을 나타내는 의미로 확장되었다. 이 사람에게는 몸에 특별한 개수의 표식이 있다. 붓다나 전륜성왕, 둘 중의 하나가 될 운명을 지닌 '위대한 사람'은 일반인과 구분되는 32가지 몸의 특징(mahāpurisalakkhaṇa)이 있다. 『마하빠다나 숫따(Mahāpadāna sutta)』는 위대한 사람의 32가지 특징에 대해 다음과 같이 설하고 있다.〔D. II. 17〕 (1) 발바닥이 평평하다. (2) 발바닥에 바퀴들이 나타나는데 천 개의 바퀴살과 테와 중심부가 있다. (3) 속눈썹이 길다. (4) 손가락이 길다. (5) 손과 발이 부드럽고 섬세하다. (6) 손가락과 발가락 사이마다 얇은 막이 있다. (7) 발꿈치가 발의 가운데 있다. (8) 장딴지가 마치 사슴의 장딴지와 같다. (9) 꼿꼿이 서서 굽히지 않고도 두 손바닥으로 두 무릎을 만지고 문지를 수 있다. (10) 음경이 감추어진 것이 마치 말의 그것과 같다. (11) 몸이 황금색이어서 자마금(紫磨金)과 같다. (12) 살과 피부가 부드러워서 더러운 것이 몸에 붙지 않는다. (13) 각각의 털구멍마다 하나의 털만 나 있다. (14) 몸의 털이 위로 향해 있고 푸르고 검은색이며 〔소라처럼〕 오른쪽으로 돌아 있다. (15) 몸이 넓고 곧다. (16) 〔몸의〕 일곱 군데가 풍만하다. (17) 윗몸이 커서 마치 사자와 같다. (18) 어깨가 잘 뭉쳐져 있다. (19) 니그로다 나무처럼 몸 모양이 둥글게 균형이 잡혔는데, 신장과 두 팔을 벌린 길이가 같다. (20) 등이 편편하고 곧다. (21) 섬세한 미각을 가졌다. (22) 턱이 사자와 같다. (23) 이가 40개이다. (24) 이가 고르다. (25) 이가 성글지 않다. (26) 이가 아주 희다. (27) 혀가 아주 길다. (28) 범천의 목소리를 가져서 가릉빈가 새소리와 같다. (29) 눈동자가 검푸르다. (30) 속눈썹이 소와 같다. (31) 두 눈썹 사이에 털이 나서, 희고 섬세한 솜을 닮았다. (32) 머리에 육계가 솟았다. 이와 같은 1) 32가지 위대한 사람의 특징(dvattiṃsa-mahāpurisalakkhaṇa) 외에도 상좌부 전통 안에서는 시간이 흐름에 따라 붓다에 대한 다양한 특징들이 새롭게 나타난다. 이들은 2) 80가지 작은 표식들(asīti-anuvyañjana)〔Buddhavaṃsa XXI v27, Apadāna I. 156, Vism. 234〕, 3) 100가지 공덕의 표식(satapuññalakkhaṇa)〔D. III. 149, Buddhavaṃsa. I v9, Vimānavatthu〔Mahāratha-vimāna v 27〕, Endo(1997) p.156〕 4) 긴 길이의 후광(byāmappabhā)

〔Buddhavaṃsa I v45, Vimānavatthu 213.〕, 그리고 5) 바퀴 모양이 있는 발(Buddhapāda)〔Endo(1997) p.163〕 등으로 특별한 몸을 지닌 사람이 특정의 운명을 타고난 것으로 설명한다. 그리고 이러한 특징은 붓다를 점차 신격화하는 데 커다란 영향을 미치기도 하였다. 상좌부불교에서 설명하는 붓다의 몸은 인간과 유사하며 대승불교에서 나타나는 붓다의 모습과는 다른 양상을 보인다. 초기불교를 거쳐 상좌부불교 안에서도 설명하는 붓다의 몸(kāya)은 육체적인 몸과 그의 가르침을 담고 있는 몸이 있다. 전자의 몸을 색신(rūpa-kaya, 色身)이라고 부르며 후자의 몸을 법신(dhamma-kāya, 法身)이라고 부른다. 이와 같은 붓다의 두 가지 몸에 대한 사상은 4세기 무렵까지 발달하게 된다. 상좌부불교는 붓다의 몸을 고귀한 인간으로 보고 있다. 보통 인간과는 다르지만 인간의 몸을 지녔기에 변화하고 소멸하게 되는 것은 벗어날 수 없는 사실이다. 이것이 색신이다. 위에서 설명한 붓다의 몸에서 나타나는 다양한 특징들은 붓다의 색신에 해당한다.〔Vism. 211〕 반면에 법신이라는 말은 초기경전에서 드물게 나타나는 용어이다. 물론 『악간냐 숫따(Aggañña sutta)』는 '법신은 붓다의 법, 즉 진리의 총계를 의미한다.'라는 설명으로 붓다와 법신을 동일시하고 있다.〔D. Ⅲ. 84 : "와셋타여 이것은 여래의 동의어이며, 법신(dhammakāyo)이며…(tathāgatassa h'etaṃ Vasseṭṭha adhivacanaṃ dhammakāyo iti)"〕 붓다는 스스로 법을 찾아내었고 그 안에서 살았다. 따라서 붓다는 법신이다. 또한 붓다는 『상윳따니까야』를 통해 '법을 보는 자는 나를 보는 것이요, 나를 보는 자는 법을 보는 것이다'라고 설한다. 이것은 초기불교에서 법신이 함축하는 의미를 보여주는 전형적인 예이다.〔S. Ⅲ. 120 : yo kho Vakkhali dhammam passati so mam passati."〕 이러한 법신에 대한 내용은 대승불교에서 보다 발전하게 된다. 시간의 흐름에 따라 상좌부불교에서는 사신四身을 대승불교에서는 삼신(三身)을 말한다. 사신은 ① 색신(rūpakāya, 色身), ② 법신(dharmakāya, 法身), ③ 상신(相身, nimittakāya), ④ 공신(空身, suñyakāya)〔Saddharmaakānākaakya〕이고, 삼신은 ① 법신(法身: 불법의 이치와 일치하는 부처의 몸), ② 보신(報身: 선행 공덕을 쌓은 결과로 부처의 공덕이 갖추어진 몸), ③ 응신(應身: 중생을 제도하기 위하여 중생의 기근機根에 맞는 모습으로 나타난 부처)이다. 초기불교의 설명에 따르면 붓다의 몸은 크게 두 가지로 볼 수 있으며, 하나는 32가지 몸의 특징을 보이는 색신이고 다른 하나는 붓다의 가르침을 의미하는 법신을 말한다. 이들은 모두 몸이라고 표현되고 있다. 결국 깨달음을 얻은 붓다의 몸〔色身〕이라고 할지라도 변화하고 늙고 병들고 소멸하게 되는 것은 벗어날 수 없는 사실이다. 참고) 정준영(2009),

「몸, 놓아야 하는가 잡아야 하는가」, 『몸, 마음공부의 기반인가 장애인가』, 운주사, p.80f.

41 M. II. 140, 비고) 전재성(2009), 『맛지마니까야』, p.1025.

42 M. I. 178, 비고) 전재성(2009), 『맛지마니까야』, p.357.

43 M. I. 184.

44 M. I. 179 : So taṃ dhammaṃ sutvā Tathāgate saddhaṃ paṭilabhati

45 V. Trenckner(1924) *A Critical Pāli Dictionary*(CPD). I The Royal Danish Academy. p.398 : a-mūlaka 〉 without root : worthless, useless

46 M. II. 170 ; 비고) 전재성(2009), 『맛지마니까야』, p.1074.

47 M. II. 169 ; 비고) 전재성(2009), 『맛지마니까야』, p.1074f.

48 M. II. 173, 비고) 전재성(2009), 『맛지마니까야』, p.1077.

49 전재성(2009), 『맛지마니까야』, p.1079f.

50 M. I. 480 ; 비고) 전재성(2009), 『맛지마니까야』, p.778.

51 Frank J. Hoffman(1987), *Rationality and Mind in Early Buddhism*. Motilal Banarsidas.

52 S. III. 120: Yo kho … dhammaṃ passati so maṃ passati. Yo maṃ passati so dhammaṃ passati. Dhammaṃ hi … passanto maṃ passati, maṃ passanto dhammaṃ passati.

53 Dhammapada. 160 : Attā hi attano nātho ko hi nātho paro siyā. Attanā hi sudantena nāthaṃ labhati dullabhaṃ O. von Hinüber, K. R. Norman. p.44. 1994. PTS.

54 D. Ⅱ. 100; "atta-dīpa(bhikkhave) viharatha atta-saranā anañña-saranā, dhamma-dīpa dhamma-saranā anañña-saranā. 참고) 이수창(2003), 「자등명 법등명의 번역에 대한 고찰」, 『불교학연구』 제6호(불교학연구회), pp.157~184 : 위 인용문에서 앞의 것은 '자등명自燈明 법등명法燈明'으로 널리 알려져 있다. 그리고 뒤의 것은 '자귀의 법귀의' 내용이 곧 사념처관四念處觀임을 설한 대목이다. 마성의 논문에 따르면 '자등명自燈明 법등명法燈明'은 '자주(自洲, 자기의 섬) 법주(法洲, 법의 섬)'로 옮겨야 한다. 그리고 자등명 법등명의 atta dīpa는 『대반열반경』 외에도 Sn 501, D. III. 58-7, S. III. 42-8, S. V. 154 등에서 찾아볼 수 있다. dīpa는 '섬' 혹은 '등불'과 같은 의미를 지니고 있다. 따라서 해석에 따라 두 가지의 의미 모두가 사용되고 있다.

55 PED p.497.

56 PED p.472.

57 A. III. 165 ; 참고) 전재성(2007),『앙굿따라니까야』5권, 한국빠알리성전협회, p.297 ; 각묵(2007),『앙굿다라니까야』3권, 초기불전연구원, p.324.

58 Pug. 20, 65 ; J. V. 340 ; Dhs. 1326.

59 D. I. 50 ; D. III. 284 ; M. I. 101 ; S. III. 122 ; A. II. 213 ; Sn 41 ; Dh 321.

60 It. 92.

61 PED p.446.

62 雲井昭善(1997),『パーリ語佛教辭典』, 山喜房佛書林, p.609.

63 전재성(2012),『빠알리어사전』, p.543.

64 藤田宏達(1992),「原始仏教における信」,『仏教思想 11 信』, p.106f.

65 본고에서는 포괄적인 의미에서 '맑은 믿음'이라고 번역하도록 하겠다.

66 PED p.85.

67 D. II. 93 ; D. III. 227 ; M. I. 47 ; S. II. 69 ; S. IV. 271.

68 M. I. 37 ; 참고) 전재성(2009),『맛지마니까야』, 한국빠알리성전협회, p.136.

69 S. IV. 118 ; S. V. 114 ; 전재성(2012),『빠알리어사전』, p.659.

70 A. II. 199 ; D. II. 132.

71 M. I. 37, 이 용어에 대해 K.N. Jayatilleke는 'faith born of understanding'이라고 번역한다.(Early Buddhist Theory and Knowledge p.386) 이러한 종류의 '환희(pasāda)'와 기쁨을 수반하는 믿음 역시, 앞 서 설명한 '흔들이지 않는 맑은 믿음(avecca-ppasāda)' 혹은 '이해를 수반한 감사의 마음(appreciation born of understanding)'으로 발전한다.

72 S. III. 26 : Yo rāgakkhayo dosakkhayo mohakkhayo ayaṃ vuccati pariññā.

73 M. I. 160f. Ariyapariyesana sutta

74 D. I. 81~84.

75 S. V. 420~424.

76 M. III. 76 ; dasaṅga : ①正見(sammā-diṭṭhi) ②正思惟(sammā-saṅkappa) ③正語(sammā-vācā) ④正業(sammā-kammanta) ⑤正命(sammā-ājīva) ⑥正精進(sammā-vāyāma) ; 四正勤(sammappadhāna) ⑦正念(sammā-sati) ; 四念處(cattāro satipaṭṭhānā)에 心을 확립. ⑧正定(sammā-samādhi); 四禪(cattāri jhānaṃ). ⑨正智(sammā-ñāṇa) ; 四聖諦에 대한 智. ⑩正解脫(sammā-vimutti)

; 혜해탈, 양분해탈, 三明.

77 물론 붓다는 「깐나탈라 숫따(Kannatthala sutta)」를 통해 전지의 가능성을 모두 부정하는 것은 아니라고 설명한다. (M. II, 126f) 또한 A. II. 24, Pps. III. 195, Mil. 102~107과 관련하여 보았을 때 전지의 수준과 내용에 대해서는 여러 가지 이견이 있을 수 있다.

78 M. I. 519f : 참고) 전재성(2009), 『맛지마니까야』, p.836f : 이 주장은 자이나교도의 창시자인 니간타 나따뿟따의 견해를 말한다. 그리고 A. IV. 428f에 따르면 니간타 낫따뿟따(Nigaṇṭha Nāttaputta)뿐만 아니라 뿌라나 까싸빠(Pūraṇa Kassapa) 역시 이와 같은 주장을 했다.

79 M. I. 482.

80 S. V. 344 ; 참고) 전재성(2007), 『쌍윳따니까야』 7권, 한국빠알리성전협회, p.486.

81 PED p.446 : believing, trusting in.

82 A. II. 120 : 참고) 전재성(2008), 『앙굿따라니까야』 10권, 한국빠알리성전협회, p.243 ; 참고) Ps. 161 ; Sn. 229.

83 D. III. 227 ; S. II. 68 ; A. III. 12.

84 S. II. 25.

85 A. II. 34.

86 M. I. 48 ; 참고) 전재성(2009), 『맛지마니까야』, 한국빠알리성전협회, p.159.

87 K.N. Jayatilleke(1980) *Early Buddhist Theory and Knowledge*. Motilal Banarsidass. p.399

88 Dhp. 97 ; 참고) 전재성(2008), 『담마파다』, 한국빠알리성전협회, p.108.

89 M. I. 249 : vimuttasmiṃ vimuttamiti ñāṇaṃ hoti

90 Maurice Walche(1987), pp.107~108. 참고) 열반과 해탈의 차이에 대해서는 정준영(2006), 「두 가지 해탈의 의미에 대한 고찰」, 『불교학연구』 14호 참고.

91 K.N. Jayatilleke(1980) p.399 ; Barua,B.M(1931) 'Faith in Buddhism' in Buddhist Studies, ed. B.C.Law, Calcutta, pp.329~349.

92 초기경전에서 믿음은 해탈의 성취와 함께 다양한 형태로 나타난다. saddhā vimutta (믿음으로 해탈한 자) : M. II. 478 ; M. I. 148 ; A. I. 74, 118 ; Pug 15 ; saddha vimutti : Pug 15.

93 Asanga Tilakaratne(1997) "Saddhā : A Prerequisite of Religious Action" p.593~611.

Recent Researches In Buddhist Studies. Essays in Honour of Prefessor Y. Karunadasa. Y.Karunadasa Felicitation Comittee Pub. Colombo. 재인용.

94 A. II. 34.

95 M. I. 481.

96 Frank J. Hoffman(1987), *Rationality and Mind in Early Buddhism*. Motilal Banarsidas.

97 M. I. 164f.

98 S. V. 221 : bhante ñātaṃ diṭṭhaṃ viditaṃ sacchikataṃ phusitaṃ paññāya nikkaṅkhāham.

99 S. V. 221.

대승불교 | 출발점인가 도달점인가

1 『大智度論』, 대정장 25, p.63a, "佛法大海, 信爲能入, 智爲能度. '如是'義者, 卽是信. 若人心中有信淸淨, 是人能入佛法. 若無信, 是人不能入佛法. 不信者言, '是事不如是', 是不信相. 信者言, '是事如是'. 譬如牛皮未柔, 不可屈折, 無信人亦如是. 譬如牛皮已柔, 隨用可作, 有信人亦如是."

2 高崎直道, 「華嚴思想의 展開」, 平川彰 외 編·, 정순일 역, 『華嚴思想』(강좌 대승불교 3), 경서원, 1988, pp.30~32.

3 「범행품」, 대정장 10, p.89a, "初發心時卽得阿耨多羅三藐三菩提."

4 「현수품」, 대정장 10, p.72b, "信爲道元功德母, 長養一切諸善法, 斷除疑網出愛流, 開示涅槃無上道,"

5 海住, 『화엄의 세계』, 민족사, 1998, pp.58~60.

6 『大方等大集經』, 대정장 13, 106b, "善男子. 云何菩薩得海印三昧能知一切衆生心行者? 若菩薩多聞如海, 成就慧衆常勤求法. 菩薩爲聞法故, 盡能施與珍寶庫藏. 爲聞法故, 盡能施與僕從給使妻子眷屬. 爲聞法故, 捨家飾好嚴身之具. 爲聞法故, 謙下給事. 爲聞法故, 捨國土榮位及己身命. … 菩薩爲聞法故, 去至一由旬乃至百由旬. …"

7 『大寶積經』, 대정장 11, 139b, "能於大會讚說斯法, 精勤修習, 得一切法海印三昧."

8 『大方廣總持寶光明經』, 대정장 10, p.898a, "海印三昧從口生, 得是海印衆三昧, 能嚴不可思議刹, 嚴飾不思議刹已, 供養十方諸如來."

9 『대승기신론』, 대정장 32, p.575c, "問曰, 修多羅中具有此法, 何須重說? 答曰,

修多羅中雖有此法，以衆生根行不等、受解緣別. 所謂如來在世衆生利根，能說之人色心業勝，圓音一演異類等解，則不須論. 若如來滅後，或有衆生能以自力廣聞而取解者, 或有衆生亦以自力少聞而多解者, 或有衆生無自心力因於廣論而得解者, 自有衆生復以廣論文多爲煩，心樂總持少文而攝多義能取解者. 如是此論，爲欲總攝如來廣大深法無邊義. 故應說此論."

10 『阿毘達磨俱舍論』, 대정장 29, p.122b, "見道位中聖者有二. 一隨信行, 二隨法行, 由根鈍利別立二名. 諸鈍根名隨信行者, 諸利根名隨法行者. 由信隨行名隨信行, 彼有隨信行名隨信行者. 或由串習此隨信行以成其性故, 名隨信行者. 彼先信他隨行義故. 准此應釋隨法行者, 彼於先時由自披閱契經等法隨行義故."

11 이 같은 입장에서 믿음을 설명하는 것이 『아비달마구사론』이다. 곧 『아비달마구사론』(대정장 29, p.19b)에서는 "이 가운데 믿음〔信〕이라는 것은 마음을 맑고 깨끗하게 하는 것이다. 諦, 實, 業, 果에 대하여 있음〔有〕을 설하여 현전함을 인허하니, 때문에 믿음이라고 한다(此中信者, 令心澄淨. 有說於諦實業果中, 現前忍許. 故名爲信)."라고 믿음을 정의한다. 곧 『구사론』에서는 믿음을 마음을 맑고 깨끗하게 하는 것, 나아가서 믿음에 의해서 마음의 청정〔諦, 實, 業, 果〕이 완성되어지는 것으로 설명된다. 여기에는 믿음을 완성 그 자체로서의 의미보다는 완성에 이르는 지렛대로서의 의미를 강조하여 설하는 것으로 보인다. 이것은 대승불교 특히 『화엄경』이 믿음을 증득에 나아가기 위한 기반이자 동시에 실천에 나아가기 위한 증득처로서 설명되는 것과는 차이가 있다고 생각된다.

12 부처는 깨달음, 다시 말해서 마음의 청정을 증득하는 데 목표를 두지 않는다. 억지로 말한다면, 부처는 이미 증득한 마음의 청정을 기반으로 어떻게 중생을 구제할 것인가에 실천〔行〕의 초점을 두는 존재라고 말해야 할 것이다.

13 『成唯識論』, 대정장 31, p.29b, "然信差別略有三種. 一信實有, 謂於諸法實事理中深信忍故. 二信有德, 謂於三寶眞淨德中深信樂故. 三信有能, 謂於一切世出世善深信有力能得能成, 起希望故."

14 같은 책, p.29bc, "忍謂勝解, 此卽信因. 樂欲謂欲, 卽是信果. 確陳此信自相是何? 豈不適言? 心淨爲性."

15 『如來藏經』, 대정장 16, p.457bc, "善男子, 一切衆生, 雖在諸趣煩惱身中, 有如來藏, 常無染汚, 德相備足, 如我無異. 又善男子, 譬如天眼之人, 觀未敷花, 見諸花內有如來身結加趺坐, 除去萎花, 便得顯現. 如是善男子, 佛見衆生如來藏已, 欲令開敷, 爲

說經法, 除滅煩惱, 顯現佛性. 善男子, 諸佛法爾, 若佛出世若不出世, 一切衆生如來之藏常住不變, 但彼衆生煩惱覆故, 如來出世廣爲說法, 除滅塵勞淨一切智. 善男子, 若有菩薩信樂此法, 專心修學, 便得解脫, 成等正覺, 普爲世間, 施作佛事."

16 동일한 사고방식을 불타발타라 번역한 『화엄경』 60권본의 「보왕여래성기품」(대정장 9, p.624a)에서도 볼 수 있다.

17 정호영, 「여래장의 존재와 그 존재근거의 문제」, 『불교연구』 3, 한국불교연구원, 1987, p.9.

18 『大乘起信論』, 대정장 32, pp.575c~576a, "摩訶衍者, 總說有二種. 何爲二 ? 一者、法, 二者、義. 所言法者, 謂衆生心, 是心則攝一切世間法、出世間法. 依於此心顯示摩訶衍義. 何以故 ? 是心眞如相, 卽示摩訶衍體故 ; 是心生滅因緣相, 能示摩訶衍自體相用故. 所言義者, 則有三種. 云何爲三 ? 一者、體大, 謂一切法眞如平等不增減故. 二者、相大, 謂如來藏具足無量性功德故. 三者、用大, 能生一切世間、出世間善因果故. 一切諸佛本所乘故, 一切菩薩皆乘此法到如來地故."

19 원효, 『起信論疏』, 대정장 44, p.203ab, "言起信者, 依此論文, 起衆生信, 故言起信. 信以決定謂爾之辭. 所謂信理實有, 信修可得, 信修得時有無窮德. 此中信實有者, 是信體大, 信一切法不可得故, 卽信實有平等法界. 信可得者, 是信相大, 具性功德熏衆生故, 卽信相熏必得歸原. 信有無窮功德用者, 是信用大, 無所不爲故. 若人能起此三信者, 能入佛法, 生諸功德, 出諸魔境, 至無上道. 如經偈云, '信爲道元功德母, 增長一切諸善根, 除滅一切諸疑惑, 示現開發無上道, 信能超出衆魔境, 示現無上解脫道, 一切功德不壞種, 出生無上菩提樹.' 信有如是無量功德, 依論得發心, 故言起信."
『기신론』 본문(대정장 32, p.581c)은 신심의 대상에 대해 다음과 같이 설명한다. 내용은 『疏』와 동일하다.
"어떠한 신심들이며, 어떻게 수행하는가? 대략 말하자면 신심에 네 가지가 있다. 어떤 것이 네 가지인가? 첫째는 근본을 믿는 것이다. 이른바 진여법을 즐겨 생각하기 때문이다. 둘째는 부처에게 한량없는 공덕이 있다고 믿는 것이다. (부처를) 가까이하고 공양하고 공경하여서 선근을 일으킬 것을 항상 생각하고, 일체지를 구하기를 바라기 때문이다. 셋째는 법에 큰 이익이 있음을 믿는 것이다. 모든 바라밀을 수행하기를 항상 생각하기 때문이다. 넷째는 승가가 능히 올바른 수행으로 자리이타할 수 있다고 믿는 것이다. 모든 보살대중을 즐겁게 친근하기를 항상 즐겨서 여실한 수행을 배우기를 구하기 때문이다.(何等信心? 云何修行? 略說信心有四種. 云何爲

四? 一者信根本, 所謂樂念眞如法故. 二者信佛有無量功德, 常念親近供養恭敬, 發起善根, 願求一切智故. 三者信法有大利益, 常念修行諸波羅蜜故。四者信僧能正修行自利利他。常樂親近諸菩薩衆。求學如實行故.)" 『大乘起信論』 卷1：「何等信心？云何修行」

20 『大乘起信論』, 대정장 32, p.580b, "所謂, 依不定聚衆生, 有熏習善根力故, 信業果報, 能起十善, 厭生死苦, 欲求無上菩提, 得值諸佛, 親承供養修行信心."

21 기무라 키요타카, 김천학·김경남 옮김, 『화엄경을 읽는다』, 불교시대사, 2002년(원저의 출판은 2001년), pp.90~92. 기무라 키요타카는 60권본을 중심으로 서술하고 있다.

22 『大方廣佛華嚴經』「如來名號品」, 대정장 10, p.60a, "諸佛子! 如娑婆世界, 如是東方百千億無數無量, 無邊無等, 不可數, 不可稱, 不可思, 不可量, 不可說, 盡法界, 虛空界, 諸世界中, 如來名號, 種種不同, 南西北方四維上下, 亦復如是. 如世尊昔爲菩薩時, 以種種談論, 種種語言, 種種音聲, 種種業, 種種報, 種種處, 種種方便, 種種根, 種種信解, 種種地位而得成熟, 亦令衆生如是知見而爲說法."

23 보조사상연구원 編, 『진심직설』, 『보조전서』, 불일출판사, 1989, p.49, "信而不解 增長無明 解而不信 增長邪見 故知 信解相兼 得入道疾."

24 이 부분은 졸고, 「디지털시대의 패러다임과 화엄연기론」(『불교평론』 52, 2012년 9월, pp.35~38)의 일부분을 전재하여 논지에 맞게 수정한 것임을 밝혀둔다.

25 『화엄경』, 대정장 10, p.84a, "爾時, 法慧菩薩承佛威力, 入菩薩無量方便三昧. 以三昧力, 十方各千佛刹微塵數世界之外, 有千佛刹微塵數諸佛, 皆同一號, 名曰法慧, 普現其前, 告法慧菩薩言, "善哉, 善哉. 善男子, 汝能入是菩薩無量方便三昧. 善男子, 十方各千佛刹微塵數諸佛, 悉以神力共加於汝, 又是毘盧遮那如來往昔願力, 威神之力, 及汝所修善根力故, 入此三昧, 令汝說法."

선불교 | 신심과 깨달음

1 자교오종藉教悟宗은 교에 의거해서 종(마음)을 깨닫는다는 의미이며, 달마가 『이입사행론』에서 주장한 말이다. 선교겸수禪教兼修는 선과 교를 함께 수행함을 의미하며, 종밀, 연수, 보조 등에 의해 주장되었다. 의교오선依教悟禪은 자교오종과 같은 뜻으로 교에 의지해서 선을 깨닫는다는 것이며, 혜능이 『단경』에서 주장하고 있다. 사교입선

捨教入禪은 교학을 공부하고 교에 의한 알음알이(지해)를 버리고 실참실구實參實究의 선수행으로 나아간다는 의미이며, 대부분의 선사들이 지향했던 공부 형태이다.

2 교 밖에 따로 전하고(教外別傳), 문자를 세우지 않는다(不立文字)라는 말의 의미상 언어문자를 부정하는 것처럼 보이지만, 이 말은 깨달음의 경지는 언어문자로 표현할 수 없기 때문에 언어문자에 집착하지 말라(不着文字)는 것을 강조하기 위함이지, 언어문자를 사용하지 말라(不用文字)는 것이 아니다. 그리고 역대 선사들의 수증의 기연에서 보더라도 거의 대부분이 먼저 교학을 연마하고 나중에 선수행을 통해 오도悟道에 이르고 있으며, 또한 경론을 통해 점검하고 접화接化를 이루고 있음을 볼 수 있다. 이때에 참선 수증을 강조하고 있지만, 교학을 통한 정견正見의 확립이 그 바탕에 깔려 있음을 알 수 있다. 그러므로 선이 주主가 되고 교가 종從이 되어 선禪과 교教를 함께 공부한다는 의미에서 주선종교主禪從教적 선교겸수禪教兼修라고 말하는 것이다.

3 『理入四行論』, 『楞伽師資記』. "理入者, 藉教悟宗, 深信含生凡聖同一眞性, 但爲客塵妄覆, 不能顯了. 若也捨妄歸眞, 凝住壁觀.

4 『舍利弗阿毗曇論』. "心性清淨, 爲客塵染. 凡夫未聞故, 不能如實知見, 亦無修心. 聖人聞故, 如實知見, 亦有修心."

5 『大毘婆沙論』 권제27. "或有執心性本淨. 如分別論者, 彼說心本性清淨, 客塵煩惱污染故, 相不清淨. 爲止彼執, 顯示心性非本清淨.

6 宗寶本 『壇經』. "若言看淨, 人性本淨, 由妄念故, 蓋覆眞如, 但無妄想, 性自清淨."

7 『都序』 卷一. "若頓悟自心本來清淨, 元無煩惱, 無漏智性本自具足, 此心卽佛, 畢竟無異, 依此而修者, 是最上乘禪. 亦名如來清淨禪, 亦名一行三昧, 亦名眞如三昧. 此是一切三昧根本, 若能念念修習, 自然漸得百千三昧. 達摩門下展轉相傳者, 是此禪也."

8 『都序』 卷二. "一切衆生, 皆有空寂之心, 無始已來性自清淨, 明明不昧, 了了常知, 盡未來際, 常住不滅, 名爲佛性, 亦名如來藏, 亦名心地. 達摩所傳, 是此心也."

9 『都序』 卷二. "妄念本寂, 塵境本空. 空寂之心, 靈知不昧. 此卽空寂之智, 是汝眞性. 任迷任悟, 心本自知, 不藉緣生, 不因境起. 知之一字, 衆妙之門."

10 『節要』. "荷澤意者謂, 諸法如夢, 諸聖同說. 故妄念本寂, 塵境本空. 空寂之心, 靈知不昧. 卽空寂之心, 是前達磨所傳清淨心也. 任迷任悟, 心本自知. 不藉緣生, 不因境起, 迷時煩惱, 知非煩惱, 悟時神變, 知非神變. 然知之一字, 是衆妙之源."

11 『馬祖道一禪師語錄』. "馬祖大師云, 汝若欲識心, 祗今語言, 卽是汝心. 喚此心作佛,亦是實相法身佛, 亦名爲都道. 今見聞覺知, 元是汝本性, 亦名本心, 更不離此心別有佛. 此心本有今有, 不假造作. 本淨今淨, 不待瑩拭. 自性涅槃, 自性淸淨, 自性解脫, 自性離故. 是汝心性, 本自是佛. 不用別求佛."

12 『傳心法要』. "但於見聞覺知處, 認本心, 然本心, 不屬見聞覺知, 亦不離見聞覺知, 但莫於見聞覺知上起見解, 亦莫於見聞覺知上動念, 亦莫離見聞覺知覓心, 亦捨見聞覺知取法. 不卽不離, 不住不着, 縱橫自在, 無非道場."

13 『涅槃經』「獅子吼菩薩品」.

14 『眞心直說』. "祖門正信, 非同前也. 不信一切有爲因果, 只要信自己本來是佛, 天眞自性, 人人具足, 涅槃妙體, 箇箇圓成, 不假他求, 從來自備."

15 『宗鏡錄』 卷第一. "洪州馬祖大師云, 達磨大師從南天竺國來, 唯傳大乘一心之法, 以楞伽經印衆生心, 恐不信此一心之法. 楞伽經云, 佛語心爲宗, 無門爲法門. 何故佛語心爲宗. 佛語心者卽心卽佛, 今語卽是心語. 故云, 佛語心爲宗. 無門爲法門者, 達本性空更無一法, 性自是門, 性無有相亦無有門. 故云, 無門爲法門."

16 『傳心法要』. "此心卽是佛, 佛卽是衆生, 爲衆生時, 此心不減, 爲諸佛時, 此心不添. 乃至六度萬行, 恒沙功德本自具足, 不假修添, 遇緣卽施, 緣息卽寂. 若不決定信此是佛, 而欲着相修行, 以求功德, 皆是妄想, 與道相乖."

17 『悟性論』. "離心無佛, 離佛無心, 亦如離水無氷, 亦如離氷無水."

18 『血脈論』. "本性卽是心, 心卽是性, 卽此同諸佛心. 前佛後佛, 只傳此心, 除此心外, 無佛可得, 顚倒衆生, 不知自心是佛, 向外馳求, 終日忙忙, 念佛禮佛, 佛在何處? 不應作如是等見, 但識自心, 心外更無別佛."

19 『宛陵錄』. "達摩來此土, 至梁魏二國, 祇有可大師一人, 密信自心, 言下便會, 卽心是佛. 身心俱無, 是名大道. 大道本來平等, 所以深信含生同一眞性. 心性不異, 卽性卽心, 心不異性, 名之爲祖."

20 『傳心法要』. "祖師西來, 直指一切人全體是佛."

21 『白丈廣錄』, 『古尊宿語錄』 卷一, p.16.

22 『圓頓成佛論』. "令末世大心凡夫, 於生死地面上, 頓悟諸佛不動智, 以爲初悟發心之源也. 是故第二會, 以普光明智爲殿名, 說十信法門, 直示如來普光明智大用無方重重無限, 以爲信心. ……先擧東方金色世界, 令發心者, 信是自己白淨無垢法身之理也. 本所事佛, 是不動智佛, 直信自己無明分別之種, 本是諸佛不動智也. 上首菩薩, 是文殊師利, 直信自己根本智中, 善揀擇無相妙慧也."

23 『百日法門』 下, 藏經閣, p.242.

24 사선근四善根이란 난煖·정頂·인忍·세제일법世第一法을 말하며, 성위聖位에 이르는 준비의 수행을 하는 단계이다. 난위煖位는 사선근의 첫째 단계이며, 말 그대로 따스한 기운이 불에 접근한 징조이듯이 견도見道의 무루혜無漏慧에 접근하여 유루有漏의 선근을 낳는 위계이다. 즉 사제四諦를 관해서 십육행상十六行相을 닦는 단계를 말한다. 정위頂位는 사선근의 둘째 위계로서 유루의 선근 중에서 최고의 단계이므로 이렇게 부른다. 사제四諦의 십육행상을 닦는데 아직 유루의 단계이므로 인위忍位로 나아갈 가능성과 아울러 난위煖位로 퇴전할 가능성이 함께 있는 위계이다. 인위忍位란 사제의 도리를 인정해서 받아드리는 단계이다. 사제에 대한 이해가 확정적인 것이 된 위계를 말한다. 유루지로서 도달할 수 있는 최고의 단계를 세제일법世第一法이라 한다. 이 단계에 이어서 무루지無漏智가 생겨 견도見道에 들어가게 된다. 범부로 이를 수 있는 최고의 위계이다.

25 『원통불법의 요체』, pp.59~60.

26 첫째 단계는 근본불교의 견도見道와 선종의 견성見性을 하나로 보고 보살의 초지인 환희지를 얻는 것으로 설명하고 있다. 둘째 단계는 수도修道로서 보살의 2지二地로부터 10지十地를 차제로 수증하는 것으로 되어진다. 셋째 단계는 무학도無學道로서 보살 십지 후의 묘각妙覺을 말하는 것이다. 이 세 단계 모두를 증오證悟로서 성위聖位로 배대하고 있다. 그래서 돈오점수의 돈오頓悟를 범부위에서 해오와 성인위에서의 증오로 구분하여 이해하며, 점수解悟를 해오한 연후에 증오를 위한 점수와 증오(견도)한 연후에 성불을 위한 점수로 나누어 설명하고 있다.

27 칠지돈오란 소돈오小頓悟설로서, 보살 7지인 원행지遠行地에서 8지인 부동지로 넘어가면서 돈오하고 점차 수행하여 성불한다는 주장이다. 그리고 십지돈오란 대돈오大頓悟설로서 보살 십지에서 돈오하여 성불한다는 주장이다.

28 초주성불론은 화엄의 초발심시변정각初發心時便正覺에 입각하여 보살 초주에 이르러 돈오하여 성불한다는 주장이다.

29 『血脈論』. "若不見性, 說得十二部經敎, 盡是魔說, 魔家眷屬, 不是佛家弟子, 旣不辨皀白, 憑何免生死. 若見性卽是佛, 不見性卽是衆生. 若離衆生性, 別有佛性可得者, 佛今在何處. 衆生性卽是佛性也. 性外無佛, 佛卽是性, 除此性外, 無佛可得, 佛外無性可得."

30 宗寶本, 六祖大師 『法寶壇經』. "若悟自性, 亦不立菩提涅槃, 亦不立解脫知見, 無一法可得, 方能建立萬法. 若解此意, 亦名佛身, 亦名菩提涅槃, 亦名解脫知見. 見性之人, 立亦得, 不立亦得, 去來自由, 無滯無碍, 應用隨作, 應語隨答, 普見化身, 不離自性, 卽得自在神通, 遊戱三昧, 是名見性."

31 무위진인無位眞人이란 임제선사가 즐겨 쓰는 말로, 일체의 조작된 인위人爲가 없는 참사람을 지칭하는 말이다. 즉 견성하여 걸림이 없는 도인을 이르는 말이다.

32 『悟性論』. "夫眞見者, 無所不見, 亦無所見, 見滿十方, 未曾有見. 何以故, 無所見故, 見無見故, 見非見故, 凡夫所見, 皆名妄想. 若寂滅無見, 是名眞見. 心境相對, 見生於中, 若內不起心, 則外不生境, 故心境俱淨, 乃名爲眞見, 作此解時, 乃名正見."

33 『荷澤神會大師語』. "人問, 無念法有無否? 師曰, 不言有無. 曰, 恁麽時作麽生? 師曰, 亦無恁麽時. 猶如明鏡, 若不對像, 終不見像. 若見無物, 乃是眞見."

34 神會, 『雜徵義』. "問, 喚作是沒物? 答, 不喚作是物. 問, 終無言說. 譬如明鏡, 若不對像, 鏡中終不現像. 今言現像者, 爲對物故, 所以現像. 問, 若不對像, 照不照? 答, 今言照者, 不言對與不對, 俱常照. 問, 旣無形像, 復無言說, 一切有無皆不可立, 今言照者, 復是何照? 答, 今言照者, 以鏡明故, 有自性照. 以衆生心淨故, 自然有大智慧光照無餘世界. 問, 旣如此, 作沒生是得? 答, 但見無. 問, 旣無, 見是物? 答, 雖見, 不喚作是物? 問, 旣不喚作是物, 何名爲見? 答, 見無物卽是眞見常見."

35 神會, 『頓悟無生般若頌』.

36 延壽, 『萬善同歸集』.

37 『悟性論』. "眼見色時, 不染於色, 耳聞聲時, 不染於聲, 皆解脫也. 眼不着色, 眼爲禪門, 耳不着聲, 耳爲禪門, 總而言之, 見色性者, 常解脫, 見色相者, 常繫縛, 不爲煩惱繫縛者, 則名解脫, 更無別解脫. 善觀色者, 色不生於心, 心不生於色, 卽色與心俱是淸淨, 無妄想時, 一心是一佛國土, 有妄想時, 一心是一地獄. 衆生造作妄想, 以心生心, 故常在地獄, 菩薩觀察妄想, 不以心生心고, 常在佛國. 若不以心生心, 則心心入空, 念念歸靜, 從一佛國, 至一佛國, 若以心生心, 則心心不靜, 念念歸動, 從一地獄, 歷一地獄."

38 참조, 인경, 『쟁점으로 살펴보는 간화선』, pp.110~111.

39 宗密, 『都序』. "若得善友開示, 頓悟空寂之知, 知且無念無形, 誰爲我相人相. 覺諸相空, 心自無念, 念起卽覺, 覺之卽無, 修行妙門, 唯在此也. 故雖備修萬行, 唯以無念爲宗."

40 참조, 인경, 『쟁점으로 살펴보는 간화선』, p.125.

41 『血脈論』. "若自己不明了, 須參善知識, 了欲生死根本. 若不見性, 卽不名善知識. 若不如此, 縱說得十二部經, 亦不免生死輪廻, 三界受苦, 無有出期."

42 『無心論』, 『大正藏』 제85권. "若遇大善知識, 教令坐禪, 覺悟無心, 一切業障, 盡皆銷滅, 生死卽斷. 譬如暗中日光, 一照而暗皆盡."

43 『圓悟心要』 上. "參須實參, 得眞正道師."

44 『參禪驚語』. "善知識者, 是大醫王能療重病, 是大施主能施如意. 切不可生自足想不欲見人, 當知不肯見人, 爲執己見, 禪中大病無過此者."

45 臨濟義玄禪師의 四料揀. '根機에 때라 施設하는 方便의 規範.

46 『圓悟心要』 下. "學徒之人, 能矻矻孜孜以生死之事居懷, 晝三夜三, 不憚勞苦. 事善知識, 求一言半語發藥. 雖遭呵斥, 種種惡境, 而力向前. 非自宿昔薰成自然種智, 必且猶豫或則退悔."

47 『血脈論』. "雖無一物可得, 若求會亦須參善知識, 切須苦求, 令心會解. 生死事大, 不得空過, 自誑無益. 縱有珍寶如山, 眷屬如恒河沙, 開眼卽見, 合眼還見麽? 苦知有爲之法, 如夢幻等. 若不急尋師, 空過一生. 然則佛性自有, 若不因師, 終不明了, 不因師悟者, 萬中稀有."

48 『圓覺經要解』. "知識者, 善能之眞識妄, 如病識藥. 欲修行者當求解正知見人, 深解法空無相無作無生無滅, 了達諸法從本已來究竟平等, 性相如如, 住於實際, 是名眞善知識."

49 『圓覺經』 「普覺菩薩章」. "善男子, 末世衆生, 將發大心, 求善知識, 欲修行者, 當求一切正知見人. 心不住相, 不着聲聞緣覺境界, 雖現塵勞, 心恒淸淨, 示有諸過, 讚歎梵行, 不令衆生, 入不律儀, 求如是人, 卽得成就阿耨多羅三藐三菩提."

50 『宗鏡錄撮要』. "善知識者難得遭逢. 譬如梵天投一芥子, 安下界針峰之上猶易. 値明師道友, 得聞正法甚難."

51 『證道歌 彦琪註』. "卽有所證, 須求師印可, 方自得名爲證. 自威音王佛已前卽可, 自威音王佛已後, 無師自悟, 盡屬天然外道. 是故二十五大士, 所證圓通, 從佛印證, 善財參五十三位知識, 從知識印證, 乃至西天此土, 諸位祖師, 遞相印證, 所謂佛佛授受, 祖祖相傳也."

52 宗寶本, 六祖大師 『法寶壇經』. "若自不悟, 須覓善知識, 解最上乘法者, 直示正路. 是善知識有大因緣, 所謂化導令得見性. 一切善法, 因善知識能發起故. 三世諸佛, 十二部經, 在人性中本自具有, 不能自悟, 須求善知識, 指示方見. 若自悟者, 不假外求, 若一向執謂須他善知識望得解脫者, 無有是處. 何以故? 自心內有善知識自悟, 若起邪迷, 妄念顚倒, 外善知識雖有教授, 救不可得. 若起正眞般若觀照, 一剎那間,妄念俱滅, 若識自性, 一悟至佛地."

53 神會,『壇語』. "知識, 久流浪生死, 過恒河沙大劫, 不得解脫者, 爲不曾發無上菩提心, 卽不値遇諸佛菩薩眞正善知識. 縱値遇諸佛菩薩眞正善知識, 又復不能發無上菩提心. 流轉生死, 經無量恒河沙大劫, 不得解脫者, 總緣此."

54『看話決意論』. "今所論禪宗教外別傳徑截得入之門, 超越格量故. 非但教學者, 難信難入, 亦乃當宗, 下根淺識, 罔然不知矣. 今略引二三段得入因緣, 令不信不知者, 知有禪門徑截得入不同頓教, 亦與圓宗得入者, 依敎離教, 遲速逈異也."

55『大慧普覺禪師法語』 제16권. "旣有信根, 卽是成佛基本, 忽地與現行相應, 便證阿耨多羅三藐三菩提."

56『大慧普覺禪師法語』 제20권. "欲學此道, 須是具決定信, 逢逆順境, 心不動搖, 方有趣向分. ……若半明半陰, 半信半不信, 則觸境遇緣, 心生疑惑, 乃至於境界心有所着, 不能於此道決定無疑, 滅煩惱本, 遠離諸難. 諸難者, 爲無決定信, 被自己陰魔所撓."

57『大慧語錄』 제22권. "世間心旣滅, 寂滅心卽現前, 寂滅心旣現前, 則塵沙諸佛所說法門一時現前矣. 法門旣得現前, 卽是寂滅眞境界也. 得到此境界, 方可興慈運悲, 作諸饒益事, 是亦從決定志乘決定信成就者也. 若無決定志, 則不能深入如來大寂滅海. 無決定信, 則於古人言口及教乘文字中不能動轉."

58『禪要』. "若謂着實參禪, 決須具足三要. 第一要有大信根, 明知此事, 如靠一座須彌山. 第二要有大憤志, 如遇殺父冤讎, 直欲便與一刀兩段. 第三要有大疑情, 與暗地做了一件極事, 正在欲露未露之時."

59『禪要』. "若論剋期取證, 如人擔雪塡井, 不憚寒暑, 不分晝夜, 橫也擔, 竪也擔, 是也擔, 非也擔, 擔來擔去, 縱使經年越歲, 以至萬劫千生, 於其中間, 信得及, 踏得穩, 把得定, 作得主,"

종교심리학 | 연속적 발달인가 질적 변형인가

1 파울러 저, 사미자 역,『신앙의 발달단계』, 기독교교육연구시리즈 8번, 한국장로교출판사, 1987, p.34.

2 파울러, 위의 책, p.28.

3 파울러, 위의 책, p.29.

4 윌프레드 C. 스미스 저, 길희성 옮김,『종교의 의미와 목적』, 분도출판사, 1991,

6-7장; Wilfred Cantwell Smith, *Faith and belief: the difference between them.* (Oxford, England: Oneworld, 1998) 참조.

5 파울러, 『신앙의 발달단계』, p.35.

6 James W. Fowler, "Faith and The Structuring of Meaning," *Faith Development and Fowler*, Craig Dykstra and Sharon Parks eds. (Birmingham, Alabama: Religious Education Press, 1986), p.17.

7 James W. Fowler, "Faith and The Structuring of Meaning," p.19.

8 James W. Fowler, "Stages in Faith: The Structural-Developmental Approach," in *Values and Moral Development*, Thomas C. Hennessy ed., p.178. 박원호, 「변화(transformation)와 발달(development)의 통합」, 『장신논단』 10집(94년 2월), p.616에서 재인용.

9 James W. Fowler, "Faith and The Structuring of Meaning", p.21.

10 James W. Fowler, 위의 책, pp.21~22.

11 James W. Fowler, 위의 책, p.23.

12 박원호, 「변화(transformation)와 발달(development)의 통합」, p.617.

13 파울러, 『신앙의 발달단계』, p.58.

14 James W. Fowler, *Stages of Faith: The Psychology of Human Development and the Quest for Meaning,* (San Francisco: Harper & Row, Pub., 1981), p.28.

15 파울러는 연구 대상자 선정에서 민족적, 종교적 다양성과 사회적, 교육적 배경을 최대한 고려하여 개신교 45%, 가톨릭 36.5%, 유태인 11.2%, 동방정교 3.6%, 무신론자 3.6%로 선정했다. 남녀비율은 거의 같게 했으나, 백인과 흑인 비율은 백인이 97.8%로 백인 위주의 연구대상자가 선정되었다.

16 파울러, 『신앙의 발달단계』, p.196.

17 파울러, 『신앙의 발달단계』, p.197; Fowler, *Stages of Faith*, p.120.

18 파울러, 위의 책, p.202.

19 파울러, 위의 책, p.218.

20 Fowler & Sam Keen, *Life-Maps,* (Texas: Words Books, 1978), pp.42~44.

21 이금만, 『발달심리와 신앙교육』, 상담과 치유, 2003, p.225.

22 Fowler & Sam Keen, *Life-Maps,* pp.49~51.

23 Fowler, *Stages of Faith*, p.172.

24 정태기, 「건강한 신앙, 병든 신앙」, 『기독교 사상』 342호(1987년 6월).
25 파울러, 『신앙의 발달단계』, p.292.
26 정태기, 위 논문, p.188.
27 파울러, 『신앙의 발달단계』, p.293.
28 『신앙의 발달단계』, p.328~329.
29 위의 책, p.335.
30 파울러, 『신앙의 발달단계』, p.336.
31 위의 책, p.324.
32 James W. Fowler, "Faith and The Structuring of Meaning," p.32.
33 박원호, 「변화(transformation)와 발달(development)의 통합」, p.621.
34 James W. Fowler, 위의 책, p.33.
35 James W. Fowler, "Faith and The Structuring of Meaning", p.37.
36 James W. Fowler, 위의 글, p.33.
37 박원호, 「변화와 발달의 통합」, p.625.
38 파울러, 『신앙의 발달단계』, p.427.
39 위의 책, p.428.
40 파울러, 『신앙의 발달단계』, p. 428.
41 위의 책, p.439.
42 Romney M. Moseley, "Religious Conversion: A Structural-Developmental Analysis" (Ph. D. Diss., Harvard University, 1978), 파울러, 『신앙발달단계』, p.444에서 재인용.
43 사미자, 「파울러의 신앙발달 이론에 나타난 발달요인에 관한 한 고찰」, pp.403~404.
44 이금만, 『발달심리와 신앙교육』, p.230.
45 토마스 그룸, 「파울러의 신앙발달단계이론과 신앙교육」, 『교육교회』 99집(1984), p.114.
46 제임스 로더, 『삶이 변형되는 순간: 확신체험에 대한 이해』, 이기춘, 김성민 공역, 한국신학연구소, 1988, pp.11~13쪽 참조.
47 Howard A. Johnson, 임춘갑 역, 『케에르케고르의 실존사상』, 종로서적, 1982, pp.12~13.
48 사미자, 「회심의 전통을 이어가는 학자: 제임스 로더」, 『교육교회』 236호(1996년

5월), p.58.

49 제임스 E. 로더, 『삶이 변형되는 순간: 확신체험에 대한 이해』, p.74.

50 위의 책, p.23.

51 그리스도교의 믿음의 대상은 삼위일체로서, 하느님, 아들, 성령의 셋의 인격적 특성으로 구성되어 있다. 세 번째의 성령은 부연 설명이 필요하다. 그리스도교에서는 성령이 과거뿐만 아니라 현재에도 존재하여 하느님과 예수의 뜻을 수행하고 지속시켜 가며, 인간에게 현존하는 존재라고 가르친다.

52 제임스 E. 로더, 위의 책, p.31.

53 제임스 E. 로더, 위의 책, p.42

54 제임스 E. 로더, 위의 책, p.54.

55 제임스 E. 로더, 위의 책, pp.62~68.

56 Fowler & Loder, "Conversation on Fowler's Stages of Faith and Loder's Transforming Moment," *Religious Education*, vol. 77, no. 2(1982, March-April), p.141.

57 제임스 E. 로더, 위의 책, p.67.

58 제임스 E. 로더, 위의 책, p.72.

59 제임스 E. 로더, 위의 책, p.130.

60 제임스 E. 로더, 위의 책, p.144.

61 제임스 E. 로더, 위의 책, pp.212~215, 220~221; 이정효, 「성인신앙교육에 관한 한 연구」, 이화여자대학교 대학원 박사학위 청구논문, 1987, p.44.

62 박원호, 「변화와 발달의 통합」, p.627.

63 위 글. p.627.

64 James Loder, *Transforming Moment*, p.129.

65 James Fowler, Ch. 6, "Faith and the Dynamics of Change," *Faith Development and Pastoral Care*, Fortress Press, 1987.

66 박원호, 「변화와 발달의 통합」, pp.629~630.

67 박원호, 위의 글, p.630.

68 제임스 E. 로더, 위의 책, pp.214~215.

69 존 웰우드 저, 김명권·주혜명 공역, 『깨달음의 심리학: 불교, 심리치료 그리고 개인적, 영적 변용의 길』, 학지사, 2008, pp.36~37.

70 Thomas H. Groome, "Conversion, Nurture and Educators," *Religious Education*,

Vol. 76(1981, 9-10), p.482.

71 G. Moran, "Alternative Developmental Images" in *Stages of Faith and Religious Development*, pp.153~154. 박원호, 「변화(transformation)와 발달(development)의 통합」, p.634에서 재인용, "회개〔변형〕"에서 〔변형〕은 본문의 흐름에 적절하다고 판단되어 필자가 첨가하였음.

비교종교학 | 표층 믿음에서 심층 믿음으로

---

1 그 예로 Paul Tillich, *Dynamics of Faith* (San Francisco: HarperOne, reprint 2001), 한국어 번역: 최규택 옮김, 『믿음의 역동성』(그루터기하우스, 2005), Harvey Cox, *The Future of Faith* (San Francisco: HarperOne, reprint 2010) 한국어 번역: 김창락 옮김, 『종교의 미래』(문예출판사, 2010). 캐나다 출신, 하버드 세계종교연구소 소장을 역임한 Wilfred Cantwell Smith 교수는 religion이라는 말 대신 믿음 혹은 신앙이라는 말을 써야 된다고 주장했다. 그의 책 *The Meaning and End of Religion*, (Fortress, reprint 1991) 참조.

2 '믿음'이라는 말과 '신앙'이라는 말의 용법이 약간 다를 수도 있겠지만 이 글에서는 일단 동의어로 사용한다. 문맥에 따라 믿음이라는 말이 더 적합할 때는 믿음이라는 말을 쓰고 신앙이라는 말이 더 어울릴 때는 신앙이라는 말을 쓴다. 영어의 'faith'와 'beliefs'의 차이에 대해서는 후론한다.

3 더욱 자세한 논의를 위해서는 필자가 쓴 『예수는 없다』(현암사, 2001), 『종교, 심층을 보다』(현암사, 2011), 『종교란 무엇인가』(김영사, 2012) 등을 볼 수 있다.

4 필자도 다른 글에서는 닫힌 종교 vs. 열린 종교로 분류했다. 졸저 『예수가 외면한 그 한 가지 질문』(현암사, 2002), Frithjof Schuon, *The Transcendent Unity of Religions* (New York: Quest Books, 1984) 등 참조. 신비주의와 신비체험의 특징에 대해서는 이 방면의 고전이라 할 수 있는 William James, *The Varieties of Religious Experiece* (New York: Collier Books, 1961)에서는 신비체험의 4가지 특징을, Aldous Huxley, *The Perennial Philosophy* (New York: Harper & Row, 1944)는 비롯하여 John Macquarrie, *Two Worlds Are Ours: An Introduction to Christian Mysticism* (Minneapolis: Fortress Press, 2004), pp.1-34; 톰 버틀러 보던 지음, 오강남 옮김, 『내 인생의 탐나는 영혼의 책 50』(흐름출판, 2009), pp.8-27 등을 참조할 수 있다.

William Barrett, ed., *Zen Buddhism: Selected Writings of D. T. Suzuki* (New York: Doubleday, 1996), pp.103~108에는 선불교를 서양에 소개한 D. T. Suzuki가 '깨침(satori)'의 특징 여덟 가지를 소개하고 있다.

5 필자는 이 말을 대학 시절 읽은 김하태 박사님의 글에서 접하고, 그 이후 신비주의 문제에 관심을 가지게 되었다. 김하태 박사님은 그 이후에 쓰신 다른 글에서도 신비주의를 '모든 종교 경험의 정점(the pinnacle of all religious experiences)'이라 표현했다.

6 Karl Rahner, *Concern for the Church* (New York: Crossroad, 1981), p. 149. "The Christian of the future will be a mystic or he will not exist at all."

7 한국어 번역, 정미현 옮김, 『신비와 저항』, 이화여자대학교출판부, 2007, 독일어판 *Mystik und Widerstand*, 영문판, *The Silent Cry: Mysticism and Resistence* (Minneapolis: Fortress, 2001),

8 이와 비슷한 주장을 하는 이로는 하버드 신과대학 교수 하비 콕스(Harvey Cox) 교수를 들 수 있다. 앞에서 인용한 그의 책 *The Future of Faith* (HarperOne, 2009), 김창락 옮김, 『종교의 미래』(문예출판사, 2010) 참조. 콕스 교수는 미래를 '성령의 시대(Age of Spirit)'가 될 것이라 예견하고 있다.

9 Lamont Lindstrom, *Cargo Cult: Strange Stories of Desire from Melanesia and Begond* (Hawaii: University of Hawaii Press, 1993), Robert Buckman, *Can We Be Good Without God?: Behaviour, Belonging and the Need to Believe* (Toronto: Penguin Books Canada, 2000) 참조.

10 『함석헌 전집 9』, p.200.

11 파울러의 '신앙 발달단계' 이론에 대한 자세한 설명은 앞에 나온 권명수 교수의 논문 「연속적 발달인가 질적 변형인가」를 참조하기 바란다.

12 김진 엮음, 『너 자신을 혁명하라: 함석헌 명상집』(오늘의 책, 2003), p.160에서 인용.

13 문자주의의 문제성과 해독에 대해서는 졸저 『예수는 없다』(현암사, 2001), pp.63~115 참조. Timothy Freke & Peter Gandy, *The Laughing Jesus* (New York: Harmony Books, 2005)는 기독교와 이슬람의 문자주의의 해독을 구체적으로 예시하고 있다.

14 다른 세 가지 특성은 '얼른 지나감(transiency)', '직관적(noetic quality)', '피동성

(passivity)'이라고 했다. 그의 앞의 책 참조할 것.

15 'Gnosticism'을 보통 '영지주의靈知主義'라고 번역하는데 필자는 이를 "깨달음주심주의"라 번역하고 싶다. 그러나 편의를 위해서 여기서는 그대로 '영지주의'라는 말을 사용하기로 한다. 영지주의에 대한 최근의 책으로 하버드 대학교 교수 Karen L. King이 쓴 *What Is Gnosticism?* (Cambridge, MA: Harvard University Press, 2003), 그리고 일반 독자를 위해 읽기 쉽게 쓴 Richard Smoley, *Forbidden Faith: The Gnostic Legacy* (San Francisco: HarperSanFranscico, 2006)를 참조할 수 있다.

16 『도마복음』에 대해 더 상세한 것은 필자의 책 『또 다른 예수』(예담, 2009) 참조.

17 Tillich의 말이 흥미롭다. "이성을 파괴하는 믿음은 믿음 자체와 인간의 인간성을 파괴한다. 이성은 믿음의 전제조건이다. 믿음은 이성이 자신을 넘어 황홀한 경지에 이르는 것을 가능하게 하는 행위이다."(A faith which destroys reason destroys itself and the humanity of man... Reason is the precondition of faith: faith is the act in which reason reaches ecstatically beyond itself.) *Dynamics of Faith,* p.76f.

18 루터도 물론 모든 편견에서 완전히 해방되지는 못했다. 지동설을 주장한 코페르니쿠스를 놓고 그는, "이 바보가 천문학을 완전히 뒤집어놓으려고 한다. 거룩한 성경이 우리에게 말해주는 것은 여호수아가 태양을 보고 서라고 명했지, 지구를 보고 서라 하지는 않았다는 사실이다(This fool wished to reverse the entire science of astronomy, but sacred scripture tells us that Joshua commanded the sun to stand still, net the earth)"라고 말했다.

19 이 문제에 대해서는 오강남, 『불교, 이웃종교로 읽다』(현암사, 2006), p.42쪽 이하 참조.

20 슈바이처에 대해서는 오강남, 『종교, 심층을 보다』(현암사, 2011), p.230 이하 참조.

21 어떤 사람들은 이것을 'conceptual grid'라고 표현하기도 한다. 삼극 진공관에서 음극과 양극 사이에 있는 금속 창살처럼, 우리 속에 형성된 이 창살을 통해 모든 것을 관찰하고, 모든 것을 해석하고, 거기에서 주어진 의미를 해답으로 받아들인다는 뜻이다.

22 그의 책 *The Sacred Canopy*(『신성의 천개』)나 *A Rumor of Angels*(『천사들의 소문』) 등을 볼 것.

23 프랑스 종교사회학자 에밀 두르켐Émile Durkheim은 종교가 이처럼 사회 질서를

유지하기 위한 사회적 산물이라 보았다. 그의 책 *The Elementary Forms of the Religious Life* (New York: The Macmillan Company, 1915); Daniel L. Pals, *The Eight Theories of Religion* (Oxford: Oxford University Press, 2006), p.85 이하 참조.

24 영어의 faith와 beliefs의 차이에 대해서는 졸저 『예수는 없다』(현암사, 2001), pp.28~29 참조. Kant의 'doubtful faith'에 대해서는 F. Ferré, *Basic Modern Philosophy of Religion* pp. 224~226에 명확히 서술되어 있다. Tillich도 같은 의미의 믿음을 이야기하고 있다. *Dynamics of Faith*, pp. 16ff. 특히 p.18에 보면 믿음에는 필연적으로 불확실성, 위험, 용기, 의심 등의 요소가 따르게 마련이라고 한다.

25 S. Radhakrishnan, *Religion in a Changing World*(London, 1967), p.52. 영어로는 "Many defenders of faith were offenders against truth."이다.

26 필자가 최근에 낸 『종교, 심층을 보다』(현암사, 2011)는 세계 여러 종교 전통에서 발견되는 이런 '인류의 스승' 60여 명의 삶과 가르침을 소개하려는 목적으로 쓰인 책이다.

27 불경 *Kalama Sutra*에서 부처님은 어떤 가르침이 있을 때 권위나 전통이나 어줍잖은 이성에 의존하지 말고 스스로 검토하고 실험해 보라고 했다. 이런 권고를 받아들이는 것도 부처님과 그의 가르침에 대한 신뢰나 믿음(saddhā, sraddhā)를 전제로 한다는 점에 주목하게 된다.

28 예수님이 이런 태도를 가지고 있었다는 데 대해서는 『예수는 없다』, p.212를 볼 것. 정신적 영웅들의 영적 여정에서 '집을 떠난다'는 것이 바로 '뒤집어엎는 지혜(subversive wisdom)'를 찾아 나섬이라는 것은 같은 책 p.245 이하 참조.

29 이 문제에 대해서는 Wilfred Cantwell Smith, *Faith and Belief* (Princeton: Princeton University Press, 1970) 참조. 이찬수, 『믿는다는 것』(너머학교, 2012), p.84 참조.

30 이하 더욱 자세한 것은 Marcus J. Borg, *The Heart of Christianity* (San Francisco: HarperSanFrancisco, 2003) pp.25~42 참고함. 한국어 번역, 김준우 옮김, 『기독교의 심장』, 한국기독교연구소, 2009.

● 책을 만든 사람들

박찬욱 (밝은사람들 연구소장)

윤희조 (서울불교대학원대학교 불교와심리연구원장)

한자경 (이화여자대학교 철학과)

정준영 (서울불교대학원대학교 불교학과)

석길암 (금강대학교 불교문화연구소)

월 암 (용성선원 선원장)

권명수 (한신대학교 신학과)

오강남 (캐나다 리자이나대학교 비교종교학)

'밝은사람들연구소'에서 진행하는 학술연찬회에 관심이 있으신 분은 전화(02-720-3629)나 메일(happybosal@paran.com)로 연락하시면 관련 소식을 받아보실 수 있습니다.

믿음, 디딤돌인가 걸림돌인가

초판 1쇄 발행 2012년 10월 15일 | **초판 3쇄 발행** 2023년 12월 28일

집필 오강남 외 | **펴낸이** 김시열

펴낸곳 도서출판 운주사

(02832) 서울시 성북구 동소문로 67-1 성심빌딩 3층

전화 (02) 926-8361 | **팩스** 0505-115-8361

ISBN 978-89-5746-326-0 94210 값 20,000원

ISBN 978-89-5746-411-3 (세트)

http://cafe.daum.net/unjubooks 〈다음카페: 도서출판 운주사〉